インバウンド再生

コロナ後への観光政策を
イタリアと京都から考える

宗田好史 著

学芸出版社

はじめに

20年10月になって日本人観光客は回復してきたが、インバウンド受け入れはまだ先になる。インバウンドはマナーの悪さが話題になったが、そもそも訪れる側も迎える側も不慣れだった。マスコミがトラブルを頻繁に取り上げたことも問題を大きくした。受入業者の一部は安易な稼ぎを急ぎ、客はもとより、周辺住民などへの対応がまずかった。だから荒稼ぎへの批判が高まった。

京都でも当初は観光客が消え静かでいい、リスクの大きな観光業には依存せず製造業重視の産業政策をと言われたが、観光産業は裾野が広い。飲食・宿泊業の成長の雇用効果は大きかった。関係なさそうな仏具店でも、飛び入りのインバウンド客が売上の3割を占めたという。今ではオーバーツーリズムと言って忌避したインバウンドの再生を切実に待ち望む声が高まっている。

そもそも経済性ばかりに目を向けていたから嫌われたのだ。観光の本質は文化交流である。われわれ日本人が海外旅行を楽しみ、留学で何を学んできたか、何を手に入れてきたかを思い出してほしい。今、われわれは迎える立場になった。日本を見たい人、知りたい人、愛する人、憧れる人を拒んでいいのか？　問題のマナーは急速によくなっていた。

インバウンド再生を待ち望むイタリア人の一人ジャンニ・ラニエリ氏と話した。ローマ都心でホテル・ラニエリを経営している。お母様が始めたペンションを三ツ星ホテルにした。日本大使館にも近く昔から日本人客が多い。その後フィンランド人が増え、今は日本語の予約サイトもある。私は、１９８１年から常宿にしている。ローマ在住時には両親にも泊ってもらった。お母様に昔、絶え間ない設備更新のご苦労を伺ったこともある。

ラニエリ氏は経営者の立場で観光都市の変化を見てきた。ブランド店で働く友人は80年代の日本人客の様子を最近の中国人客と比べてくれる。文化財監督局に努める美術史家はさまざまな外国人観光客を受け入れた美術館の対応を語る。他にも、レストラン、海辺のホテル、タバコ屋、いろんな人が観光客と町の変化を語る。そんな話を集め、資料を添えてその変化を整理した。

ローマでは、むしろ、観光客はローマをよくしたという。観光がなければ、ローマは貧しい田舎町、ちょっと油断すれば変化に取り残される。観光客の求めに応じて何とかEU水準に追い付いた。ホテル・ラニエリは日本水準に近い。有名ブランドは日本人客の好みを受け容れ新商品を開発してきた。観光は異文化との交流を通じて自らを革新し、双方の文化を変容、発展させる。

これまで、日本のグローバル化は海外に出かけ買い物をすることだった。ネット時代になってもパソコンから世界を覗くだけだった。でも今は違う。隣の部屋に外国人がいる。今朝着いたばかりの旅行者が出発地の匂いと生活習慣を持ち込んでくる。モノではなくヒト、大勢の外国人が最初は観光、次は居住者としてともに暮らす。未来の地域社会では、彼らの文化を受け容れてわれわれ自身が変わっていく。身近な場所での異文化交流が日本を発展させる時代を取り戻そう。

はじめに　3

序　章　✣　激増と消滅
経験から何を学び再生に活かすか――9

第1章　✣　コロナ直前、日本で起こっていたこと――27
外国人観光客の急増　28
観光公害？　誰が悪かったのか？　31
郷に従うようになってきたアジア系外国人観光客　37

第2章　✣　イタリア観光現代史
反発と受容・活用を振り返る――43
ヨーロッパ観光産業の四つの発展段階　45
19世紀後半から戦後、イギリスとアメリカ　51
日本人の登場とその購買力　54
ベルリンの壁の崩壊と東欧人の登場　57
東アジアからの観光客の急増　61
観光急増から成熟へ　63

第3章 ✣ 観光客の変化に応じて変わったイタリアの社会
交流の中で生まれた融合――67
団体旅行の誕生から個人旅行への転換 68
アメリカとの融合 74
日本との融合 80
リピーター客は層をなし、やがて第二の故郷とした 88
受容から能動へと転じ母国を変えた観光客 95

第4章 ✣ イタリアの観光公害と観光政策
都心整備・創造都市・持続可能性――97
地方の小都市の観光公害と交通まちづくり 99
観光振興が招いたヴェネツィアの繁栄と終わりなき混乱 104
観光客の総量規制と選別 114
商業サービスの適正配置 117
観光都市の町並み保存 122
町なかの歩行者空間化 127
EUの文化観光政策と〃創造都市論〃 131
持続可能な観光の模索 136

第5章 ✣ 観光を活かしたイタリアの稼ぎ方
ホストとゲストの出会いが生んだスモールビジネス —— 141
歴史的環境を活かした厚利少売 142
試行錯誤をへて成熟した市場 150
地方都市の再生 153
ホストとゲストが育てたグローバルで小さなビジネス 158

第6章 ✣ 女性が変えた京都の観光政策
町家・町並みを育てたアウトバウンド経験 —— 163
観光都市ではなく文化・芸術都市を目指す 164
京都で起こっていたこと 166
四つに区分できる京都観光の戦後史 173
モータリゼーションへの対応 177
アンノン族の時代、そして女性化、成熟化 182
バブル崩壊と〝そうだ 京都、行こう。〟 188
観光都市の景観論争 191
観光客も後押しした景観政策と町並み整備 195
京都の持続可能性と進化する文化・景観・観光政策 198

第7章 ✣ アウトバウンドとインバウンドが生んだ四つのシフト
国際水準の歴史観光都市への転換 205
京都観光四つのシフト 206
「都心シフト」は、装い・味わう・暮らしの贅沢をセットメニューで 210
伝統産業から生活文化産業へ 213
地域性を目立たせたもう一つの要因 219
アジア・シフト 223
コロナ後の京都に求められること 225

第8章 ✣ コロナ後に向けた地方都市の観光再生
量を制御し質を高め地域を豊かにする八つの戦略 233
観光公害とコロナショックから何を学ぶべきか 234
求められるリスペクトと負担、量の規制 238
量を制御する二つの戦略 243
地元を優先し厚利少売で世界と結びつく三つの戦略 248
生活文化を創造し惹きつける三つの戦略 252
世界の地方都市で進む国際化・個性化 259

おわりに 263
注釈 265

序章

激増と消滅

経験から何を学び再生に活かすか

インバウンドが消えた観光都市

ＵＮＷＴＯ（国連世界観光機関）によると、２０２０年の新型コロナウイルス（ＣＯＶＩＤ－19）感染症の影響で、世界の96％の国々が海外旅行を制限した。90カ国以上で国境を閉鎖、もしくは通過を制限し、44カ国以上が感染国に滞在した旅行者の入国を制限した。世界が初めて経験した極端な渡航規制だった。この規制が、今や世界ＧＤＰ総額の10％以上を占める観光産業に与えた影響は大きかった。観光産業だけでも、世界中で何億人分もの雇用が失われた。そして、第二次大戦後、多少の浮沈はあったものの75年間も続いた経済成長に急ブレーキがかかった。

この間に進んだグローバル化は世界の産業経済を拡大させ、観光産業の成長を加速した。だから、すでに半年を越えた渡航規制の影響は大きくなった。世界各地でロックダウンが実施され、経済活動が停止した影響が地球規模で増幅され、当面は深刻な不況が続くだろう。しかし、グローバル化は簡単には後戻りできない。急激なグローバル化の結果生じた過度な海外依存を避けつつも、世界市場と自国、地域の産業経済との適正な関係、バランスを考慮した政策が進むだろう。

この新型コロナウイルス感染症による死者数が3万人を超えたイタリアは、２０２０年3月9日の全国規模のロックダウン措置で外国との出入国を停止した。国内移動はもとより市内でも外出が厳禁された。１９９０年代からファッション産業などで中国との経済交流が盛んだったためか、ビジネス界の交流が観光客より多く、ヨーロッパで初めてのパンデミックが起きたからである。一方、イタリアを訪れる観光客数で最多のドイツ人、隣国フランス人がウイルスを持ち帰ることにもなった。そして、ローマ、フィレンツェ、ヴェネツィアといった主要観光都市の街角から観光客はもちろん、市民の姿も2か月以上消えた。それが、カルネバーレ（謝肉祭）からパスクア（復活祭）を過ぎ、最高の観光シーズンである夏まで続いた。市民生活は一変し、観光産業の打撃の大きさも計り知れない。6月中旬からEU諸国との通行規制が解除され、インバウンド受入れを徐々に始めたものの回復には数年を要するとみられる。

観光は変わるか

日本では5月25日に緊急事態宣言が解除されたが、6月に感染者が増え始め、7月にはさらに拡大が続く中で、Ｇｏ Ｔｏキャンペーンが、東京発着を10月に遅らせて始められた。一方、EU圏内でも移動制限は緩和されたが、スペイン北部やオーストリアの観光地で感染者が増加している。ホテルやレストランの閉鎖は解かれたが、3密を避け慎重な営業に徹している。観光客は入国時にPCR検査が、一部では自己隔離の義務もあり、マスクと手袋を離さず恐々としている。

UNWTOは5月末『観光の再開に向けたグローバル・ガイドライン』で優先順位を示し、安全でシームレスな国際観光のあり方を示した。加盟国間の観光交流が盛んなEUは、より具体的なガイドラインを示し、健康リスクの少ない移動と滞在のためにデジタル技術を活用した予約の原則を示した。一方、再開が早すぎたためか、今も一日4万人を超える新規感染者が出ているアメリカでは、全米旅行協会のガイドライン「ニューノーマルの旅行」で従業員と顧客の安全確保に努めている。また、欧米から感染した帰国者が多い中国は、今も慎重な姿勢を崩していない。

各国の専門家も言うように、これからの観光行動は今までと違う。3密を避けられる目的地を選ぶようになる。回数を減らしてでも環境配慮型観光行動をとる人も増えるだろう。ガイドラインが指摘するように、観光地の住民の観光客への危機意識も高まっている。また、事業者は今回の経験でリスクを知った。観光消費への過度な依存、特に外国人客への依存を避け、国内客とバランスをとり、地元客を優先してリスクを分散する必要を再認識している。バランスをとるために、国内客数、地元客数と観光事業者数から受入れ可能な外国人客数が計算できる。さらに、国籍だけでなく性別や年齢などの顧客の属性、季節や時期、曜日と時間、イベント、訪問地への過度な集中の分散、交通手段や宿泊施設の分散が検討され、持続可能な観光産業に変わるだろう。

昔から人気のハワイは、日本人が多いように見えるが、アメリカ人客の4分の1、韓国人や中国人は今も少ない。昔からJALやJTB、その後ANA、エアアジアも大量の日本人観光客を運ぶ。しかし、常に適度なバランスがとられ、ハワイ固有の文化の上にアメリカ本土や移民文化が加わり、グアムやサイパンとは違う魅力的な持続可能な熱帯リゾートを維持している。

移民や難民の流れが簡単に止められないように、観光客の流れも止められない。受入れ国が招かなくても、出発国の事情で発生する。出発国で紛争や混乱があれば難民、貧困が移民、そして経済成長は観光客を送り出す。多くの先進国同様に日本もこの流れに晒される。豊かな暮らしと長寿命をえた大勢の中国人が海外旅行を始めたのである。東南アジアからの客数も急増した。だから、最近の日本ではバランスを考える間もなくオーバーツーリズムが起こった。同時期に、世界的規模で増大した観光客がヴェネツィアやバルセロナでオーバーツーリズムを深刻化させた。その状況が一変、新型コロナウイルス感染症で、観光客の流れが一瞬で止まってしまった。

アメリカ等の先進国の観光政策は持続可能性を重視するよう転じている。しかし、肝心の航空業界は回復にはまだ4年以上かかるという。

一方、この間の日本の観光地の打撃も大きかった。近年のインバウンドの増加が急だっただけに、今回の激減との落差に驚き慄く人が多かった。京都市でも一瞬で消えたインバウンドの喪失感は大きかった。この数年の間に新たに進出したホテル、簡易宿所の多くは休業、撤退した。それ以上に深刻なのが、すでに減り始めていた日本人観光客の消滅だった。これには京都市内のホテル、旅館、飲食店が巻き込まれ、老舗ですら苦境に陥った。

日本は、世界的に人気が高い観光地になった。だから外国人観光客の回復は比較的早いだろう。ただ、今回の経験を踏まえると、急激なインバウンドの増加とそれに伴い急増した新規参入事業者がもたらした混乱を上手に収める必要がある。過剰な観光客が引き起こした、社寺や博物館、老舗や名店の数々、文化遺産から市民生活まで含む市内各地の混乱を一旦整理し、政策的に制御された観光都市として新たに回復する方法を探っていこうとしている。歴史都市京都には、受け入れ可能な適正な数の観光客数がある。

観光の回復力とリスク

現代のグローバル社会では、国境を越えたモノ、カネ、ヒトの移動が当たり前になり、庶民も若者も気楽に国境を越えられる。新型コロナウイルスが引き起こした現代の鎖国はいつまでも続かないし、自由な移動を止めることもできない。グローバル化は、もちろんいいことばかりではなかったから、反グローバリズムは勢いを増すだろう。今回経済的打撃を受けた地域では、国際観光市場に過度に依存しないローカルな生き方を求めるだろう。各地それぞれの課題と解決策が模索され、新しい観光の姿が見えてくるだろう。

75年前、第二次世界大戦終結後の欧州観光の回復は早かったという。飛行機も少なく、今からすればかなり不便な船と鉄道の旅だったろう。高速道路も未発達な時代だったが、平和を謳歌するアメリカ人観光客でヨーロッパ、とくにフランスやイタリアが賑わったという。そういえば、同時期日本に進駐したアメリカの軍人とその家族も、日光や箱根など各地の観光ホテルを盛んに利用していた。

回復が早かったもう一つの理由は、戦争直前の1930年代、すでに観光の大衆化が始まっていたからでもある。フランスとイタリアではバカンスが制度化され、ヴェネツィアやリビエラ、コート・ダジュールやジュネーブといった保養地が知られていた。その魅力的な観光地から順番に、戦後の観光ブームが広がった。その後、東西対立の時代からヨーロッパの経済統合が徐々に進み、国境を超えた移動が、自由で平和な繁栄した社会を求める人々に支持され、観光の発展とともに現代の国際社会が形成された。

今回の新型コロナウイルスからの回復は、第二次世界大戦後よりもっと早いだろう。ヒトの流れが止まった影響は大きく深刻だった。ただ、その反動も大きいだろう。コロナ以前の日本では、インバウンドが急増していた。それまであまり知られていなかった日本各地の魅力が短期間に、とくにアジアの人々に広く知れ渡ったからだ。アニメやファッションなどのクールジャパンに日本食の人気で全国の観光地は潤っていた。

だから、鎖国状態が終われば回復が急がれる。しかし、受け入れる人々の認識はコロナ以前とは違う。グローバル化した社会では、外国人観光客は簡単に増えてしまう。そして見境なく誰も彼もと拙速に格安ホテルを建てた結果を見てしまった。今回のコロナショックでは感染拡大の各段階で観光客が関わった。観光にはリスクが付きまとう。

初めは中国人が、次はヨーロッパ観光から帰った日本人が、やがて東京や大阪など感染者が多い大都市から訪れる観光客が感染源になることが分かり、京都市長や沖縄県知事、湘南海岸のある神奈川県知事らも次々と「今は観光に来ないでほしい」と呼びかけた。世界中の国々で渡航中止勧告が出され、開かれていた世界が瞬く間に閉ざされ、鎖国状態に陥った。国際観光市場は逼塞し、航空・宿泊・旅行業等の観光インフラを支える企業体の経営が悪化した。世界経済への影響ははるかに深刻で企業の経営破綻が続き、失業者、生活困難者が増え、観光需要は大きく減退し続けるという第二の危機が続いている。一般市民の外出が制限されるという大事件が、観光客の増加にも起因するという認識は、これまで何の抵抗もなく観光客を受け入れてきた人々の認識を大きく変えた。

持続可能な観光を求めて

観光の歴史の中で観光客の急増も危機的な減少も初めてではない。日本でも高度経済成長期の観光の急激な伸びで全国各地に観光客が押し寄せた時期があった。逆に１９９５年の阪神・淡路大震災、２００３年のＳＡＲＳ、２０１１年東日本大震災直後に観光客が激減した。２０１８年には西日本豪雨、大阪府北部地震が起こり、台風21号は関西空港を直撃した。北海道胆振東部地震の影響も記憶に新しい。２００１年の同時多発テロの頃から日本人海外旅行者数は伸びていない。国内旅行者数は１９９５年の阪神淡路大震災頃から伸びず、消費金額も下っていた（後掲図0･2）。一方、東日本大震災で一旦減少した外国人は、その後急速に増加した。この増加で売上げを伸ばし、店を拡大させた飲食・宿泊事業者の打撃が大きかった。大阪のようにとくにその伸びが大きかった地域でより深刻である。さらに中国、韓国からの観光客の比重が高いとなお悪い。

この急な増減による影響を緩和し、地域社会への影響を抑える政策を持続可能な観光という。インバウンドに依存する以上、世界規模の危機を乗り越える耐力を持つ観光事業者を育てる仕組みが要る。もちろんインバウンドに過度に依存しないほうがいい。京都でも現在8割まで下がった日本人客を維持すれば耐力がつく。欧米諸国でも国内客が5割近くいる。イタリアは、ドイツという大国が近く、外国人客の3割以上を占めるが、米国、オーストラリア、日本、中国等のその他の国々の多様な客を獲得し、出発国間のバランスも維持している。それでもコロナショック後は、イタリア人優先、州内住民尊重、地元顧客割合をさらに上げようという。加えて、「3密」を避けるために観光客に分散化を求めるという。歴史と自然、都市と農山漁村、博物館とスポーツ、多様な観光目的を用意し、極力団体客を避けるともいう。

それに比べて、日本の隣国、中国の人口と経済規模は大きい。観光の初心者が多い。バランスを取ることも集中を避けることも当面は難しいだろう。

最近まで外国人客の受入れが少なかった日本の観光関連事業者と市町村には、今回の打撃は貴重な教訓になる。この打撃から立ち直るとともにより持続性の高い世界的観光地と観光産業に成長するための構造改革が求められる。ただ受入れるのではなく、観光客を制御する仕組みが要る。イタリアと京都の経験からその方策を探りたい。

同様に観光客が急増したイタリアはどう対応したか

1980年代の半分以上をイタリアで過ごし、それ以降も毎年イタリア各地の歴史都市に通う間に観光客の増加と減少をたびたび見てきた。まず、80年代は日本人が急速に増えた時代である。90年代には東欧からの客が急増した。それと比べ、観光公害とまで言われたコロナショック直前の京都も90年代のヴェネツィアほどには混んでいなかった。魅力的な歴史都市でありながら観光客はまだ少ないと思う。日本各地に未開拓な魅力がふんだんにある。自然と歴史、食文化を含む生活文化、人情に厚い人々、そして、いろいろ問題があるとはいうが、安全で十分に豊かな国民生活がある。

一方、日本よりも早くから外国人観光客を受け入れていたイタリアも、この間ずいぶん変化した。私が知る40年前の、つまりヨーロッパ最大の観光国だった1980年代は、今とはずいぶん様子が違った。イタリアの観光の歴史は、そのはるか前の18世紀から始まっている。それが、1960年代、70年代にバカンスが普及し、国内の観光客が増え、80年代には外国人観光客が急増した。その後、バカンス客も外国人観光客数の増加が2010年代に止まった。質の低下を懸念する声があるものの、オーバーツーリズムを脱して安定した観光地になっていた（図0・1）。日本の地方都市もそうなるといいと思い、イタリアでの外国人観光客がどう増えたか、またその結果、大小の都市や農村がどう変わり、持続可能な観光地になったかを調べてみた。

見えてきたのは、急増し、減少もする観光客、とくにマスツーリストへの対応に苦しんだ様子だった。自然環境と歴史文化遺産保護のための国民協会「イタリア・ノストラ」は、フィレンツェやヴェネツィアでの祝祭やイベント時の観光客の集中とその混雑への対応の問題をたびたび批判してきた。住民を追い出すほどに過剰なホテル建設、不動産価格の高騰などを、私の前著『にぎわいを呼ぶイタリアのまちづくり』[注1]でも、イタリアの歴史都市の問題として紹介した。私が留学していた１９８０年代の知識人たちの主張は、過剰な観光客に苦しむ歴史都市の都心部を住民の手に取り戻すことだった。コロナショック前には同じ主張を京都の知識人が展開していた。

　もちろん、最近もイタリアを訪れる外国人観光客、とくに中国人も増えていた。２０００年から２０１６年までに30％以上も増加した。２０１８年にイタリア

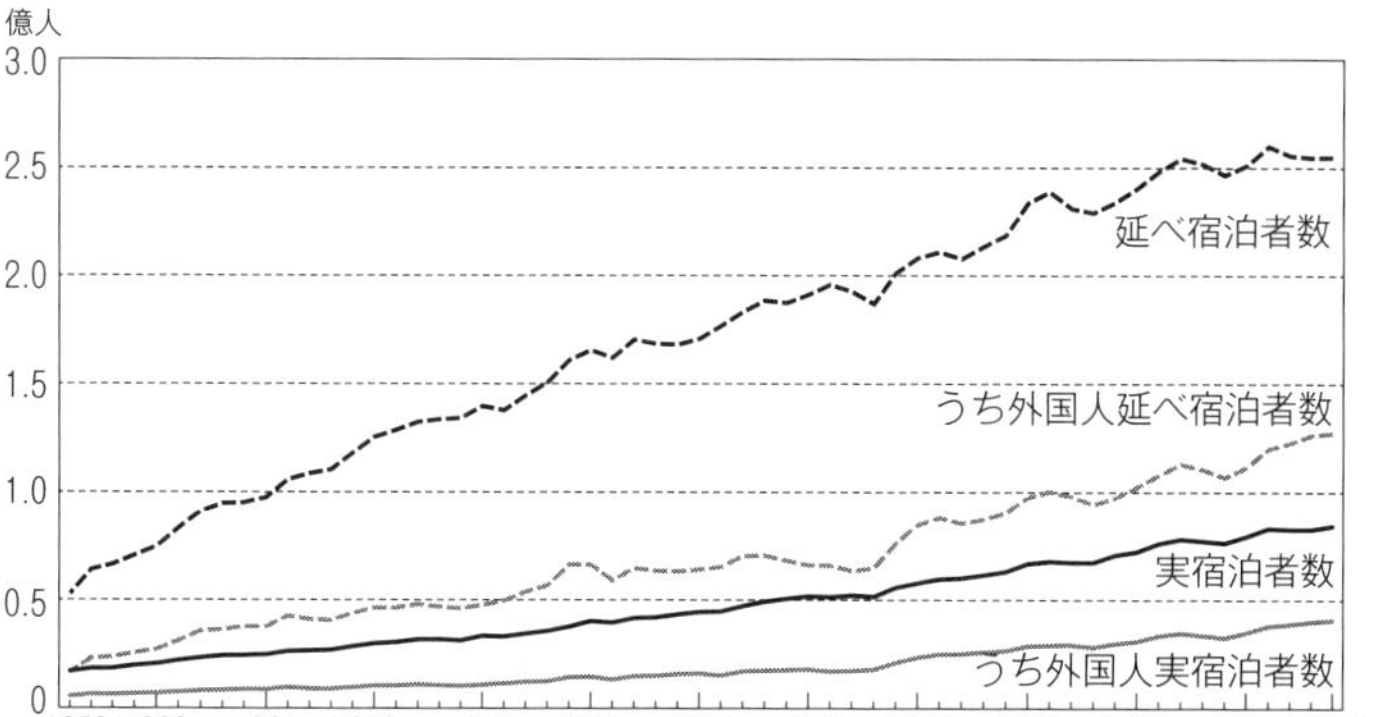

図 0･1　イタリア観光（宿泊）客数推移

（出典：イタリア政府統計局「宿泊登録者数推移」Fonte: ISTAT, “Movimento dei clienti negli esercizi ricettivi”）

を訪れた日本人は195万人、中国人は530万人だから日本人の2・6倍にもなった。ただ、近くのドイツ人は5千860万人、中国人の11倍も訪れている。急激な増加という事実は変わらないが、過剰な反応はない。だいぶ収まってきた。

収まったのは、観光客増加の影響が必ずしもネガティブなものだけではなかったからだと思う。ローマやフィレンツェ、ヴェネツィアで働くイタリア人のすべてが外国人観光客を嫌っているわけではない。大切な顧客と見ているし、眼の肥えた批評家だとまで言う人もいる。観光客がいなければ、イタリアの歴史都市は今ほど保存再生されず、市民にとって住みやすくはならなかったという人もいる。とくに外国人観光客は、ローマをよくしてくれたという。そして、今回のコロナショックを経た今、イタリア人は観光文化と観光客を切実に懐かしんでいる。今後戻ってくる外国人観光客と交流をかさね、その観光文化を一層成熟させていくだろう。

実際、これまでにもさまざまな政策がとられた。主要都市への集中を抑制し、無数の小さな町や村への分散が進んだ。イタリア人観光客と外国人観光客のバランスを適正化した。つまりイタリア人も集まり、イタリア人自身もが楽しめるような観光地にした。動物園型と呼ばれるただ写真を撮って回るだけの初心者の割合を少なくし、リピーターを増やして固定客を確保し、季節的集中もなくした。観光市場から薄利多売型のビジネスを減らし、固定客を確保する戦略に切り替えた。

観光の変化に対応し変わり続けたイタリア

私が知る過去40年間は、イタリアの第２次世界大戦後75年間の後半に当たる。戦後史とは、欧州統合の歴史であり、１９８９年11月のベルリンの壁崩壊を挟んで、冷戦（東西対立）期と欧州連合（ＥＵ）拡大期に分けられる。その前半の45年は奇跡の経済成長の時代と１９６９年の熱い秋をはさんで１９９０年までの社会改革期に分けられる。イタリアは国内にさまざまな社会的矛盾を抱えながらも、平和を謳歌し、世界有数の観光国として成長した。その後さらに拡大したＥＵ全域に世界中から観光客が訪れていた。そして、移民と難民が大量に押し寄せる時代になった。そこにコロナショックが起きた。

　この40年間だけを見ても、イタリアの観光事情は驚くほど改善され、フランスやドイツの水準にかなり近づいた。旧国鉄の路線に代わり日本のＪＲに当たるトレニタリア[注2]の特急[注3]フレッチャ・ロッサ（赤い矢）やアルジェント（銀）、ビアンカ（白）がドイツ鉄道並みの正確さで走る。その駅も空港同様、他のヨーロッパ都市と比べて遜色がない。すべてネット予約でカード決済、航空機やホテルは言うまでもなく、高速鉄道、長距離バス、美術館、レストランも予約がなければ入れない。予約が取れないほど混んだ日には来てほしくないのだ。料金も決して安くない。バックパッカーが一日10ドルの旅を始めた頃はまだよかった。ＬＣＣが世界の空を飛び、誰もが海外旅行に出かける今、格安料金はリスクになる。貴重な歴史文化の価値を浪費せず、観光客総数の適正化を目指す。

一方、今はどこでも英語がよく通じる。それは、移民や外国人労働者が増えたからだろうが、ビジネスライクでもある。市民生活のグローバル化、言い換えればミクロなレベルでもヨーロッパ統合が進んだのだろう。その分、コロナウイルスの感染拡大も早かった。ロックダウンで、この交通網は瞬く間に遮断された。家に籠ったイタリア人の多くは、かつてのイタリア独特の伝統、固有の生活文化に思いを馳せ、近年の急速に変化した社会と観光産業をさらに見直そうとしている。ただ、もはや昔には戻れない。だから、政治的にも新たな局面に移りつつある。昨年までは、右と左の反EU政党[注4]に投票していた人々が、ヨーロッパの衰退とイタリアの孤立を恐れ、グローバル化した世界への再接近を求める方向に変っていた。

イタリアの観光産業でもコロナショック後にはさらに技術革新が進むだろう。ローマ、フィレンツェやヴェネツィアだけでなく、普通の地方都市にもネット予約の観光客が流れていた。ヴェネツィアの手前パドヴァの街中の小さなホテルを予約すれば、20分の電車の旅でヴェネツィアにも行けるが、古都パドヴァでゆっくりすごすこともできる。だから各地の小さな宿やホテル、レストランや商店がインバウンドを受け入れていた。ただ、バスで走り抜けるだけの外国人の団体客は慎重に避けられる。駅前のチープな新築ホテルの稼働率は上がるが、発地国の旅行会社に値切られて大した利益がでないので、地元住民からもイタリア人顧客からも嫌われる。

20年近く前から田舎で盛んになったアグリツーリズモ（農家民宿）が普通に英語でネット予約でき、外国人が泊まっている。ということは、慣れた客が増えて、村の駐在さんが外国人同士の交通事故を処理し、小さな診療所のドクターが外国人に慣れたということでもある。それと並行して、どんな田舎に行っても、公共と民間が提供する各種サービスの根幹部分が整った。サービス現場には、よくも悪くもイタリア人らしい態度がかなり残ってはいるが、ほぼEU水準に達した。スリや置き引き、ストとテロがイタリアにとくに多かった時代は終わり、逆に外国人観光客の割合がより高いフランスやスペインで多くなっていた。

サービス水準が上がり、一定の安全が確保されれば、より美しい観光地には人が集まる。面白いイベントやアーティストがイタリアに集まってくる。そんな場所では外国人観光客だけでなく、大都市から移り住んだ若者も増えた。そこに地元住民が加わって、グローバル・スタンダードが普及した。昔の村では起こりえなかった変化が、さまざまな国から集まる観光客、都会からの移住者等によって引き起こされた。都会生まれの若者に演出され、住民が個性的なホストを演じ、観光客がゲスト役を楽しんでいる。三者が時間をかけて合意を形成し、イタリアの農村を快適で美しくスローな観光地に変えてきた。もちろん観光客は少なくていい。村の人口とホテルや商店の数に相応しい客数でいい。増えれば他所の業者が進出する。

アグリツーリズモはもともと小さく稼働率が低い宿泊施設である。インバウンドが増えたとはいえ、国内需要中心で、地産地消で提供する飲食部門は、宿泊客だけでなく地元住民や通過客にも提供している。今回のような危機の影響が比較的少ないモデルでもある。[注5] 地産地消をイタリアではキロメートロ・ゼロという。このところ、観光のキロメートロ・ゼロ、日本のマイクロ・ツーリズムが提唱されている。地元生まれの人のネイティブ観光も歓迎するという。観光客の急増というリスクに晒されるくらいなら、薄利多売は捨てた方がいい。小さな町や村、宿泊施設では適正規模を見直し、低い稼働率でも採算がとれる料金設定になっている。

日本でも同じ変化が起こるか？

人口減少により日本人観光客は減っているが（図0・2）、いずれ日本各地でも同じことが起こるのではないかと私は思う。イタリアでは宿泊客数で見ると外国人客と国内客が半々、英国人が多いトスカーナのエルバ島、ドイツ人がとくに多いナポリ湾のイスキア島など、海浜リゾートを除けば、ローマでもフィレンツェでもイタリア人がそこそこ観光に来る。ホストとゲスト、ゲストも国の内外両方からと適正なバランスが維持されている。美術館や教会でイタリアの子供や若者の

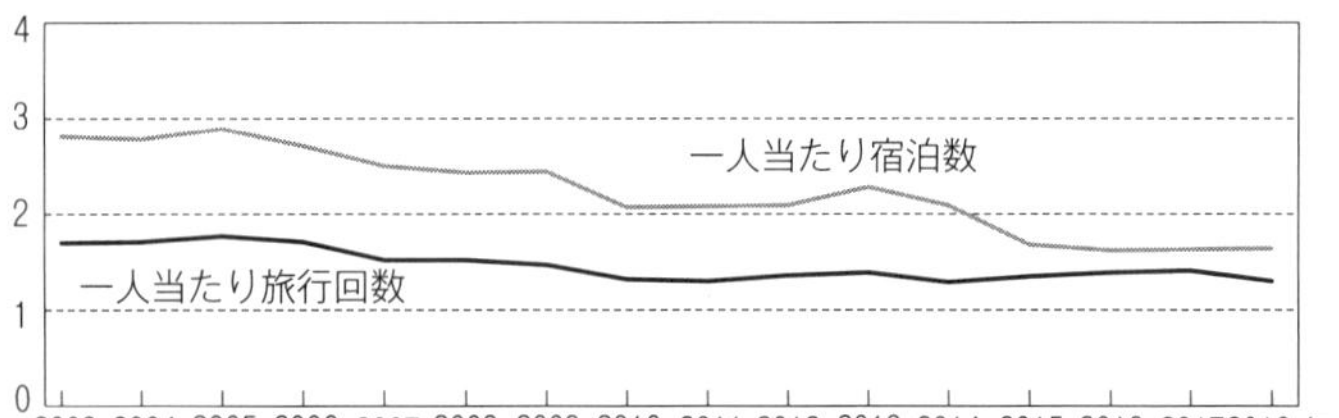

図 0·2　日本人の国内観光旅行

（出典：観光庁『旅行・観光消費動向調査』2007 ～ 2018 年による）

行儀の悪さをたしなめる英国人やドイツ人をよく見かける。これも最近のミクロレベルのグローバル化の形だろう。

日本でもコロナショック以前の数年間、全国各地で急速に増えた東アジアの人々と出会う地元住民が増えた。普通の田舎町での新しい出会いが生まれ、これまでにない新しい観光がわれわれの日常に浸透してきた。そこで一足早くこの過程を経験したヨーロッパの観光の戦後史、ホストとゲストの交流を考えてみた。欧米先進国の観光都市の経験、たびたび起こった観光客の急増と急減、その対応策を知っておくことは、日本で起こっていること、これから起こることを客観的に見るうえで重要だと思う。観光客急増の問題は、決して日本が世界初ではない。この激減も日本だけで起こっていることではない。日本でも京都だけではないし、皆さん方の地元だけの問題ではない。いたるところで起こったから、世界中で適正な観光のあり方が模索されている。だから一足早いイタリアの経験を見直したい。

ヨーロッパでも急増は混雑問題として現れた。静かな市民生活に突然闖入した大勢の観光客は嫌われたのである。そのうち、市民の手が届かない品物や場所を独占するようになるともっと嫌われた。そのときは、文化の問題だとまで言われた。本当の価値は自国民にしか分からないと言われた。外国人観光客は自国の文化遺産を消耗させるだけでなく、冒瀆しているとまで言われた。[注6]

でも、文化の問題とインフラの問題は別に考えたほうがいい。文化と言っても、ハイカルチャーとサブカルチャーではいろいろな意味で違いが大きい。そして、生活文化は観光客が来ても来なくても変質してしまう。それがグローバル化の避けられない一側面である。

これまで長い間、イタリアほど多くの外国人観光客が来なかった日本にとって、グローバル化とは少数の日本人が海外旅行に出かけ、大量の輸入品を持ち帰るちょっと贅沢な欧米風の消費生活のことだった。ネット社会になっても、パソコンから世界を覗き、ネットを通じて手に入れるものだった。これからは違う。隣の部屋に外国人がいる。それも今朝ついたばかりの旅行者が出発地の匂いと生活習慣を持ち込んでくる。そう簡単にはこの郷に従ってはくれない。この郷はわれわれには快適なのだが、慣れない人にはちょっと変わっているのだろう。これからのグローバル化は、モノではなくヒト、つまり大勢の外国人が最初は旅行者として、やがて居住者としてわれわれの身近に迫ってくる。そして、受け入れざるを得ない変化として進むだろう。

戦後一貫して、こうした経験を積み重ねてきたイタリアの人々の様子を見ることで、コロナショック後、インバウンドが回復し、再び急増を経験するかもしれない日本で、まちづくりを少しでも上手に進めることができればと思う。観光客が日本の町や村をより楽しく、より美しく変えてくれることを期待したい。今回の経験でよく分かった。インバウンドは、私たちの暮らしになくてはならないものになった。同じことをイタリア人はたびたび経験してきたのだろう。日本よりはるかに深刻な被害を被った、コロナショック後のイタリアの動きにも学ぶことは多いだろう。

第1章

コロナ直前、日本で起こっていたこと

外国人観光客の急増

観光客増加の世界的趨勢、日本での急増

コロナショックまでは、世界中で国際観光旅客数が増加していた（図1・1）。20世紀末の6・8億人が、20年後の2019年には12億人とほぼ倍増、予測では2030年には18億を超える勢いと言われていた。LCC（格安航空会社）の効果が大きい。今では誰もが空の旅ができるほど安くなったと豪語する会社もあった。今思えば、随分と楽観的な予想だった。

実際、LCCを利用する観光客には、20世紀には発展途上国と呼ばれた国々の人々が多い。それも、東アジアと東南アジアの、この四半世紀に国民所得が急上昇した国々だった。加えて保健医療が劇的に改善し、国民の寿命が延びた。食をはじめ生活が豊かになり、消費が拡大、ついに海外旅行を始めたのだ。すでに1990年代には、韓国と台湾が世界の観光市場で存在感を増していた。それが2010年以降、人口規模がはるかに大きい中国の海外旅行客が世界を変えた。ほかにも、世界最大のLCC、エアアジア社[注1]を擁するマレーシアを筆頭に、東南アジア諸国の観光客も急増していた。とくに、人口が多いタイの若い観光客が京都でも目立っていた。

折から日本政府は観光ビザの緩和を進めた。中国人観光客への緩和措置がよく知られるが、イ

ンドネシア、シンガポール、タイ、マレーシア、香港、韓国、台湾等の人々にもビザ免除措置を取った。[注2] ＩＣＡＯ基準のＩＣパスポート[注3]所持者で15日以内の観光目的の滞在なら、手続きはさらに簡略化されている。もちろん観光客の増加による経済効果を狙ってのことだろう。その結果、東アジアもＥＵ諸国のように、国境を越えた自由で気楽な観光旅行が可能になった。それも極めて短期間に可能になった。

また、外為市場で円安傾向が長年続いていた。だから、新規のＬＣＣ客には日本はお得な観光地に見えた。工業製品を通じてもともと人気の高い日本のポップカルチャーやクールジャパンを官民挙げて大々的に売り出したからその効果も絶大だった。そ

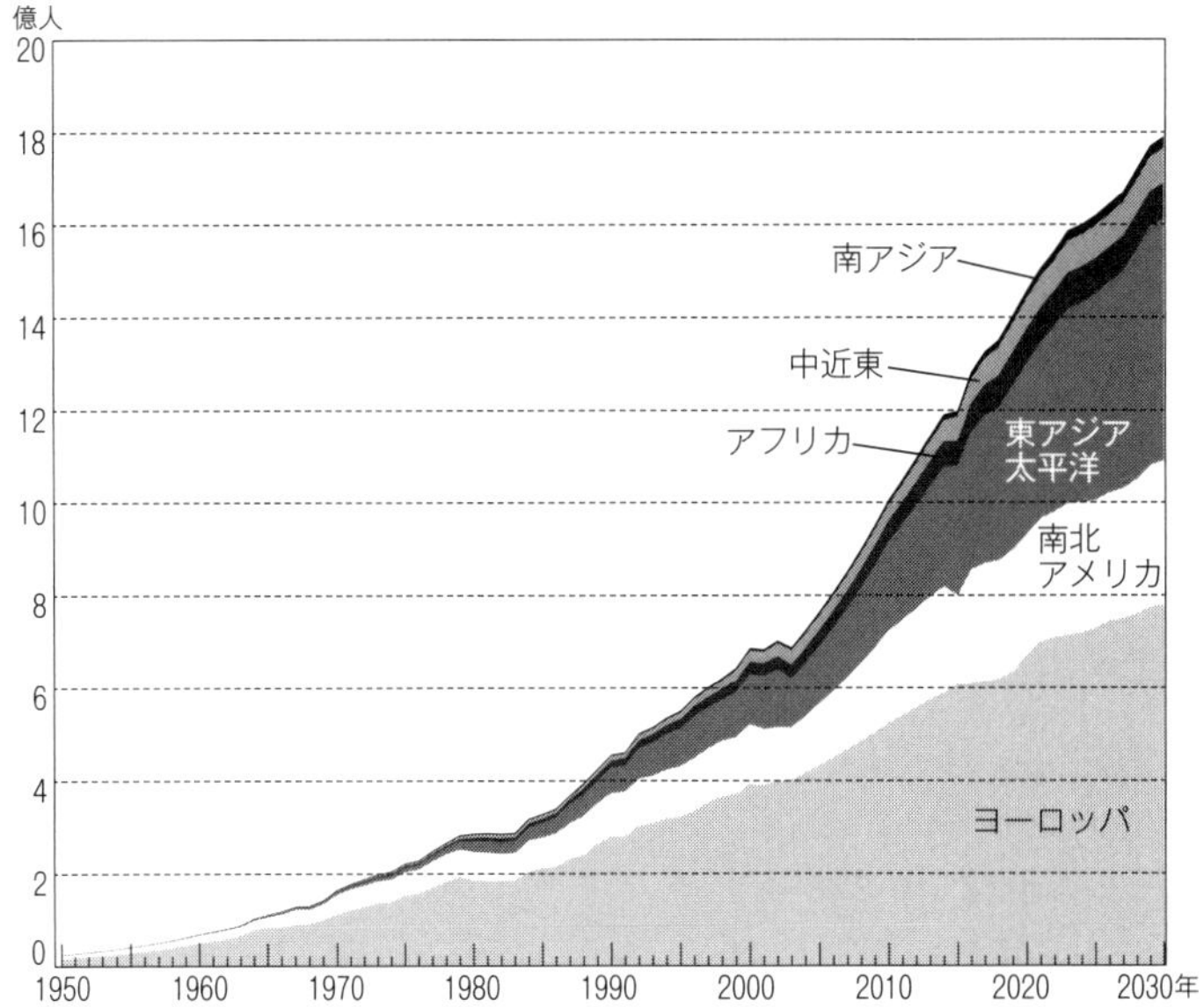

図 1·1　出発地別国際旅客数推移（出典：UNWTO “World Tourism Toward 2030”）

の結果、２００１年に４７７万人だった訪日外国人客が２０１７年に２千８６９万人と６倍に、２０１８年には３千１１６万人になった。[注4]
コロナショックまでの増加の影響は大きかった。東京と大阪、そして京都にもインバウンドが集中した。そのため、京都では「オーバーツーリズム」、中には「観光公害」という人もいた。その反面、インバウンド急増の影響がほとんど見られない観光地も多かった。
この外国人観光客の急増とコロナショックによる激減を経験したわれわれは、単にその再来を願うのではなく、この教訓を活かした持続可能な観光への道、より賢い観光政策を模索している。

欧米客中心だった京都

京都は全国と異なり、欧米諸国の観光客の割合が圧倒的に高かった。欧米人はとくに古都の文化遺産を好むからだろうが、東アジア、東南アジアの観光客も他の地域並みに増加はしていた。

京都は、アメリカの旅行雑誌[注5]による訪れてみたい人気観光都市ランキングの読者投票で２度も世界1位となり、２０１９年までの８年間連続で上位に入っていた。その結果バルセロナやヴェネツィア、フィレンツェ同様に外国人客が急増したと思われる。だから観光客の影響で住民生活が脅かされているという人が多かった。確かに、京都では２００１年４千１３２万人だった入洛客が２０１５年に５千６８４万人と37・6％も増加した。ところが、２０１８年には一転、５千２７５万人に減少した。宿泊者数で見ると２００１年の９９２万人が１千５８２万人と59・5％

も増加、そのうち外国人総宿泊数は450万人、11・8倍に増えた。でも、それはまだ全体の28・4％にすぎない。日本人客の7割は日帰り客である。たった28・4％でも宿泊が多い外国人客が、京都の食事を楽しむためにお店を探し回っていた。だからとくに夜の繁華街で目立ってしまう。外国人の増加の現場にはさまざまな側面があった。多様な国籍の外国人が急に増えたことを観光公害だという人もいたが、事の本質はもっと複雑だと慎重に考える人もいた。

観光公害？ 誰が悪かったのか？

京都でも増えだしたアジアからの観光客

京都で2001年から2015年まで37・6％も増加した客のほとんどは日本人だった。その後減少に転じた日本人を補ってあまりあるのが、その後増えたインバウンドだった。

その前の日本人急増の影響も大きかった。とくに紅葉と桜のシーズンの混雑が深刻だった。第6章で述べるように、嵐山と東山を中心に京都市が京都府警や交通事業者、地元住民・商店街とともに混雑対策を続け、すでにかなり改善していた。当時もホテルは増え、地価も物価も上がっていた。とはいえ、この観光経済効果で町家レストランの増加や長屋のセカンドハウス化[注6]が起こり、京町家の保全再生も進んだ。飲食店ばかりか、都心にはマンションとホテルが増え、一時は都心からなくなった小規模食品スーパーも戻ってきた。そして何よりも、慢性的な赤字に苦しんでいた市営地下鉄・バスの経営状態が改善した。[注7] この間の日本人観光客の貢献は大きかった。しかし、この貢献は市民にはあまり意識されず、感謝する人はいない。

一方、この急増を誰も観光公害とは言わなかった。それは、主に東京や名古屋からの日本人入洛客で、その67％以上が女性、68％以上が50歳以上、そのためリピーターが多く、お行儀がとてもいい。京都人以上に京都を理解し、社寺や町並みを堪能し、古都の文化をリスペクトするとともに、積極的に守り育てようとしていた。この人たちの影響で、無関心な京都市民の多くも景観保護や文化振興に理解を示すようになったという人もいる。

この上品な日本人女性の京都ファンが高齢化と人口減少ですでに減り始めた。そこに、初めての海外旅行、初めての日本、初めての京都、初めての民泊[注8]という東アジアの観光客が増えた。数は少ないが3〜5泊するから目立つ。だから違和感が広がった。幸いなことに、欧米人は言うまでもなく、東アジアの観光客のお行儀も、少なくとも京都ではよくなりつつあった。とくに、一流ホテルに泊まり、高級料亭で食事をする東アジアの客、民泊や小規模ホテルを選んで泊まる欧米人の京文化への理解は深まり、京都を楽しむ姿を好意的に見る市民も増えていた。

それは、近くの大阪市がかなりの数の初心者のインバウンドを引き受けた効果だろう。そのお蔭で、京都市は量より質を優先して観光客を受け入れたいと言っていた。市の条例[注9]では民泊に慎重な姿勢で拡大を抑えることができた。コロナショックによる激減で、静かになったと喜ぶ人がいる一方で、インバウンドへの厳しい眼もだいぶ柔らいだ。

悪いのは一部の悪徳業者

京都でも外国人観光客の多様な行動が見られた。爆買は収まったが、買い物大好きな中国人、日本人と見紛うばかりの30歳代後半の中国人のカップル、夜の街歩きが大好きな欧米の若者、幼さの残る東アジアの若者、ずいぶん多様になった。少なくなった修学旅行生に代わって、丁寧に名所旧跡を回るのは中高年の欧米人が多い。それも、公共交通を使い上手に周遊していた。昔と違い外国人は日本食が大好き、それもポップなラーメンや回転寿司が人気を集める。高級料亭には、主にラグジュアリーな中国人と旅慣れた台湾人女性が目立つ。和食を堪能していた。

この多様性は日々変化し続けている。さまざまな調査を見ても、国籍が多様なだけでなく、年齢、性別、所得水準、宗教、学歴が多様で、海外旅行の経験もまちまち、だから日本への理解度も違い、期待も異なる。だから、和食、ファストフードへの親和性も異なる。初めての海外旅行でインターネット予約を試した人もいる。国民性も観光行動も画一的な日本人とは大違い、われわれの常識では測れない、てんでバラバラな外国人である。見知らぬ集団が日本中に広がっていた。

この急な変化についていかれない住民が外国人観光客を嫌った理由はよく分かる。しかし、それは観光客のせいではないだろう。むしろ、観光事業者のせいだと思う。廉価な一日乗車券は京都市交通局が日本人客のために採算を度外視して始めた。そろそろ止めてもいい。町家ホテルは主に東京から来る京都好きの中高年女性とラグジュアリーな欧米人観光客を当て込んだ施設だった。それを真似て、より安く、急増する東アジアからの若い初心者にネット予約させているのは、町家ブームにただ乗りしてひと稼ぎしようと参入した一部の市外の事業者だった。

さらに、一般投資家や京都市外の宿泊事業者に、旅館業法改正で容易になった簡易宿所[注10]に改造すれば儲かると、京町家や長屋を斡旋した不動産業者がいた。町家は最強ビジネスだとまで言った[注11]。市場の変化に乗じて、いち早く自分だけ稼ごうという事業者が、隣近所への迷惑と外国人観光客の困惑を顧みず、まして京都の未来など考えずに、状況を悪化させた。それが今回の激減でだいぶ消えていった。

彼らは、観光事業者ではなく、宿泊業者ですらない。インバウンドが増加したから空き家や売れ残ったマンションを賃貸に出すより有利に運用したい不動産業者だった。善意の個人が自宅に観光客を泊める民泊が許されるなら、不在の家主に代わって民泊を経営しよう。民泊にすれば稼げるからといって空き家やマンションを売り付けた。自宅だと偽ってローンを組ませ賃貸物件を買わせた不動産業者と同じように、インバウンドの増加で無謀な投機を煽っていたのである。

そんな宿でもネットで予約できる。安くて場所もいい。日本人の家に泊まれる。古都京都で暮らすように旅ができる、と誤解して、日本に憧れる若い旅行者が殺到した。しかし、そこには善意の日本人はいない。状況が分からない観光客は、こうした不動産業者に騙された被害者と言っていい。京町家に憧れてきたのに、近隣住民から迷惑がられ、うるさいと怒られる。

京都の住所表記は京都人にも難しい。[注12] ローマ字表記で分かるはずがない。住所表示は世界共通だと誤解した外国人が、ネットで予約して深夜に訪ねてくる。そんな混乱がしばらく続いた。これは、京都のことを知らない日本人が慣れない京都で商売し、初めて京都に来る観光客を騙した現象だったと言える。悪意はないというのだろうが、ずいぶんと酷いことをする。

京都市では民泊条例を制定し、営業できる場所や営業日数に制限を設け、家主不在の場合は管理責任者の駆け付け要件を厳しくした。同様の規制を管理人不在の簡易宿所にも求めた。その要求が厳しすぎると言い、一部の業者は管理人がいなくても、火災が起こっても、誰かが119番すればいいとまで言った。顧客の生命と近隣住民の生命も含め、市民の安全を少しも気にしない自分勝手な輩が不動産事業に携わっていることが怖い。

日本人の習慣を外国人が真似た

観光地での食べ歩きも問題になっていた。整備された町並みにごみが散乱する、他の客の衣服を汚す、周りに臭いをまき散らすなどの苦情が多い。これをインバウンド客の行儀の問題とするのも間違っている。食べ歩きの習慣があるのは日本なのである。お祭りの縁日に屋台巡りを楽しむ。縁日以外でもラーメンや海産物の屋台村が観光地になっているほどだ。

だから、食べ歩きは日本の観光地で最近広がった習慣、和食ブームで美味しいものを食べたいインバウンド客が、これに喜んで飛びついた。そのメッカとしてネット上で有名なのが、京都では錦市場と嵐山だと言われる。神戸の南京街、大阪の道頓堀、生野コリアンタウン等と並び称されている。一部の老舗を含むさまざまな業者がここまで大きく育てた日本独特のサービスである。確かに安くて美味しい。それを無邪気に楽しんでいる外国人観光客を責めるのも筋違いだと思う。今では食べ歩きは韓国や中国にも広がったという。どんな食物が売れるのだろう。

ほかならぬ京都でも祇園祭の宵山、宵々山等の屋台と食べ歩きは大問題だった。祇園祭山鉾連合会と京都市に、市民による「ごみ減量推進会議」[注13]が加わって2014年から、その改善に取り組んだ。リユース食器を屋台の業者に貸し出し、資源分別活動、散乱ごみの清掃活動を続けた。わざわざ食べ歩き禁止条例を定めた自治体もあるというが、京都のように善意の市民が、事業者の協力と行政の支援、三者のパートナーシップで解決するというのが、現在の日本のまちづくり手法だろう。「ごみ減量推進会議」は嵐山商店街に協力して新たなルールづくりに着手した。

だから、インバウンドが公害というのはおかしい。インバウンドを目当てに荒稼ぎしようという業者のモラルが問題なのである。いち早く市場に参入し、利益を独占し、外部不経済を垂れ流す。工場公害のときと同じである。だからルールをつくり、規制しなければならない。利益を得るために、家主不在の簡易宿所を見境なく建て、近隣住民に迷惑をかけておきながら、それは観光客の行儀が悪いといった。不慣れな外国人に十分な説明をしないのだから、糾弾されるべきなのは一部の不慣れな業者である。住民と旅行者それぞれの善意を悪用して儲けようとしていた。

郷に従うようになってきたアジア系外国人観光客

急速にお行儀がよくなった外国人観光客

一方、京都で見るかぎり、外国人観光客のお行儀は急速によくなっていた。数年前には、嵐山や東山で歩行者の雑踏の整理に立つガードマンさんが、歩行者の安全のために整理しているのに中国人や韓国人がその指示に従わないと困っていた。ところが昨年の感想は、むしろ日本人の若者のほうが、お行儀が悪い、アジアのお客は素直に従ってくれるという。大半の観光客はお行儀よく振る舞う。日本が好きで来てくれている。だいぶ慣れてきて、快適な京都観光を楽しんでいるのだろう。

隣近所に迷惑施設だと言われる簡易宿所の場合、そんな善意の利用客にも、不慣れな日本人事業者がルールを上手く説明できないから問題が起きた。不慣れな事業者には海外旅行の経験がない。あっても、旅行社任せ、添乗員に我儘を言いまくる不遜な態度で成金ツアーをしただけ、自力では海外旅行ができない人たちである。そんな素人が経営するから、住民には旅行者が悪いように言う。だから、説明の上手い東京の会社や中国人が経営する簡易宿所のほうが、実は問題が少ない。ただ、近隣住民の中には、中国人が町家や長屋を買うことへの抵抗感を持つ人がいた。

実は大多数の観光客はよくルールを守っていた。整然とした京都の観光地を歩くのなら、みんなが守るルールを自分も守るほうが快適なのである。社会は、こんな簡単な原理でできている。海外旅行では異なる社会を経験することになるが、旅行している以上、旅先の社会のルールに従うほうが快適にすごせる。決してすべての外国人観光客とは言わないが、京都を訪れる観光客は、海外旅行に十分慣れている人が多いと思う。東アジアの中でも台湾や韓国の中高年客は日本旅行にかなり慣れてきた。彼らの7割以上は再訪である（図

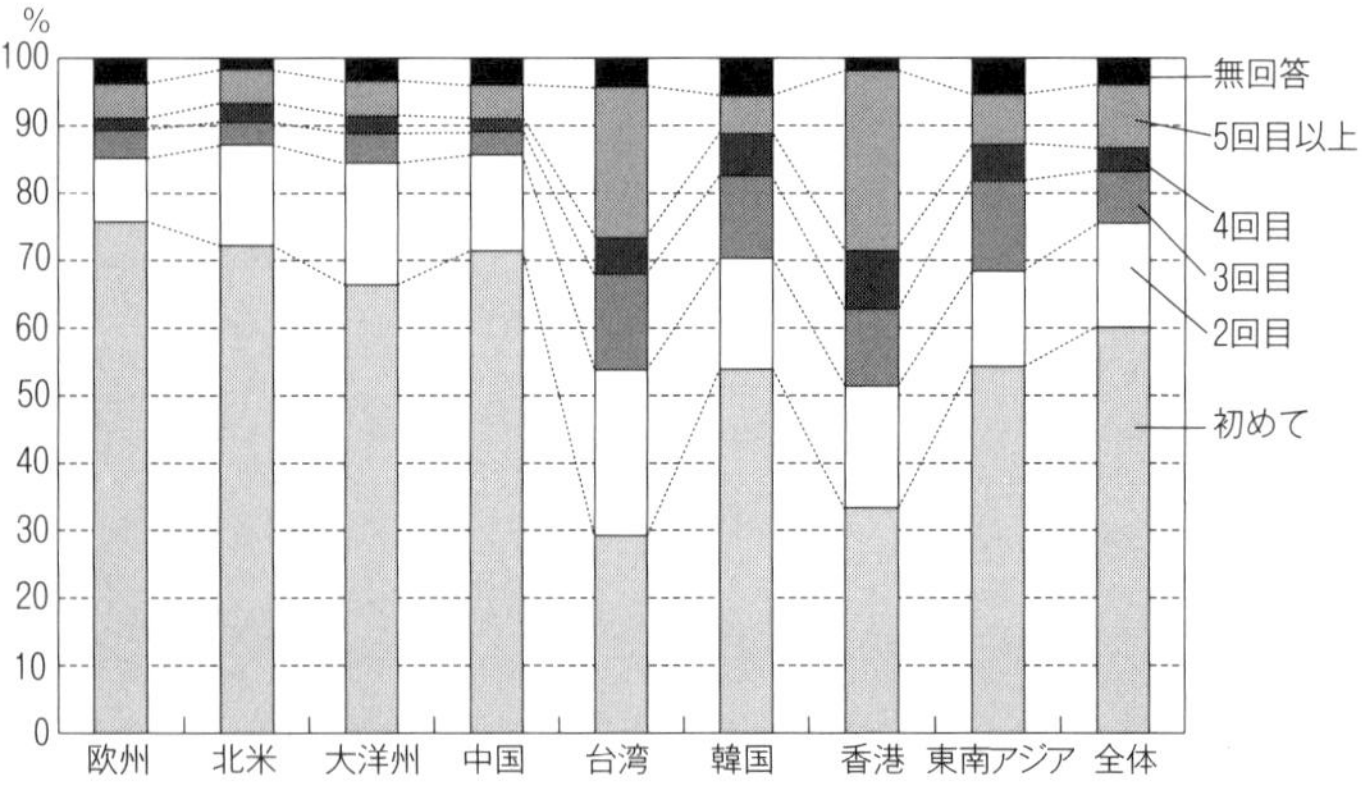

図 1·2　訪日外国人出発地別日本訪問回数・2015 年
（出典：『京都観光総合調査』平成 28 年版）

1・2、図1・3）。とくに京都好きの台湾女性は、日本人の中高年女性並みに観光消費していた。今では有名カウンター割烹の常連になった。一方、欧米人の大部分は、われわれ日本人よりもはるかに海外旅行に慣れている。欧米各国や東南アジアを回った後、最後のフロンティアとして日本に来たのである。こうして、訪日観光客の質は急激に変化し、日本が大好きな彼らは日本の新しい魅力を発見していた。その変化に多くの地域は気づいていなかったのだろう。

日本人が大量に欧米を訪れた時代との違い

バブル崩壊後、停滞を続けていた日本と違い、この間に東アジアや東南アジアの発展途上国の人々は急速に豊かになり、民主化し、教育レベルが上がった（図1・4）。すでに30年間も停滞していた日本と違い、盛んに海外旅行に出かけ、日本文化にも関心を持つようになった。その前の1970年代80年代、急速に豊か

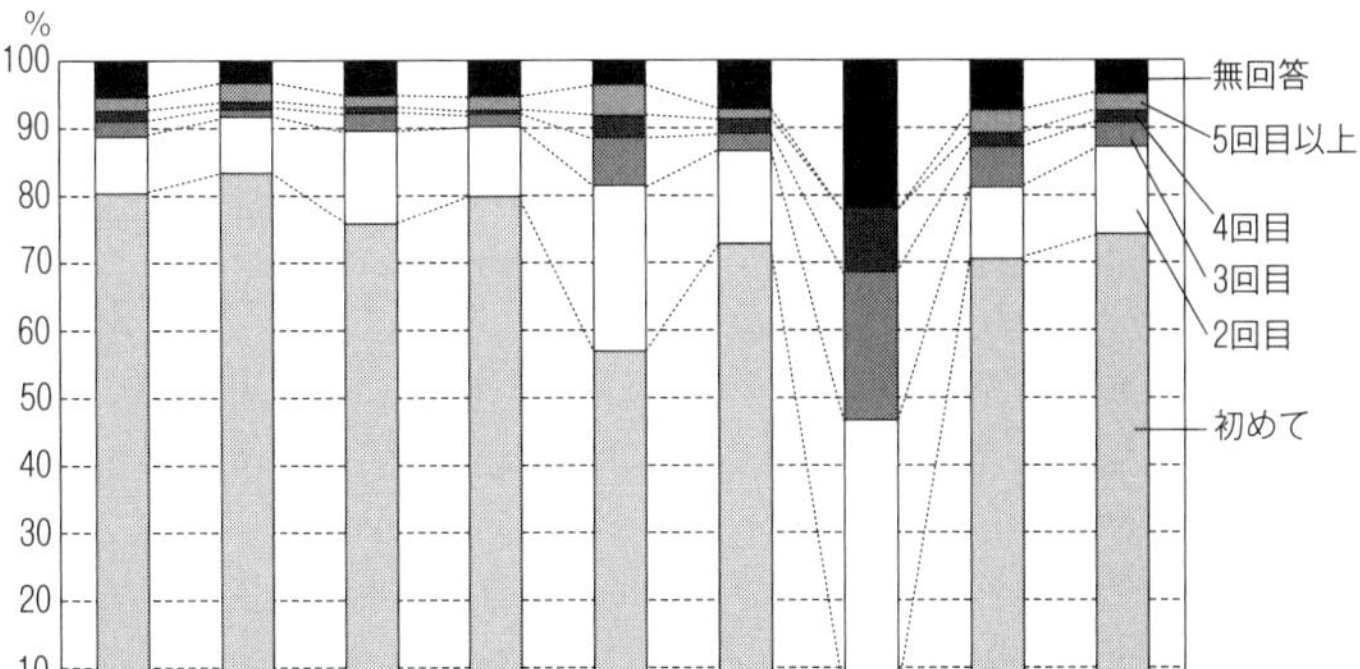

図1・3　訪日外国人出発地別京都訪問回数・2015年
（出典：『京都観光総合調査』平成28年版）

になったわれわれ日本人が盛んに欧米先進国に出かけたのと同じだろう。さらにその前の１９５０年代後半から60年代には、戦災から復興し、豊かになった欧米人が海外旅行を楽しんだ。そして今、豊かになった東アジアや東南アジアの人々も日本への関心を高めている。日本の自然や歴史に触れ、暮らしに憧れる。ご同慶の至りと暖かく迎え入れたくもなる。

ただ、日本人が欧米先進国に出かけた１９７０年代と今は違う。この半世紀間に世界は変わった。航空運賃は値下りした。誰も日本製カメラを首にかけてはいない。代わりに韓国や中国製スマホで写真を撮る。背広を着ずファストファッションが多い。女性観光客の割合が高まった。食生活が豊かになり、世界中で外食が普及した。海外旅行初心者という不慣れな点は同じ

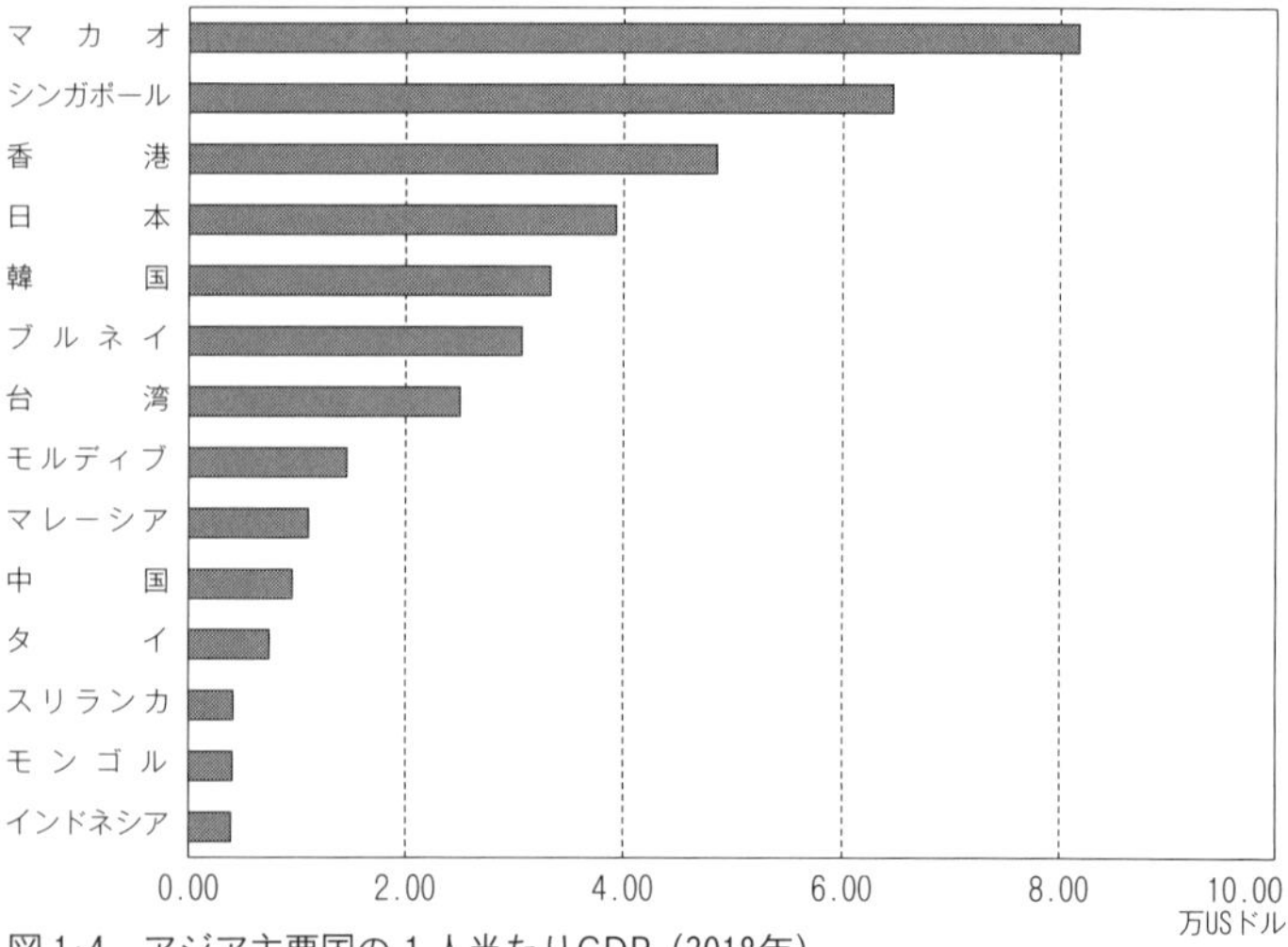

図1·4　アジア主要国の１人当たりGDP（2018年）
（出典：IMF-World Economic Outlook Databases、2018）

でもその様相はまったく違う。

ハンス・ロスリングが『ファクトフルネス』[注14]で示したように、所得レベルで見ると1970年代の「途上国」はもはや存在しない。2019年には先進国並みの所得を得て、生活レベルを上げ、寿命を延ばした国が多い。そんな人々が今では国際観光市場の中心にいる。東アジア諸国に続き、シンガポール、マレーシア、タイ等の東南アジア諸国が1970年代の日本のレベルに達した（表1・1）。海外旅行でも日本人に続くのは当然だろう。買い物も食事も大好きだが、所得が上がれば品もよくなり、マナーも向上する。

親や祖父母の世代から西欧諸国を観光した旅慣れた欧米の観光客は、日本に異国情緒を見る。加えて、欧米と違う日本の現代文明に関心を持つ。少し遅れてきた南欧、東欧の人々の好奇心はもっと強い。と

	人口（万人）	GDP（億USドル）	1人当たりGDP（USドル）	平均寿命
シンガポール	564	3,641	64,579	82.9
香港	749	3,627	48,451	84.2
日本	1億2,650	49,718	39,304	84.2
韓国	5,164	17,205	33,320	82.7
台湾	2,359	5,899	25,008	80.7
マレーシア	3,229	3,586	11,072	75.3
中国	13億3,422	133,681	9,580	76.4
タイ	6,779	5,049	7,448	75.5
インドネシア	2億6,416	10,225	3,871	69.3
インド	13億3,422	27,187	2,038	68.8
日本（1975年）	1億1,194	5,215	4,659	75.1

表1・1　ASEANおよび東アジア諸国の人口とGDP、平均寿命
（出典：IMF “World Economic Outlook Database 2019” および World Population Prospect “The 2008 Revision Population Database, UNPP 2018”、平均寿命はWHO『2018年版WHO世界保健統計』より）

くに海外旅行第2世代は、米英とは違う技術大国日本が珍しい。中南米からの観光客はまだ第1世代だが、すでに欧米を十分に観光し、欧米とは違う日本を見たがる。新たに登場したアジア系観光客は、最初の海外旅行を始めたばかり、欧米と比べたうえで最初に日本に来てくれた人も多い。欧米でなくクールジャパンに親近感があり、年配が知る古典的な日本ではなく、現代的でポップな日本をリスペクトしてくれる。こうした若いアジア系の観光客の力が台頭してきた。新型コロナウイルスの影響が終わった後のリバウンドは早く、そして大きくなるだろう。だから規制しうまくコントロールする必要がある。

彼らこそ、今急速に変わる世界の最先端にいる人々かもしれない。30年近くも停滞し続けた社会にいた日本人が見えない新しい世界を見せてくれる人々かもしれない。こうした新しいアジアの若者が観光に加わったことで日本の地域創生が転換するのではないだろうか。

第2章

イタリア観光現代史

反発と受容・活用を振り返る

観光の歴史が古いヨーロッパ諸国では6年間続いた第2次世界大戦以前からすでに観光交流が盛んで、戦後も比較的早く外国人観光客が増加した。フランス、ドイツ、イタリア、オランダ等ベネルクス3国、そしてスイス、オーストリアは自動車や鉄道で簡単に隣国に行け、英国も近い。19世紀から観光施設が整備され、戦後のモータリゼーションの効果も大きかった。

そこにまず北米から、次に日本から、そして今は中国から観光客が到着し、世界中から観光客を受け入れてきた（表2・1）。新たな観光客が増えるたびにさまざまな問題が起こった。[注1] ごく簡単に、その経緯を振り返ってみよう。中でも、その影響が大きかったイタリアの歴史都市にはさまざまな経験が蓄積され

	宿泊施設数	総収容人数（万人）
EU27	600,157	2,829.4
ベルギー	9,211	39.0
チェコ	9,426	74.1
ドイツ	50,020	347.4
ギリシア	38,180	134.0
スペイン	51,418	360.0
フランス	29,652	511.2
クロアチア	108,212	111.6
イタリア	216,141	511.3
オランダ	9,145	139.8
オーストリア	21,494	104.6
ポーランド	11,076	79.9
ポルトガル	5,964	64.9
ルーマニア	7,720	34.9
イギリス	84,580	394.4
スイス	39,057	66.5

表2·1　ヨーロッパ主要国の宿泊施設数（2018年現在）

イタリアは宿泊施設数と収容人数でEU27ヶ国中最大で、それぞれ36%と18%を占める。しかし、稼働日数はスペインとフランスよりも低い。（出典：欧州統計局オンラインデータベース、Eurostat online data codes : tour_cao_nat, tour_occ_ninat and tour_occ_nim）

ている。そこに、日本の歴史都市でこれから何が起こるかを考えるヒントがあると思う。そこから、どのように対応すれば、外国人観光客を上手に受け入れられるかを探ってみよう。

ヨーロッパ観光産業の四つの発展段階

戦後のヨーロッパ観光を、大きく四つの段階に分けて考えてみたい。イタリアの観光統計では、外国人宿泊客割合が段階的に増加する過程で見られる。まず、1960年代の中頃、次が1970年代末から80年代前半、三つ目が1990年代中頃から後半、四つ目が2010年代の増加である。こうして、最近外国人宿泊客の割合がようやく半分に達しつつある（図2・1）。イタリア都市でも段階ごとにさまざまな外国人観光客問題が起こり、多様な観光政策を展開してきた。[注2]

アメリカ人の増加

まず、1960年代までに西欧各国で鉄道網が復旧し、航空路の整備が進んだ。そこに北アメリカ発の観光客が増加した1960年代中葉が第1段階である。ヨーロッパ圏内では、最初は英国人が主要な観光客だったが、やがて西ドイツ（当時）が経済復興とともに最大の観光客の送り出し国になった。多くの国々と国境を接するフランスからの観光客も増加した（図2・2）。そして、世界最大の経済大国に成長したアメリカからの観光客はそれを上回って増加した。とくに、

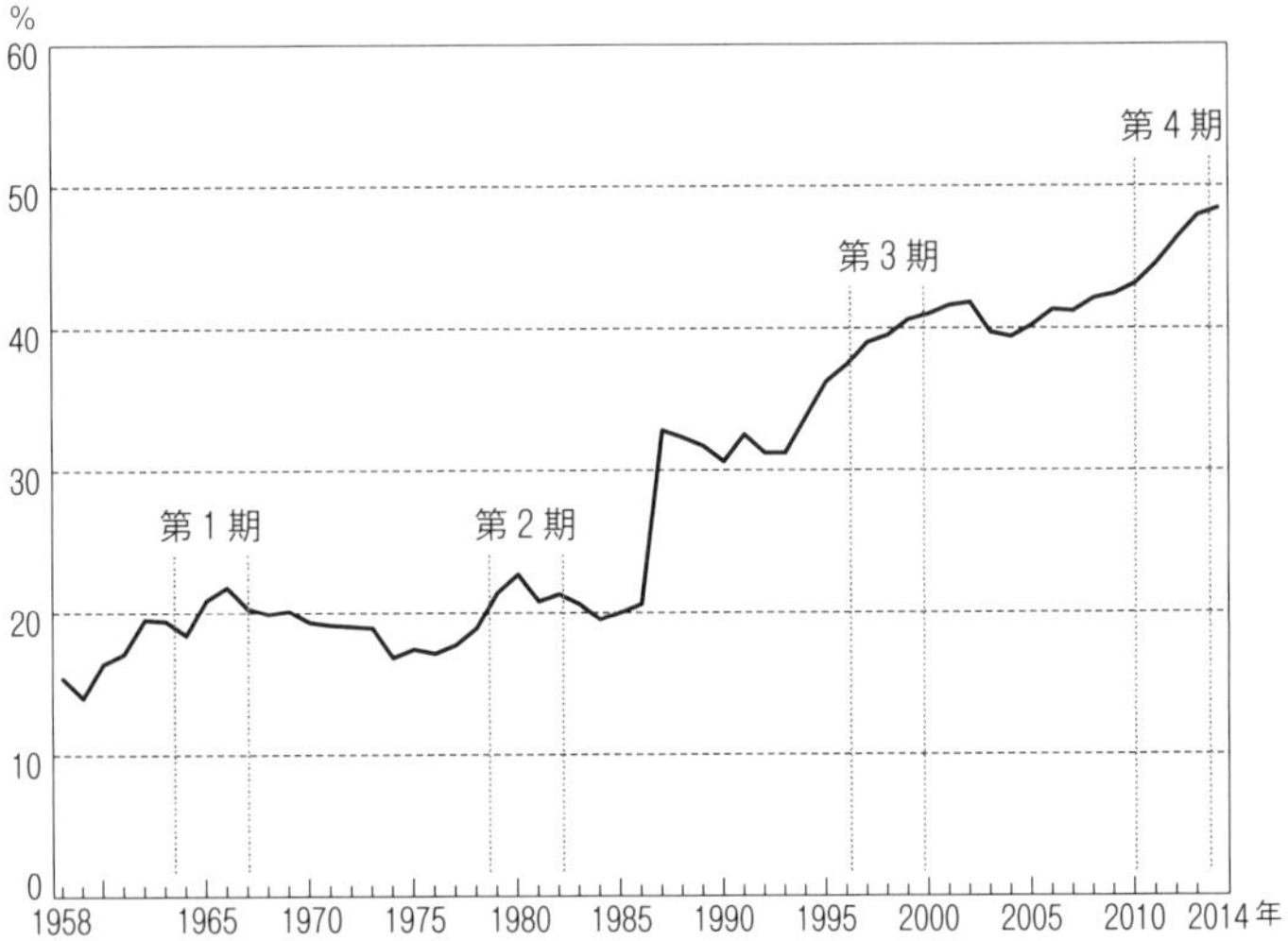

図 2·1　イタリアの全宿泊人日数に占める外国人割合
（出典：ISTAT（イタリア政府統計局）歴史統計（Serie Storiche）、宿泊施設利用者の動き（Movimento dei clienti negli esercizi ricettivi））

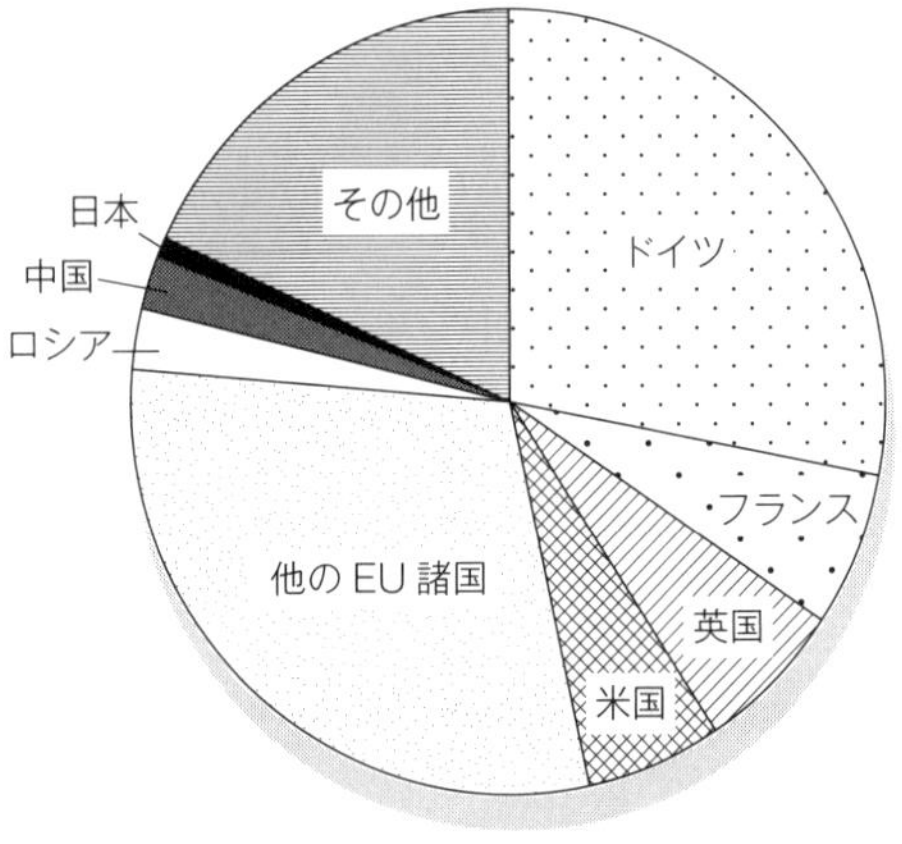

図 2·2　イタリアへの出発地別の観光客割合
（出典：ISTAT（イタリア政府統計局）“Movimento Turistico in Italia” 2018）

アメリカ人観光客は、戦前からの名所旧跡に加え、ファッションにも関心を持ち、買い物が楽しめる主要な歴史都市の周遊[注3]が観光目的だった。

日本人の増加

次が、１９７０年代後半に日本人客が登場した段階である。１９７０年代のジャンボジェット機[注4]の普及が海外旅行の価格破壊を起こし顧客層を一気に拡大した。アメリカに続く世界第２位の経済大国に成長し、盛んに海外旅行を楽しむようになった（**図2・3**）。日本の海外旅行客数は１９８６年から90年にとくに増えた。この時期、イタリアの宿泊客数に占める外国人割合が86年の21％から87年の32％に跳ね上がった（**前掲図2・2**）。もちろん、日本人の影響だけではないだろうが、イタリア観光の一つの転換期になった。豊かになると海外旅行に出るのは、

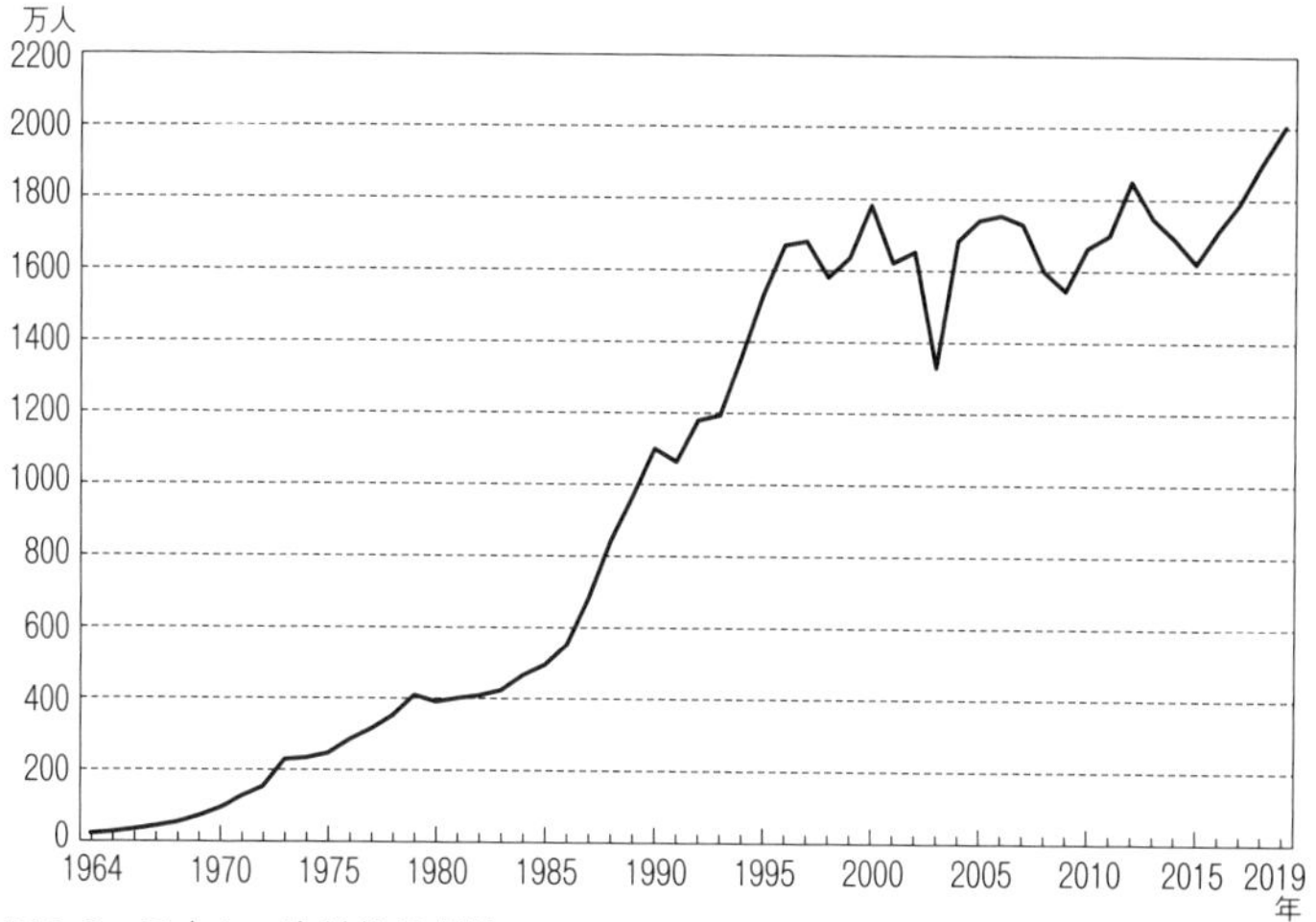

図2·3　日本人の海外旅行者数

（出典：『法務省出入国管理統計』をもとにした日本政府観光局『年別訪日外客数、出国日本人数の推移（1964年 - 2018年）』参照）

自然の法則のように見えるほど、次々と登場する新興国の市民に共通した傾向である。当時の日本人は、ヨーロッパの歴史都市で買い物を楽しむ点で、アメリカ人以上に貪欲だった。バブル経済の1980年代に日本人はさらに増加し、続いてオセアニアや南米、そしてアラブ圏の人々へ次々と広がり、国際観光市場はますます大衆化した。

この第2段階では、ヨーロッパ言語を話さない、また学校教育でラテン語やギリシア語を学んだことがない、さらには聖書も知らない観光客がヨーロッパの博物館や教会を訪れた。だから、やみくもに写真を撮る行動に違和感を覚えた地元住民が多かった。ただ、その違和感もおかしい。当時のイタリア人は学校でラテン語やギリシア語を習うとき、文学や歴史、美術・建築を理解するために必要な素養だと教師から毎日のように聞かされたという。でも、そうとも限らない。貴族でなくても、教養があるに越したことはない。しかし、教養がないから芸術が分からないとは言えない。実際、ヨーロッパ文化は誰からも理解され、大衆化した。ただ、文化遺産はアイコンのように単純化され、軽くクリックするだけ、表面的な理解だけですますものになった。そしてアイコンを開くと観光客が望む夢のように楽しい豊かな消費生活があった。

東欧人の増加

1989年のベルリンの壁崩壊で1990年代には東欧諸国の観光客が増加した。西側への旅行が自由化された東欧から高速道や鉄路で、バックパッカー並みの節約旅行がしばらく続いた。

外国人宿泊者は急激に増加し、東アジアの韓国や台湾からの団体客との相乗効果で、それまでの外国人宿泊客割合の30％は１９９０年代に40％に達した。その後２０００年以降も緩やかに増加を続け、近年50％を超えつつある。この第３段階は、１９９３年のマーストリヒト条約による欧州連合（ＥＵ）誕生から、２００２年の通貨統合までの期間と重なる。ヨーロッパ経済が好調で、空港や鉄道が整備され、拡大したヨーロッパの市民によるＥＵ圏内観光がさらに拡大した。

東欧の人々は自国の文化遺産と類似し、その原型とも言えるイタリアの美術・建築、史跡を貪るように、しかも丁寧に見て回り、市民同志の交流を楽しんだ。彼らには経済的な余裕はなかったが、西欧文化への理解は深く、その豊かな素養がイタリアの知識人に好意的に受け入れられた。その後のＥＵ拡大の世論形成に資する文化接触だった。東欧の人々はヨーロッパ文化に関する広範な知識ゆえに、ＥＵ市民たる資格があるという論理が受け入れられたという。その真偽はともかく、その教育があるがゆえに、イタリアでは東欧出身のＥＵ市民が今では貴重な労働力となって観光経済を支えている。とくに、現在急増中のアジア系の観光客には、イタリア人と東欧人の区別がつかない。イタリア人にも違いが分からないほど上手にイタリア語を話し、歴史都市を案内している。

東アジアからの増加

そして、２０００年代までの韓国や台湾からの観光客の増加に続いて、２０１０年代には中国人が増えた。そのほか、ＬＣＣによるさらなる価格破壊の影響で東南アジア諸国からの観光客が増加した。第4段階に達しても、観光客の国籍が多様化したほどには観光形態は多様化しなかった。1960年代当時の豊かなアメリカ人、80年代の初めてのヨーロッパに戸惑う日本人、90年代のまじめな東欧人、いつもいた躾の悪いバックパッカー、過去のパターンをなぞっているだけだからである。誰でも最初は市民の反感を買った。それまでにはいなかった新しい観光客が、短期間に急増したからである。増えたのは外国人客、次々と新しい国籍の外国人が登場し、増加は留まることがなかった（図2・4）。このイタリアの経験こそ、今の日本が直面し、これからも続く状況だろう。

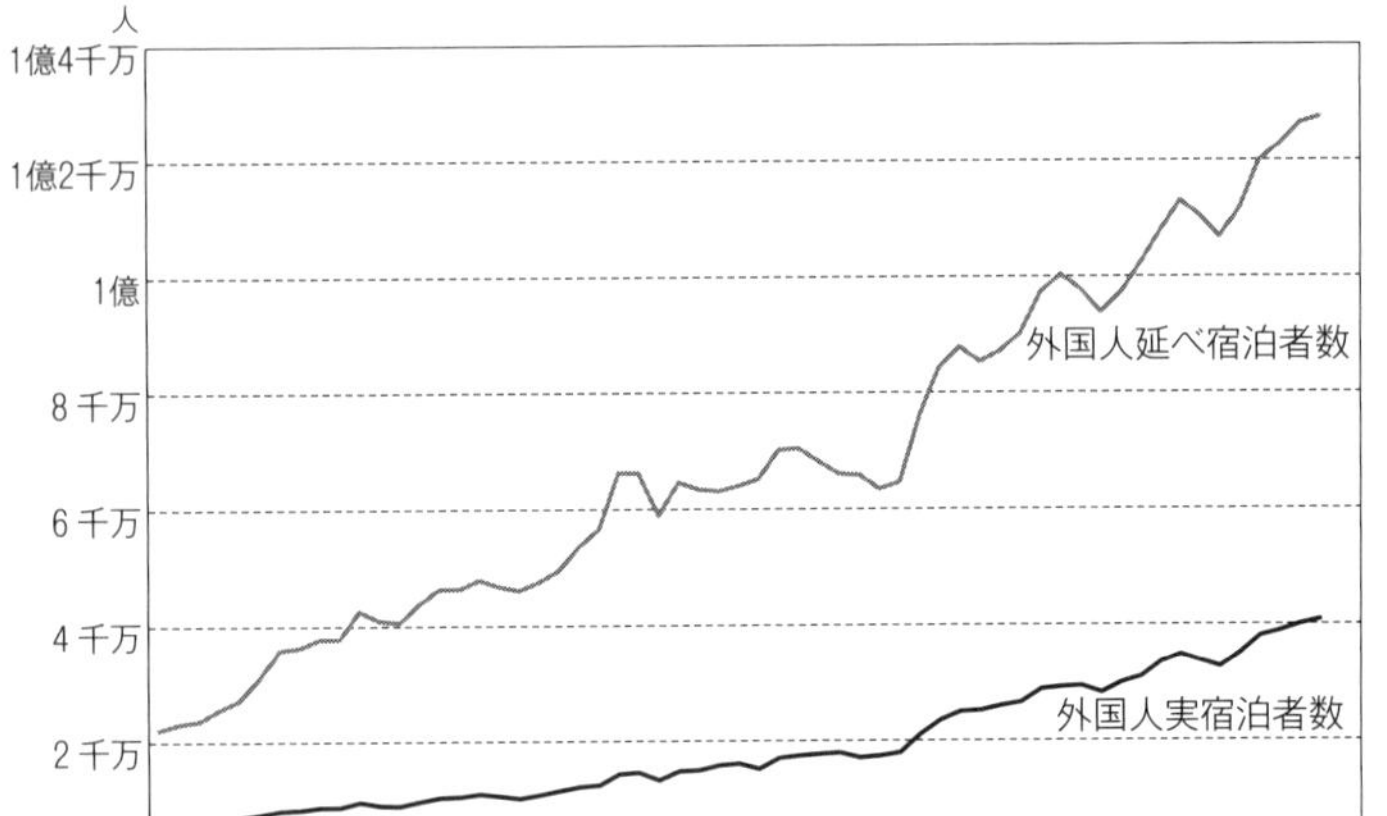

図2·4　イタリアの外国人宿泊者数と宿泊人日数の推移

（出典：ISTAT（イタリア政府統計局）歴史統計（Serie Storiche）、宿泊施設利用者の動き（Movimento dei clienti negli esercizi ricettivi）

19世紀後半から戦後、イギリスとアメリカ　第1段階

近代 ―市民との接点が少なかったグランド・ツアー―

19世紀後半から20世紀初頭、貴族のグランド・ツアー[注5]が裕福な市民にも広がった時代、ルネッサンス美術の都フィレンツェには1万人近い英国人が住んでいたと言われる。[注6]イタリアにとって最初の外国人観光客である。もちろん裕福な人々で、フィレンツェでは立派な住宅を借り、美術館や音楽会を楽しみ、作家や芸術家と交流しつつ1年以上もすごす。今でいう滞在型観光客である。女性も増え、裕福な英国社会の風俗を持ち込み、一般のフィレンツェ人社会とは隔離して暮らしていた。国土統一から間もなく、まだ貧しいフィレンツェの人々には、その歴史文化を愛でる余裕がない時代、ピクチャレスクな風景や数々の遺跡をよく知り、ゆっくりと見て歩く英国の文化人が、イタリアを訪れる観光客の典型であった。

このような上流階級の観光客は、どれほど増えても市民生活への直接的な影響は少ない。別世界に生きている。フィレンツェの豊かな歴史文化と美しい風景は、それを理解しないイタリア人にはもったいないと英国人がいくら言っても、市民は我慢できる。それよりも、彼らの金払いのよさがありがたかった。もちろん、その影響でフィレンツェ市内では家賃が上がっただけでなく、

絵画や彫刻、アンティーク家具の価格もかなり上がったと言われる。フィレンツェは、小さな地方都市であるにもかかわらず、首都ローマ以上の値がついたという。

戦後 ―アメリカへの羨望・迎合―

一方、第2次世界大戦後に大衆化した観光客、とくに若いアメリカ人観光客は、まず数が多いこと、そしてイタリア人以上に庶民的なこと、しかも戦後のリラ安ドル高で、その経済効果がとても大きかったことが、それまでにない国民感情をイタリア中に巻き起こした。若いアメリカ人は一緒に遊んでくれる金払いのいい友達に見えたという。

19世紀の大衆化したグランド・ツアーのためのホテルは、新古典的な建築様式が好まれたが、戦後増えたアメリカ人のためのホテルは、1960年代当時の現代建築が多かった。冷暖房等の設備やアメニティを、遅れたヨーロッパ基準からアメリカ並みに改善する効果があっただろう。その反面、ローマやフィレンツェでも、またフランスやドイツでも、その歴史的町並みにふさわしくないという批判があった。その背景に、アメリカ現代文明とイタリア等ヨーロッパ文化の相克があったかもしれない。当時のイタリア人は、まだ歴史的都心部の景観、歴史的建造物の価値を確信していたわけではなく、アメリカで全盛期を迎えていた合理主義建築にむしろ羨望の眼差しを向けていた。そのシンボルがローマ・ヒルトン・ホテル[注7]である。

ローマの老舗ホテルの悩みは、アメリカ規準をローマの小さなホテルに取り込む難しさだった。

年配の経営者は戦前のクラシックなホテルのスタイルを守りたかった。昔ながらの顧客も少なからず残っていた。一方、アメリカ規準に即して次々と改良した新しもの好きなホテルには、アメリカ人、日本人等次々と新しい外国人観光客が集まってきた。1980年代中頃、ローマ都心に戦前からある由緒正しい小さなホテルがいいと思い、教養高い日本人に紹介した。でも、その設備の悪さに眉を顰められた経験がある。

この時期に、主要都市の駅前から都心にかけて次々とホテルが建ち、大型バスが観光客を大量に運ぶようになった。それを見て、歴史都市の観光地化、落ち着きが失われたと言って嘆く人が増えていた。ホテルが増加すれば、都心近くの集合住宅がホテルに変わる。オフィスの賃料も上がる。結局、普通に住んでいた住民が都心から追われ、ホテル、レストラン、観光客向きの店が増えてしまう。この住民の追い出し効果が、ジェントリフィケーション、サービス（第3次）産業化、あるいは観光公害として認識され始めた。[注8]

一方、戦後のイタリア社会では全般的にアメリカ化が進んでいた。自国の歴史よりも戦勝国アメリカの豊かで華やかな現代文明に憧れ、遅れたイタリアの貧しさに辟易していた国民が多かった。南部のシチリア州等からアメリカへの大量の移民が出た時期でもある。ローマでも、郊外のモダンな住宅団地が人気を集め、歴史的都心部の著名な広場やフォロ・ロマーノ遺跡を一度も見たこともない小中学生が増えていた。多くの国民、ローマ市民が絶対的な自信を持って、自らの歴史文化を守ろうと思っていたわけではなかった。そして、その一般の人々の意識に、一部の知識人が苛立ち、若いアメリカ人観光客に批判的な眼差しを向けていたのだと思う。また、同時期に急増したドイツ人観光客に対しては、イタリア以上に豊かになったことへの違和感があったかもしれない。１９８０年代にはまだ、第２次世界大戦中のファシスト時代とムッソリーニ失脚後にドイツに占領された日々を思い出すイタリア人が多かった。観光地で声高なドイツ語の会話が聞こえると、怖い思いをする高齢者が残っていたのである。

日本人の登場とその購買力　第２段階

不可解に思われ、揶揄された日本人観光客

次に登場した日本人は初めての非欧米系観光客だった。一目で分かる東洋人が団体でローマを観光する姿は珍しかった。男性客が多く、制服に見えるほど没個性な背広を着て日本製カメラを首にかけている。眼鏡をかけ、細い目でニコニコしている。そして、イタリア語はもとより、英語も話さない。でも、一団となって物珍しそうに歩き回る。まさに異文化との接触だった。

さっそく、日本人のマナーを嫌う声が上がった。レストランでスープを啜る、スパゲッティも不思議な音を立てて啜る、やたら集合写真を撮る、みんなが同じモノを買う、靴を脱ぎ、持参し

たスリッパでホテル内を歩き回る、木綿のキモノ（寝巻浴衣）でロビーに出る、次々と見慣れない行動が話題になった。日本人には当たり前の温泉旅館の作法は、外国では異様だとされた。

1970年代当時のヨーロッパには、ベル・エポック[注9]（古きよき）時代のヨーロッパを知る高齢者がまだ残っていたからでもある。言葉ができないだけなのだが、閉鎖的に見える日本人はちょっとした衝撃だったのだろう。

私が最初にイタリアに暮らし始めた1982年頃には、こんな日本人のカリカチュア（風刺画）がまだ見られた。チビで出っ歯で眼鏡をかけ、首からカメラを提げていた。ローマ大学では、絵の上手い友人が私の似顔絵を描くとき、眼鏡はなかったが、やはりカメラを提げさせられた。自慢のニコンだった。

フィレンツェの英国婦人というカリカチュアはもっと古い。中肉中背の中年女性が小さな帽子を被り、地味な長めのスカート、襟高のブラウスを着て上着のボタンを全部かけている。パリのアメリカ人ならぬヴェネツィアのアメリカ人は、ティーシャツにジーパン、でもゴンドラ乗りの帽子を被った背の高い筋肉質の青年だった。日本人の姿はもっとも醜かったが、悪意はなかったと思う。とはいえ、非ヨーロッパ系、キリスト教徒でもない日本人が数多くの教会で聖画を愛で、美術館で神々や聖母子を題材にしたルネッサンスや中世の絵画・彫刻を鑑賞している姿に違和感を持つイタリア人は多かった。

もちろんイタリアはカソリックの国、教会が多く、その内部には無数の優れた美術品が飾られている。新約聖書の主要な部分は知ってはいても、旧約聖書をほとんど知らない日本人には理解できないと思ったのだろう。なぜ宗教画を見て回るのだろうと首をかしげる人がいた。

19世紀にイタリアを席捲した英国人はイタリア美術を買い漁り、国内では新古典主義とその後のラファエロ前派を興した。アメリカ人富豪も泰西名画を大規模に買い揃え、メトロポリタン美術館（1870年開館）やボストン美術館（1876年開館）等、数々の世界的コレクションを形成した。その後、20世紀にはアートで世界を牽引している。では、その次に登場した日本人は、イタリア美術をどう理解したのだろう、その後の日本と世界で何が起こったのだろう。名画も買った、世界の現代アートをリードする芸術家も輩出した。しかし、形だけの美術館巡りに飽きた人も多い。そして今、中国人がイタリアの美術館を回っている。

日本人観光客の購買力がもたらした変化

もっとも、この頃日本人の購買力が、フランスやイタリアの有名な老舗を次々とブランドに成長させたことも忘れてはならない。彼らはまず観光客とじかに接した後、ニューヨークや東京に進出した。その確実で利回りのいいビジネスはブランドを世界企業に押し上げた。外国人観光客が最後の買い物にいそしむ、帰国便が出るローマは、フェンディだけが主なローマ出身ブランドなのだが、フィレンツェ本社のグッチやフェッラガーモ、ミラノのプラダ、そしてフランスの各社も1980年代には店を揃えていた。

こうして、さまざまなブームをへて、それもすっかり落ち着いた。ジーパンやスニーカーで来店するアメリカ人やドイツ人と比べ、それなりの服装で来てくれる日本人女性には店員も接しやすかったのだろう。特定のブランドを着こなし、上品な振る舞いをする日本人買い物客、決してすべての日本人ではないが、彼女たちが増えた1990年代には、日本人はお洒落だという認識も広がった。一時期は若い女性買い物客がパリやフィレンツェの有名店に集まった。ゴールデン・ウィークとお盆、年末年始に過度に集中する様子が驚かれた。日本のバブル期のことである。

ベルリンの壁の崩壊と東欧人の登場　第3段階

東欧からの節約旅行者

1989年11月のベルリンの壁崩壊に続いて、1990年代のイタリアには東欧諸国から節約旅行客が増加した。ヨーロッパの中でもイタリア、とくにヴェネツィアやフィレンツェ等中北部の都市は東欧に近い。現在のスロベニアやクロアチア等旧ユーゴスラビア連邦の国々、その東北のハンガリー、チェコ、スロバキア、そしてポーランドも高速道路網が整備されているためバス旅行が可能な国々である。まだLCCが普及していない時代、初めて西欧を旅行することが許された人々が大挙して押し寄せた。まだEU拡大の経済成長が起きる前の短期間だったが、限られた費用で団体バスを仕立て、バックパッカー並みの節約旅行が流行した。1989年8月のハンガリーとオーストリア国境の町ショプロンで起きた〃汎ヨーロッパ・ピクニック〃[注10]がまだ人々の記憶に新しい時期、ピクニック気分の人々がヴェネツィアに押し寄せたのである（写真2・1）。

当時のローマ法王はヨハネ・パオロ2世（1920〜2005年、在位1978〜2005年）だった。東欧社会主義諸国の民主化運動に、とくに母国ポーランドには強い影響力を行使した法王である。教会のネットワークを通じて情報収集と民主化運動を支援し続けた。その中核を担った自主管理労

写真2·1　サンマルコ広場の観光客

組「連帯」とアメリカのCIAの間に立ち、共産党の圧政から国民を解放させたことで知られる。その一環で、大勢のポーランド市民をバチカン経由でイタリアに受け入れた。彼らは1980年代後半にはイタリア各地で働き始めていた。イタリア人の身近にはすでに東欧の人々がいた。言葉も通じやすかったようである。

共感を持って温かく迎え入れたイタリア

1990年代前半の東欧の観光客は短期間に急増した。ただし、消費金額は少ない。バスで来て、トランクには着替えでなく、パンやソーセージ、ワインと水が入っている。駐車場に停めたバスの中で寝る。数日間分のお弁当を持って出かける遠距離ピクニックなのである。

一方、ヴェネツィア等各地の教会や美術館を貪欲なまでに丁寧に見て回る姿勢が話題になった。手垢まみれの分厚いガイドブックを手に持って、名画に見入っている。中には涙を流す中年の婦人がいて、地元の人々に好感を持って受け入れられた。歴史都市の文化遺産をディズニーランド化せずに、敬虔なカソリック教徒の態度で礼拝していた。戦後40年以上にわたって見慣れた外国人観光客とはまったく違う文化的態度を持った人々が中北部イタリア各地を訪れ始めたのである。

もちろん市民との交流も生まれた。経済効果はもたらさないが、トイレは必要とする。たいしたごみは出さないが、買い物はしない。バスや街路は混雑させるが、お行儀はよく、何よりもイタリアに来られたことを心から喜び、イタリアの歴史都市の美しさ、明るさ、人々の自由な表現と振る舞いに感動している。そして、出会うイタリア人を感動させたのは、解放された喜びと未来への希望に満ちた人々の表情だった。

１９８０年代後半、毎日のようにテレビや新聞で報道される東欧諸国の民主化の進展を見守ってきたイタリアの人々は、片言のイタリア語を使い単純労働で小銭を稼ぐポーランド人を通じて社会主義政党独裁の弊害と過酷な人権侵害の実態を聞いていた。地元の教会からバチカン経由で応援してもいた。だから、東欧の持たざる人々ではあるが、心から歓迎すべき人々を観光客として受け入れた。当時の様子を紹介する雑誌を見ると、[注11]日本人が増えた時代とは比べようもなく大混雑している。しかし、東欧からの観光客を迷惑がる素振りは、逆に驚くほど少なかった。

働き手になった東欧諸国の人々

その後の展開は早かった。２００４年には東欧等の10カ国が一挙にＥＵに加盟[注12]し、25カ国に拡大した。もちろん東欧の人々のイタリア等、旧西欧諸国への観光旅行はかなり楽になった。交通も発達した。しかし、それ以上にＥＵ市民として、イタリアやドイツで働くこと、同一の賃金をもらうことが可能になった。そのため、イタリアでは観光客としてよりも、ホテルやレストランの従業員として旧東欧市民と接することが多くなった。フィレンツェのレストランでアルバイトするルーマニア出身のフィレンツェ大法学部の女子学生は、成績もいいそうだが、完璧なイタリア語でイタリア人より上手によく働いている。同じヨーロッパ人であること、もちろんカソリックであること、そして何よりフィレンツェが好きで向学心に富む彼女たちが、現在のイタリアの観光市場を支えている。ルーマニア語はイタリア語に近い。

こうして1990年代のイタリアを思い出してみると、観光が持つ社会的影響力に思いいたる。1989年8月にハンガリーとオーストリア国境の町ショプロンで起こった大きなピクニックは、国際観光の意味を大きく変えたのかもしれない。それぞれ異なった文化を持った人々が、国境を越えて互いの文化を触れ合わせることで社会を変える大きな力を得る。社会が変わり、国境を越える人が増えると、それぞれが少しずつ発展していく。フィレンツェも、そこで働くルーマニア人も少しずつ国際化し、賢く強くなっていく。その結果、彼らの母国も少しずつよくなっていく。こうしてフィレンツェはより多くの国の人々を受け入れる国際文化都市に成長した。

東アジアからの観光客の急増　第4段階

1990年代の大混雑は、東欧人に加えて、韓国や台湾、香港等、東アジアの客の増加の影響でもあった。公共交通の混雑、地価高騰、買い物難民、住宅不足、文化遺産の劣化、ホテル不足、ニセモノ横行等、観光公害が深刻になった。受け入れるイタリア人は、戦後50年の長きにわたって続く観光客の増加に疲れ切っていたという。イタリアにも観光にも不慣れでぎこちない新しい外国人が、途切れることなく押し寄せることに疲れたのだろう。

同じことが京都でも起こった。しばらく前、不慣れな中年の中国人男性が連れ立って歩いていた。路上で煙草を吸うし、食べカスを路上に捨てる。私は1989年から中国に出かけ、当時から観光地での彼らの振る舞いを見ている。それと比べると、この30年間に中国人もかなりお行儀よくなったと思う。とくに、若者や女性のお行儀がいい。しかし、私と齢が近い中高年の男性がその変化についていかれないことが、自分に照らせばよく分かる。思い起こせば、1980年当時の日本人中高年男性、私の父の世代は、当時若かった私たちの変わり身の早さにつ

写真2·2
ヴェネツィアのゴンドラの混雑

いて来られなかったと思う。父は外国に慣れた私を、違和感を持って見ていた。

1980年代には、日本人客がゴールデン・ウィーク、お盆休み、年末年始に集中した結果起きる混雑が話題になった。この間、日本人だけでホテルを満室にし、空港が混雑した。すでに半世紀近くバカンスを経験していたイタリアやフランスの人々には、たった数日の休暇ではるばるヨーロッパまで足を延ばす日本人が理解しがたかったという。今は中国人が春節に集中し、混雑を引き起こしている。もう誰も不思議には思わない。

こうなると、イタリアでも観光客の集中と分散等のさまざまなコントロールが自治体の施策として重要になった。宿泊税、公共交通二重料金制、商品とサービスの観光地価格の導入、また価格だけを上げるのではなく質も上げ、価格帯の多様化を図るなど、さまざまな方法が検討された。

観光急増から成熟へ

社会の発展に連れて、人々は成長し、文化的に成熟していく。国際観光市場で異文化交流が進むと、この成熟は加速する。工業社会で豊かになった人々は、より豊かな暮らしを探しに、それを実現している先進国を目指した。そこで見た暮らしとその価値観、生活文化を受容し、自らの暮らし、価値観、そして社会を豊かにする。その過程で、文化芸術を愛で、文化遺産を守り、町並みや自然景観を整備する必要が生まれる。それがある程度達成され、自らの成熟に満足すると、国際観光市場に求めるものが変わってくる。ヨーロッパ文化は、数々のブランドを通じても市民文化を豊かにした。今では、より深いもの、より美しいもの、より高度に文化的なものを探しに行くのだと思う。もちろん、満足を知らない貪欲な人も多い。いつまでも名所旧跡巡りやブランド漁りのための海外旅行を続ける人もいるだろう。その人たちも、自国文化の成熟には一役買っているだろう。

一方、2010年以降、イタリア人のバカンス取得率が急激に下がっている（図2・5）。バカンス取得率は1960年の10％から1985年の46％まで25年間に一気に増加した。しかし、その後2011年の50％まで26年間にほとんど変化しな

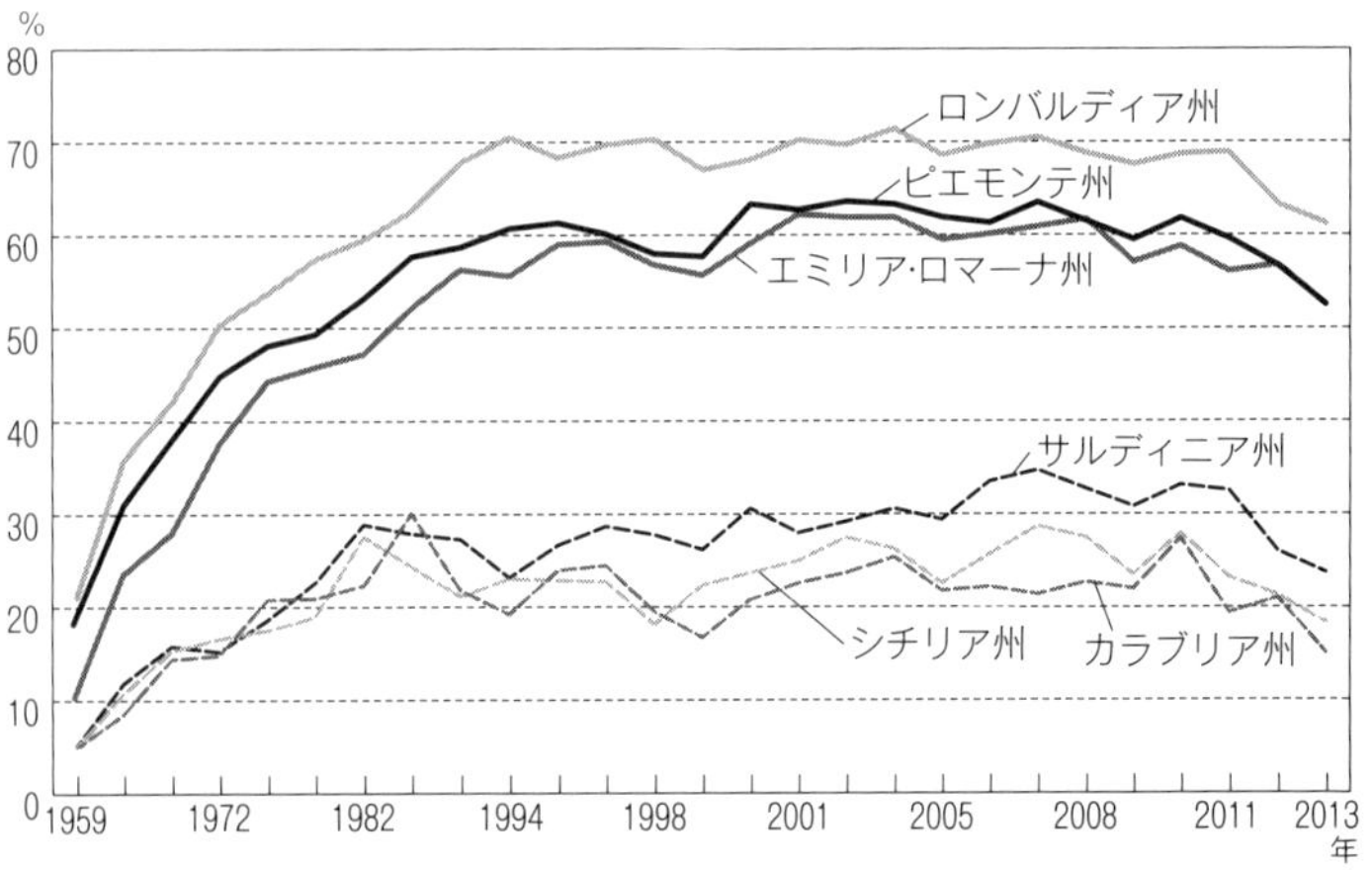

図2・5　イタリア人のバカンス取得率の推移（20州中の上位3州と下位3州）
（出典：ISTAT（イタリア政府統計局）歴史統計（Serie Storiche）、バカンス取得率の変化（Persone che hanno effettuato almeno una vacanza di 4 o più notti））

かった。それが、２０１４年には34％にまで下落、下げ止まる気配がない。同じような傾向が他のＥＵ諸国でも見られる。

最大の原因は生産年齢人口の減少だろう。加えて、産業がサービス化、情報化し働き方が変わった。製造業系の大企業の従業員はまとまったバカンスが取れるが、サービス業の小売店やレストラン、ホテル、その下請け企業で働く人には長い休暇は難しい。有給休暇のない非正規雇用も増えている。だから、みんなが一緒に夏休みをすごすという20世紀後半の習慣は失われつつある。大量生産大量消費、そして大量廃棄が続いた工業社会では、バカンスも海外旅行も大量消費の一環だった。前提となる工業社会が終われば、先進国では休暇の取り方、観光のあり方も大きく変わるのである。

バカンスブームは去った。成熟した現代社会に生きる人々の達成感が貪欲さに代わった。所得レベルで見ると、さほど豊かと言えないイタリア人ではあるが、暮らしの質的な豊かさは世界的によく知られている。だからだろうか、これ以上豊かになろうという熱意はすでになさそうである。バカンスが減ってもイタリア人の海外旅行が増えてはいる。ただ、ブームとはとても言えない。そのせいか、観光公害に対しても比較的淡泊、やや鈍感になったとも思う。競ってアウトレットでブランド品を買う人を羨ましくは思わない。列に並んでまで食べたいレストランもない。空いた日に行けばいい。だから、あくせく観光する遠来の客を見て、昔の世代を思い出しつつ、その焦りに憐憫を覚えている。そんなに急いで観光しなくてもいいのにと思っているのだろう。

戦後の高度経済成長期には工場公害が起こった。それを克服した後には、バカンスと休暇の権利を得た人々が増え、各地で観光公害が起こった。それもやがて収まるだろう。イタリアは工業化し、観光が大衆化した。一足早く、それも大規模に工業化したアメリカから観光客が押し寄せた。市場にメイドイン・ジャパンが溢れれば、10年後には日本人観光客が押し寄せた。メイドイン・コリア、メイドイン・チャイナが次々と溢れ、観光客も続いている。次はインドだろう。その裏では産油諸国の人々も増えている。石油には国名が記されていないが、確かにたくさん輸入している。そして、最後には自分たち同様に、観光やバカンスから離れていく。それは、工業社会がいつまでも続かないからである。だから、観光公害は、決していつまでも続くものではない。

それより気になるのは、バカンスに飽きたイタリア人のように観光に飽き始めた日本人、高齢化し成熟した日本人の動向である。若くもないのに新しもの好きで、お金もないのに贅沢な観光にいそしんでいた日本人は、不要不急な旅行を控えることを学んだ。だから本当に必要な旅の姿を模索し始めた。急増したインバウンドに反発し、コロナショックで自らの観光行動を見直し、外国人観光客を受容しつつ、新たな観光文化を求めていくのだろう。

第3章

観光客の変化に応じて変わったイタリアの社会

交流の中で生まれた融合

団体旅行の誕生から個人旅行への転換

旅行費用の低下（LCC）

観光の大衆化は、これまでも旅行費用が下るたびに進んだ。最初は1839年に英国のトマス・クック[注1]が発明した団体旅行である。レスターからラフバラーまでの17・7キロ（11マイル）の日帰り旅行に鉄道を利用し、570名の禁酒運動参加者を団体で運んだという。ちょっとしたピクニックだった。1841年には鉄道会社が団体専用の臨時列車を運行し、より安い日帰り旅行ができた。1851年には、鉄道でロンドン万博を見物に行く団体旅行が事業化され、鉄道会社は600万人も運んだという。[注2] 19世紀末にはヨーロッパ中に、その後20世紀初頭に世界中に鉄道網が広がり、海外にも団体旅行で出かけるようになったという。

日本の団体旅行も意外と早い。ほぼ同時期に普及し、大規模化した。だから団体旅行というとまず日本人を思い出す欧米人が多い。海外旅行以前から日本には団体旅行の歴史があった。

日本では旅行社が募集するもののほかに、会社の職場旅行や報奨旅行、商店街組合や町内会、サークル等による親睦旅行が団体で行われ、会議や視察目的の出張や業務旅行の団体もある。交通機関や宿泊施設、観光施設では団体料金が適用され、1人当たりの費用が軽減される。だからみんなで行って思いっきり楽しむ。よく知った者同士が、知らない土地で自分たちのルールで傍若無人に振る舞う。これが、団体旅行が嫌われる原因になった。

近代以前から伊勢講や富士講といって村落や都市の伝統的社会の中で仲間をつくり、一緒に旅行する参詣のための旅の形があった。この講が戦後もさまざまな親睦旅行になり、1960年代には農協系の旅行社[注3]が組合員を視察と称した海外旅行に送り出した。また、すでに明治期には中学校や師範学校で修学旅行が始まっており、少子化の今も途切れずに続いている。

ヨーロッパでは2度の世界大戦で観光産業は大打撃を受けたが、戦後の民主化と休暇の拡大で観光旅行は瞬く間に再生した。1970年にはジャンボジェット機が登場した。これで一気に航空運賃が下がった。350人以上が乗る大型機を稼働させるために、大幅に値下げした団体割引運賃が適用された。そして、近年LCCがさらに安い運賃で誰でも旅行できるようにした。マスツーリズムは誕生から現在まで、大勢の客を安く運び続け、観光客をどこかに集中させてきた。

パッケージ・ツアー

ジャンボ機の登場で航空機は急に大型化したものの、当初はそれほどの数の客がいなかった。だから、大量の空席を残すよりも、コスト割れを避けるために低運賃でも客を乗せたほうがいいと考えられた。かといって、ジャンボ機を満たすほどの団体旅行を集めることはできない。そこで、ジャンボ機を利用するためだけの団体旅行を仕立て、個人向けの旅行商品にバラして売り出した。これがパッケージ・ツアー[注4]である。

パッケージ・ツアーは米国で始まり、日本で大きく発達した。航空会社や旅行会社が仕立て、個人客に売り、運送・宿泊・観光の料金を一括して集めて行う旅行商品である。会社は出発地から帰着地までの全行程を団体旅行として管理する。安い団体料金の値段でも、人気の旅行先であれば、十分な利益を上乗せできる。一方、顧客は旅行代理店が数多く取り揃えたパッケージの中から、自分の都合と希望に沿った旅先、値段の旅行商品を自由に選ぶことができる。航空券や鉄道、海外のホテルの手配等の手間に煩わされることもなく、そして何より、より安い料金で旅行できる。

パッケージ・ツアーは団体料金でも、個人客を集めただけだから、統計上は個人旅行に分類される。日本人向けの海外旅行商品としては、海外渡航制限が解除された１９６４年の翌年に始まった「ジャルパック」が最初である。そして、ジャンボ機が登場してからは、その便が発着する空港が位置する大都市にとくに大量の観光客が集中するようになった。過度の集中が観光公害と見られ、団体旅行が嫌われる第二の原因にもなった。

パッケージ・ツアーでは、顧客は添乗員に補助されて他の客と一団で旅行していた。１９９０年代には添乗員なしのフリープランも増えた。また、旅行代理店はオプショナルツアーを多様に用意し、ツアー客の自由度を上げた。旅先では現地駐在のスタッフがさまざまなサービスを提供した。市場が拡大し続けたため、このビジネスモデルは十分に維持できた。これまでもいろいろな変化があったが、最近は団塊世代の高齢化で、添乗員付きの高額ツアーの人気がむしろ高いという。ビジネスクラスに乗り、高級ホテルに泊まるのだろう。さらに高齢者になると豪華客船を高級老人ホームのように使う高額のツアーがある。だから、車椅子でも海外旅行が楽しめる。

このビジネスモデルは、成長著しい東アジアの国々にも瞬く間に普及した。すでにノウハウは確立している。日本で戦後70年、海外旅行自由化以来50年かけて開発してきたさまざまな旅の形を、今では中国の人々が日本向けのツアーをさらに安い値段で楽しんでいた。

一方、低価格帯の国内パッケージ・ツアーも根強い人気である。航空券とホテルのパックが多いが、バスを仕立てて日帰りや1泊の短い募集型企画旅行も盛んである。旅行会社は安価な料金から利益を絞り出すために、ドライブインのレストランや土産店に値下げかマージンを求める。求めすぎるから団体客が嫌われるもう一つの原因になる。このモデルも中国人企業がすぐに採用した。さらに値段を下げるため、店からもらうマージンで利益を上げる白バス、白タクと呼ばれる無許可営業も盛んで、中国人同士だから中国国内の金融機関決済のクレジットカードで払い、日本国内では支払が発生しない方法を取る。

団体旅行から個人旅行へ

とはいえ、海外パッケージ・ツアーの市場規模は縮小している。[注5] それは、２００１年の同時多発テロを境に日本人の海外旅行熱が冷めた影響もあるが、その後の20年間に人口減少が進んだからだろう。そして、今では航空券とホテル、さらに鉄道もネット予約[注6]・販売が盛んになり、代理店を通さずに航空会社、鉄道会社、ホテルがじかに顧客と取り引きするからでもある。航空、鉄道はもとよりホテルも人手をかけずに販売できる仕組みができたからである。ネット社会では観光以外でも、個々人が手間暇をかけずに買い物し、決済している。手間暇かけず団体割引並みの安い料金で旅行できるのだから、団体旅行やパッケージ・ツアーが減り、本当の個人旅行が増えている。中国は世界有数のネット先進国、ネット決済が普及し、ネットで観光消費が進む。LCCも華僑の多い東南アジアで始まった。民泊もウーバーも中国人観光客が日本人に先行して、上手に使いこなしている。しかし、個人旅行とはいえ、従来の団体旅行に似ている。

今増加しているのは、団体並みの安い費用で旅行する客ではあっても、昭和期までの団体客とは違う。パッケージ・ツアー客とも違う。観光客の過度な集中は、個人客が集まる現象である。かつては、旅行社が売れ筋の企画を大量に売り捌いた結果だった。それはよく知られた、つまり情報量が多い観光地だった。今では旅行社を通さないが、一般の観光客はインターネット、あるいはテレビで一方的に紹介され、混雑している観光地に誘導されている。これがマスツーリズム問題である。今では安いからというよりも、簡単に手に入るネット上の情報に踊らされているからだろう。これが現在のネット時代の観光の大衆化である。これを逆手にとって、著名な観光地では混雑を避けるための情報を発信、誘導し始めた。コロナ後は「3密」回避の手段になった。

これまで誘導してきた側、たとえば旅行代理店がどこまで意図的だったかは分からない。航空会社、ホテル、発券業者はそれぞれ独自の利益を追求したが、業界全体の利益や観光客の満足度を考えて判断したわけではないだろう。観光旅行を企画する旅行代理店は、予約と発券の手数料収入を最大化し、パッケージ・ツアーの利益率を上げることが目的なのだから、一件の利益率を上げることが難しければ、回転率を上げることに走る。つまり、薄利多売型の旅行商品を開発してきた。だから、ビジネスの都合上、会社の利益を上げるために混雑を起こしていたのである。空いていれば安くても売ったった。ネット社会になったからといって、この傾向が緩和されたわけではない。今では、観光地に来た人々が、その体験をどや顔でネットに発信し、フォロアーに喜ばれようとしている。だから、個々人は意図しなくても、その情報が過度な集中を引き起こすことがある。また、ネット以前と比べると、ユーザーが多様化したため、特定の季節に限って起こる集中が減ったとも言われる。そのため、過度の集中を避け、適度な分散を図るために、この情報を制御する対策が要る。同時に、運賃や宿泊費を変えて効率的な経営を目指すようになった。

アメリカとの融合

こうして段階的に増加したマスツーリストに対して、まずホテルなどの事業者が、次に小売業・飲食業などさまざまな商業・サービス事業者が対応してきた。その様子を見て、次章で紹介するように、着地側の自治体が過度に集中する観光客に対応した方策を次々と講じてきた。とくにイタリアの自治体は、マスツーリズムの影響から市民生活と文化遺産を守ることを最優先課題として取り組んできた。文化財だけでなく歴史都市の物的、社会的保存が進み、われわれにも参考になる数々の経験が蓄積されてきた。その全体像を順を追ってみていこう。

激増、激変する観光客への対応は、都市政策よりも直接観光客と接する観光関連ビジネスでまず始まった。四つの段階ごとに時代に即した分かりやすい経営方針が展開された。

ビジネスはアメリカ人にどう対応したか

最初に増えたお金持ちのアメリカ人には、高価格でありながら、選択肢の少ない商品やサービスが受けたという。アメリカ人客はあまり細部にこだわらなかったからである。大西洋を越えて初めて訪れたイタリアで、細かなことは言わない。節約志向も忘れた。分かりやすい英語で簡単に説明するほうが歓迎された。大型バスで互いに冗談を言いながらみんなで明るく楽しく歴史都市を周遊した。誰もが知っている当たり前のイタリアがあればよかった。
その比較の対象は、すでに19世紀からイタリアにいる英国人だった。彼らは、イタリアの文化や芸術への理解が普通のイタリア人以上だった。買い物でもレストランでもその知識を総動員して熱心に選ぶ。発音が下手で何を言っているか聞き取りにくいのだが、イタリア語が読めるし、話したがる。言葉の意味は熟知している。しかし、戦後増加したアメリカ人は単純で、イタリアのことをあまり知らない。この点が逆に、多くの普通のイタリア人従業員には好意的に受け取られ、歓迎されたという。つまり、アメリカ人客対応とは、戦前の英国流を明るく楽しく、シンプルに誰にも分かりやすく大衆化することだった。
こうして、メニューを英語表記にし、加えて品数を増やし、一見無駄に見えるほど豪華に飾り付ける。イタリア料理といっても、アメリカ本国でイタリア移民がすでに広めたアメリカ人好みのイタリアンだった。パスタの量は多めに、メインは高級肉料理を中心に、デザート数種類をたっぷりと盛り付ければよかった。[注7]
そもそも、戦前まで貧しかったイタリア人が、前菜、パスタ、魚、肉料理、デザートと、いわゆるフルコースで食事をすることは、極めて珍しかったという。少なくとも家庭では一般的とはとても言えなかった。また、フルコースを提供できたレストランも限られていた。それがフランス式晩餐会風に整えられたのは戦後だという。[注8] 大量のドルを持った多数の水兵さんが駐留したナポリのレストランやピッツェリアでは、そんなコース料理が人気を集めたという。異文化を持った人々が増える時代、観光客がその最たるものであるが、食文化は急速に発達する。日常生活で自国民が意識しない価値が見いだされ、重要なアトラクションとして外国人を惹き付けることがある。今ではインバウンドの影響で和食文化も急速に国際化してきた。

イタリアとアメリカの文化の融合

日本同様に駐留アメリカ軍の物資の放出、払い下げ、流出が、イタリアでも食文化に大きな影響を残したと言われる。日本でも知られるスパゲッティ・カルボナーラ（炭焼き風）は昔からローマの郷土料理として知られていた。ペコリーノ・ロマーノというローマ固有のヤギの乳から作ったチーズとグアンチャーレと呼ぶ豚の頬肉（豚トロ）の塩漬けを鶏卵で和えていた。戦後の食糧難の中で、大量に放出された米軍のベーコンを使い、また国内最大のチーズ産地エミリア・ロマーニャ州パルマから大量に産出されたパルミッジャーノ・レッジャーノ・チーズをふんだんに使った贅沢なカルボナーラができた。それが、イタリアを代表するメニューとなり世界に広がっていった。実にアメリカ的なイタリア料理である。ママの手作りのベーコン・エッグを懐かしんだ若い米兵たちが好んだという。分かりやすいイタリア料理として今も知られる。

もう一つ、明るく陽気なアメリカの若者は、安宿と安いレストランを好んだ。1日10ドルで回るバックパッカーである。ユーレイルパス[注9]で回る彼らのために、イタリア政府観光局は主要駅にインフォメーションセンターを置き、宿の斡旋に努めた。各種企画切符やガイドマップを用意し、若者の学習意欲にも応えた。同時に、彼らの好みもしだいに明らかになっていった。

ジバンシィを育てた『ローマの休日』

実際、こうして観光客を受け入れ続ける過程で、イタリア側の事業者のビジネスモデルも変化し発展してきた。英国貴族でない一般市民には、高額な芸術作品は買ってもらえない。かといってカメラばかりかスマホが普及した現在では絵葉書も売れない。観光客が買い求めるものが日々変わっている。そのため、観光客を対象に次々と新商品が開発され、ビジネス戦略が発展してきた。

豊かなアメリカ人の時代、戦前の英国人客への対応をアメリカ人客向けに加工（大衆化）した。実際、1960年代のアメリカ人富裕層はいい顧客になった。モードの世界ではシャネル[注10]が戦前は高級な女性服として人気の的だった。戦後は欧州に駐留した米軍兵士が郷里の恋人への土産としてシャネル5番の香水を競うように求めたという。その気持ちはよく分かる。これらの成功物語はヨーロッパに憧れるアメリカ人抜きには語れない。

『ローマの休日』で成功したオードリー・ヘップバーンを通じてパリではジバンシィ[注11]が、フィレンツェではフェッラガーモ[注12]がアメリカ市場に広がった。そして、アメリカ人のヨーロッパ観光を通じて、両社はグローバル化をさらに推し進めた。ファッションに魅了されたアメリカ人女性

写真3·1　ローマ・スペイン広場、ローマの休日の舞台にブティックが集まった

は、観光でパリやフィレンツエ、ローマを訪れた際に、シャネル以外のブランドを知り、ショッピングを楽しんで、アメリカに持ち帰った。その世代の子どもたちは、母親からその魅力を聞き、国内のデパートや専門店で手に取り、やがて、イタリア観光で訪れた際に自分で買い求める。中には、イタリアに留学、遊学し、アートやファッションを学んだ若者もいただろう。ビジネス交流が本格化し、ヨーロッパとアメリカのファッション市場は統合された（写真3・1）。

アメリカ資本、アメリカ人デザイナーの活躍

その後、アメリカ資本が経営する、またはアメリカ人デザイナーが活躍するヨーロッパのファッションブランドが増えた。もちろんドイツ資本もあるし、日本人デザイナーのブランドも多い。今では中国資本も進出している。こうしてフランスで発達したファッションとそのブランド企業が、イタリアでも発達した背景には、映画の成功もあるだろうが、観光客の果たした役割が大きいと思う。1970年代末に、ローマ都心のスペイン広場とコンドッティ通りに世界中のブランドが店を並べたのは、当時はローマのフィウミチーノ空港がアメリカ発着便の集まるハブ空港だったからだという。明日アメリカに帰る観光客の最後のショッピングの地になったからだという。ローマで創業したフェンディは別として、ローマに出店したブランドはミラノやフィレンツェに本店を置く会社かフランス系が多かった。その後もローマには世界中からブランドが集まった。

その成果は、1980年代から現在までのイタリアのファッション産業の成長ぶりに表れている。もともと、北イタリアのミラノにはパリに次ぐほどの一大ファッション産業集積があった。伝統的工芸品産業として皮革や繊維産業が盛んなフィレンツェには数々の老舗があった。加えて、観光客の増加で世界のファッション市場が首都ローマの都心にも進出した。そうなれば、ファッションデザインを志す若い才能が集まってくる。そこにブランドの本店があり、著名なデザイナーが作品を発表している。そのシーズンには世界からデザイナーとモデル、そしてバイヤーとマスコミもが集まる。また、それを目当てにした観光客が一年中、ファッション街に溢れている。その近くで起業する若者が次々と生まれてくる。その次世代の典型が「ドルチェ&ガッバーナ[注13]」。

フェッラガーモやグッチ等の世代とは違う、新時代のイタリアのファッションブランドを確立した。1990年にカンヌ映画祭でマドンナが身に着けたコルセットとジャケットは、瞬く間にアメリカで、そして世界に広がっていった。2001年のマドンナのワールドツアーではコスチュームデザインを担当、音楽とファッションのトレンドの融合を訴えた。アルマーニ、プラダに続く世界的評価を獲得した。

日本との融合

日本企業が囲い込んでいた日本人観光客

一方、次に登場した日本人客は、アメリカ人とは違った。最初はイタリア文化に対してアメリカ人よりも高い関心を示しているようにも見えた。しかし、それは古典文化や音楽、美術に限られていた。イタリア料理を受け付けない人が多かった。イタリア系移民が多いアメリカと違い、日本にはイタリアレストランがまだ少なく、イタリアの生活文化が普及していなかったのである。

1975年にローマのナツィオナーレ通りに「三越」が出店し、その横で「日本橋」という名の日本料理店が営業していた。前年の1974年、サン・シルヴェストロ広場近くには「濱清」がすでに開業していた。今では信じられない光景だが、いつ行っても日本人だけが静かに食事をしていた。ビジネスマンもいたが、観光客が多かった。毎日イタリア食では耐え切れないと言っていた。日本料理店のないフィレンツェなどの地方都市では、中華料理店をよく探していた。チャーハンと焼きそば、春巻を必ず注文してビールと中国茶を飲んでいた。

1980年頃には、ローマ市内では日本人観光客専用のレストランが登場した。一皿の量を減らし、メニューを固定化する。代わりに日本人がカンツォーネと呼ぶ、一昔前に流行ったイタリアン・ポップスが、なぜか日本人だけには人気で、その生演奏を聞かせると喜んでくれた。もちろん、ショーもメニューも日本語で、分かりやすいようにと旅行社と工夫を重ねた。また、日本の旅行社は日本人観光客専用の土産物店も用意していた。前述の三越は日本人専用の高級ショッピングセンターとして知られていた。イタリア語はもとより英語も話せない日本人が安心して買い物できる場が必要だった。もちろん旅行会社は相当な利潤を上げたのだろう。添乗員もマージンを取ったのだろう。日本人団体専用の郊外のホテルもあった。

こうした日系企業による日本人観光客の囲い込みに対し、当然ながらイタリアの関連業者から抗議が殺到した。イタリア国内を観光する日本人の経済効果を日系企業が独占しただけでなく、ほとんどイタリア人を雇用せず、日本人だけで経営していた。少し前の日本国内の中国系旅行会社とよく似た構図である。当時の日系旅行会社は、自分たち日本人の旅行社でなければ、日本人観光客はイタリア観光などできないと言った。日本人はイタリアが大好きなのだから、それを許して欲しいとも言った。今や京都で中国人が同じことを言っている。多くの日本人は、そんな時代があったことを忘れている。当時のローマで貧乏留学生だった私は、そんな会社でたまにアルバイトをした。つい先日まで、京都や神戸、大阪の中国人留学生が忙しく働いているのを見て懐かしく感じ、励ましたくなる。とても批判できる立場ではない。

もっとも、イタリアではそのために法改正もされた。私が通訳兼ガイドとして乗車するバスには、国の免許を持つ正規のイタリア人ガイドが乗務していた。日本人の添乗員は現地ではまったく役に立たないが、片言の日本語も分からないイタリア人ガイドにも何の意味もない。法定賃金を取るためである。とはいえ、添乗する私はガイドさんから多くのことを学んだ。本書にも、そこで聞いた話がかなり含まれている。とはいえ、プロのガイドが得意とする歴史や文化の話を日本人客に丁寧に通訳してもあまり喜んではもらえなかった。

イタリア通になった日本人

しかし、そんな状態も十数年で雲散霧消した。ローマの日本人、とくに若い世代は「日本橋」には行かない。今でもたまに「濱清」を覗くが、圧倒的にイタリア人客が多くなった。日本人はイタリア料理に通じ、その味に慣れただけでなく、世界有数の愛好家になった。スパゲッティと言わずパスタと呼ぶ。今ではイタリア人以上にイタリア国内のレストラン情報に詳しい。日本国内にも無数のイタリアンがある。日本人シェフは国内だけでなく、ミラノ都心でミシュラン三ツ星のイタリアレストランを仕切っている。また、京都に観光にきたイタリア人客が京都のイタリアンを楽しんでいる。

そう言えば、20数年前、京都を訪れる台湾人団体観光客は、東山や岡崎の中華料理店で食事をしていた。中華でないと食べられないと言っていた。それが、今や、京都駅ビルJR伊勢丹11階の和久傳のカウンターで懐石料理を堪能する母娘が当たり前になった。たぶん、普通の京都市民より頻繁に通っている。

それとは逆に、1980年代にはイタリアでもファストフード化が進んだ。ローマのスペイン広場にマクドナルドが出店したのが1985年、もともとイタリアには若者向きのピッツェリアが多く、それ以前にも他社のハンバーガー店が増えていた。食事を短時間に低価格ですませたい人々には人気を博していた。だから、第3段階の東欧や中南米などからきた少しでも安く旅行したい人々もよく利用した。現在のイタリアでは、ますます増えつつある移民とその家族にとっては貴重なお出かけ先になっている。多くの国々同様に貧富の格差が拡大するイタリアでも食生活の二極化、ファストとスロー、富裕層好みのオーガニック志向との格差が深刻になっている。

ファストフードは20世紀のグローバル化の象徴だが、今はスローフードが世界に広がっている。スローフードについては、前著『なぜイタリアの村は美しく元気なのか』[注14]で述べたのでここでは繰り返さないが、ミラノやトリノのイータリー[注15]の店（**写真3・2**）でとくに日本人を多く見かける。

写真3·2　トリノ市内イータリー

東京代官山にあった、今では日本橋と東京駅構内にあるイータリーを知る人たちだと思う。数年の間に、イタリア人同様にスローフード文化を受け容れた人々である。すでに家庭料理にイタリアンを取り入れた外国人観光客も多く、オリーブオイル、生ハム、乾燥トマト、あるいは調理器具を買って帰る。

なお、観光客が低価格帯と富裕層のラグジュアリー層に二極化したのは、近年の大きな傾向である。20世紀のマスツーリズムが文化の大衆化、画一的な消費文明を志向したのに対し、観光人口が巨大化した現在では、観光客の所得階層も多様化したからである。二極化というのは、高価格はより高く、低価格は少しでも安いものを求めるだが、その間の中間層がいないわけではない。むしろ、常にこの中間層が増え続けているように思われる。

才能の交流と融合

遡れば、三宅一生が「イッセイ・ミヤケ・コレクション」でパリコレに初参加したのは1970年、32歳のときだった。森英恵が1973年にパリコレ、山本寛斎が1971年にロンドン・コレクション、鳥居ユキが1975年にパリコレと次々に日本人デザイナーが世界市場に登場してきた。この1970年代に日本人観光客という消費者集団がパリと東京を行き来し始めた。才能豊かなデザイナーが次々と登場し、その才能に憧れるファンも同様に華やかな世界を見る。こうして、観光行動によってファッション産業を育てる消費社会が国際化したのである。日本とフランス、そしてイタリアの距離は急速に近づいた。春と秋のシーズンにはミラノ、パリ、ニューヨーク、東京と世界のファッション界が一斉に動く時代が、その次の1980年代である。アメリカほどではないだろうが、日本のファッション業界もイタリアやフランスとの融合を始めた。日本はバブル景気に踊り、より多くの消費者が欧米で買い物にいそしんだのである。日本人抜きには語れないほどに、ファッションとそのビジネスの成長が目覚ましかった時代である。その一人に後で紹介する蓮池槇郎氏がいる。

日本人観光客が急増した1980年代後半からバブル経済の崩壊を挟んだ1990年代前半には、イタリアからの輸入品にファッション関係が大勢を占めていた。バッグと靴、女性と男性の衣料品である（図3・1）。加えて貴金属も多い。これが、ワインと食品に大きく振れたのが２０００年代以降である。

ファッション同様、次に登場した料飲業界、食品産業は、観光市場の拡大とともに大成長した業種と言える。イタリア料理もフランス料理も、まずアメリカ人観光客、次に日本人観光客を通じて本格化し、本来の自国の伝統の枠を大きく乗り越えて成長、大衆化もしたが、高級化した。そのために高価格帯メニューを次々に開発した。肉料理を増やし、品数を増やした。それと同時に、アメリカ国内では移民が広めたイタリア料理が多様化し、料理名も英語表記が広がった。日本にはイタリアからの移民はほとんどいないが、熱心な日本人料理人がイタリア料理の新しい流れを紹介している。同時に、かつ

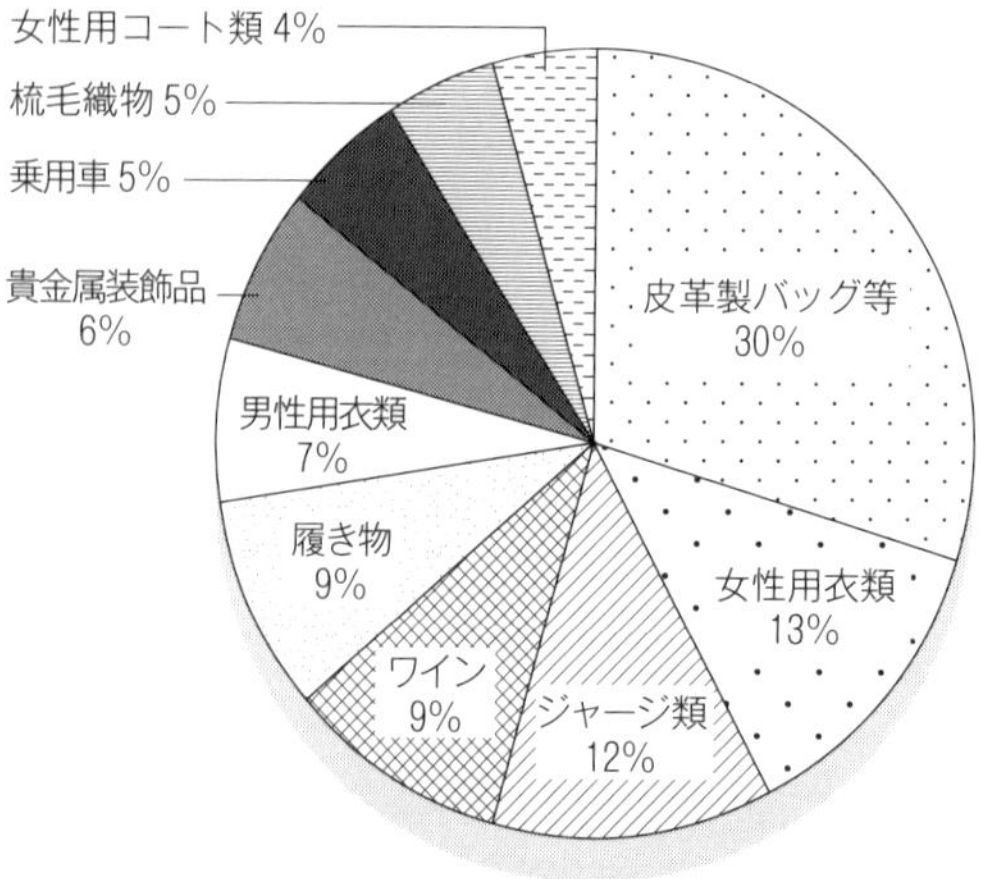

図3·1　イタリアからの輸入品目

（出典：外務省ホームページ「国・地域情報、イタリア、3. 日伊経済関係（3）貿易バランス「日伊貿易上位10品目」から、出典は『財務省（大蔵省）通関統計』とされる。この資料は1998年分で、この年の輸入総額は5733億6500万円で、輸出総額は4450億6000万円だった）

てのファッションデザイナーのように、優れた日本の料理人がパリやミラノで活躍している。

アジア人たちは日本通になるか？

日本人はローマやミラノでも有名なレストランを目指すが、今急速に増えている東アジアや東南アジアの人々は、両極ではない普通の店を好んでいる。安いものは町なかの露店で、身近なものは駅の売店やスーパー等の品揃えがいいという。そんな普通の観光客が増えている。そこには、多くの東欧人が働いている。東京、京都、大阪など日本各地でも同様だろう。スーパーやコンビニを利用する外国人観光客は多い。そのレジで接客するのは外国人留学生のアルバイトが目立つ。

日本人観光客が瞬く間にイタリアになじんだように、中国人旅行者もイタリアではもう中華料理屋には行かない。イタリアでも、中国人観光客を西欧文明の最大の消費者、信奉者に育てる戦略が進められている。その意味で、イタリアやフランスなどヨーロッパ主要国は観光立国時代の日本の強力なライバルと言える。だから、フランスの美食術、地中海料理に続いて、２０１３年「和食・日本人の伝統的な食文化」をユネスコ無形文化遺産に登録し、折からの和食ブームを日本観光の強力な資源として育てているのである。

日本人観光客が増えた１９８０年代のイタリアのように、コロナショック以前のインバウンドブームのなかで中国系観光事業者が各地で中国人観光客の経済効果を独占しようとしていた。今はわれわれ日本人が攻められるほうである。当時のイタリア政府観光局が苦しんだように、日本でも発地業者を規制、着地業者を管理し、観光市場を守る必要がある。経営戦略を定め、十分な規制をしなければならない。その戦略と規制は、地元の良心的な関連事業者を守り育てるものなのだから、当然多くの外国人観光客の利益に繋がる。それが分かれば、観光客に歓迎される。ただ、われわれ日本人もそうだったように、観光客も成長する。イタリア語も英語も満足に話せない添乗員に騙されて貴重な観光機会を失うことなく、自由にローマ滞在を楽しむ英語の上手な日本人女性が増えた。昔と違い今ではほとんどのイタリア人も流暢な英語をしゃべっている。

リピーター客は層をなし、やがて第二の故郷とした

フィレンツェには夏期留学のための大学が増えてきた

今でもアメリカ人富裕層のイタリア観光は続いている。やはり、大型バスに乗って、冗談を言いながら楽しく回っている。かつてのヒッピー風のバックパッカーは、年齢を重ねた今も相変わらずイタリアにやってくる。年配の日本人客も、昔ほどの人数ではないが、飽きることなくイタリアを楽しんでいる。そんなリピーター客向けに、イタリアの歴史都市の経営戦略も高度に発展してきた。

すでに30年以上も前にフィレンツェ市観光局の文化観光政策に、アメリカの大学の分校を誘致

する事業があった。[注16] フィレンツェ市が教室を安く提供する。そこにアメリカの本校から学生と教員を送り込み、フィレンツェの大学等の教員を加えた夏季セメスターの集中講義を開催する。学生は市内に泊まり、イタリア語や歴史、とくに美術史や芸術学を学びながら一夏の楽しい思い出をつくる。海外旅行で、前の学期に落とした単位が取り戻せるのだから悪い話ではない。一月ほどすごす間に、イタリア好きの母親が遊びに来て、周辺のちょっと贅沢な旅行に連れ出してくれる。フィレンツェらしい文化観光、文化遺産観光の形である。もちろん夏季に限った活動ではない。すでに、30以上の大学が開講している。

また、フィレンツェ市は北隣のプラート市とともに繊維産業が盛んな工業都市である。ミラノやパリに匹敵するファッション産業の中心になりたいと考えた。そこで1986年に両市と地元商工会議所は、ニューヨーク州立ファッション工科大学（FIT）[注17]の協力のもと、ポリモーダ[注18]とい

写真 3·3
ポリモーダ

1986年から2011年までこのストロッツィ邸（Plazzo Strozzi）が本部として使われた。

うファッションとマーケティングの専門学校を開設した（写真3・3）。このポリモーダを筆頭にフィレンツェ大学のデザイン系学部、美術学校には世界中から学生が集まっている。ほかにも文学や歴史、建築等の分野にも留学生が多い。そして、もともと語学が苦手なアメリカ人学生には、アメリカの大学が分校を置いている（写真3・4）。

かつては英国人のグランド・ツアー、19世紀にはアメリカ人コレクターがフィレンツェで美術を学び、買い求めた。その歴史を踏まえ、すでに母国の博物館で見知ったイタリア美術をルネッサンスの本場で学ぶ、究極の滞在型観光である。たった一月でもフィレンツェですごした若者は、その後長い人生で毎年のように再訪する。恋人と一

写真3·4
都心のセミナーハウス入口

緒に、新婚旅行で、子どもを連れて、いろいろな人生の節目にリスペクトしてやまないフィレンツェを訪ね、年齢にあった買い物と食事を楽しんでくれる。こうして、米欧間の留学生を増やし、市場規模を拡大し、その経済力でフィレンツェの文化産業を成長させてきた。

なじんで、真似る。仲間に入る

そこに生まれ、住んでいるからと言って、その都市の歴史や文化に詳しくはなるわけではない。文化はモノではなくヒトに宿る。その場所に暮らす人々の心の中にある。だから文化とはその文化を持つ、より多くの人々と交流し、歴史文化を語り合うことで身に付くものである。

歴史都市は単なる通過型の観光地ではない。そこには、人々を深く魅了する文化を持った人がいる。その文化に高い価値があるから魅了される人々が通い、やがて住み始め、その人々に同化することで、彼らの文化を身に付け継承したいと思う。いつか、新しい人々がその文化を支えるようになる。それを上手に説明するのがフィレンツェの人々である。フィレンツェで生まれなくても、フィレンツェ人にはなれると言う。フィレンツェの文化には、余所者を魅了し、フィレンツェ人に育て上げる力があるからだと言う。ここまで成長すれば、観光客の人生はすっかり変わってくるだろう。単なる物見遊山の旅が、人生をすっかり変える深い経験になる。これが観光の文化力である。逆に言えば、フィレンツェに生まれたからと言ってフィレンツェ人になれるわけではない。

この例に見るように、フィレンツェの文化に深い憧憬を持った人は、フィレンツェ文化とフィレンツェ人を自分自身の中に深く受け容れることで同化する。同時に、フィレンツェにすっかりなじんだことで、フィレンツェ市民も、そのなじんだ外国人、あるいは国内他都市から寄宿する人を気持ちよくフィレンツェ人として受け入れる。こうした相互の受容の結果、フィレンツェ文化を担い、伝え、発信する外国人が増えることになる。

いち早く魅力を発見した外国人

フィレンツェにいる外国人、一時の寄宿者やリピートする観光客は流動性が高い。母国だけでなく、世界各地に出かけ、異文化と交流する。もちろん、もともと異文化を内に秘めた人たちでもある。外を知り、フィレンツェを知る外国籍や他都市生まれの人々が、フィレンツェの文化をさらに磨いてくれる。純粋なフィレンツェ人では気づかないような魅力を次々と見いだし、その魅力をより深め、新たな価値観で世界に発信してくれる。彼らの流動性、柔軟性、多様性がフィレンツェの歴史と文化をグローバル化させ、ルネッサンスの都を世界共通言語にし、人類の美意識を形づくった。

イタリアで活躍する日本人は多い。私がイタリアで学んでいた1980年代には、ミラノで活躍し始めた日本人デザイナーの蓮池槇郎氏[注19]が眩しかった。MH Wayのロゴの入った書類ケースをいくつも買って愛用した。ミラノのデザイン事務所の中でも群を抜いてミラノらしく見えた。蓮池氏は今もミラノで活躍されている。その後村田晴信氏（1988年東京生）が2012年23歳でミラノデビューを果たした。さらに現在では、実に多くの日本人デザイナー、建築家、そしてイタリアンのシェフがイタリアで活躍している。

一見の観光客と違い、外国人でも長期滞在者は市民の暮らしを学び賢い生活者になる。リピーターの眼はますます冴えわたり、いい買い物をする。彼らの審美眼が都市の文化的産業を育て、歴史都市の文化を磨く。文化経済が成長する背景となった。歴史都市の観光客は、観光名所ではない普通の下町を好み、伝統産業の職人と話し、個性的なレストランで独特の食文化を見いだす。そして周辺の農山漁村の集落に文化的価値を感じている。一人一人の観光客が成長する過程で、自分に合ったオルターナティブ・ツーリズムを生んできた。

実際、イタリア人よりも外国人観光客のほうが、地方の魅力に早く気づいた。下町の魅力にも早く深く気づいたことはよく知られている。とくにイタリアでは、18世紀のグランド・ツアー以来のことである。[注20] アグリツーリズモでも、3割以上の顧客が外国人、とくに英国人とドイツ人が多いという。もちろん、これはイタリアだけのことではない。この日本でも、京都でも外国人観光客に見いだされたものは少なくない。

その逆もあるだろう。海外旅行好きで、実際かなり頻繁に海外旅行に出かけてきたイタリア人は、海外の観光地のさまざまな魅力にいち早く気づいた人々でもある。自分たちが新たなフロン

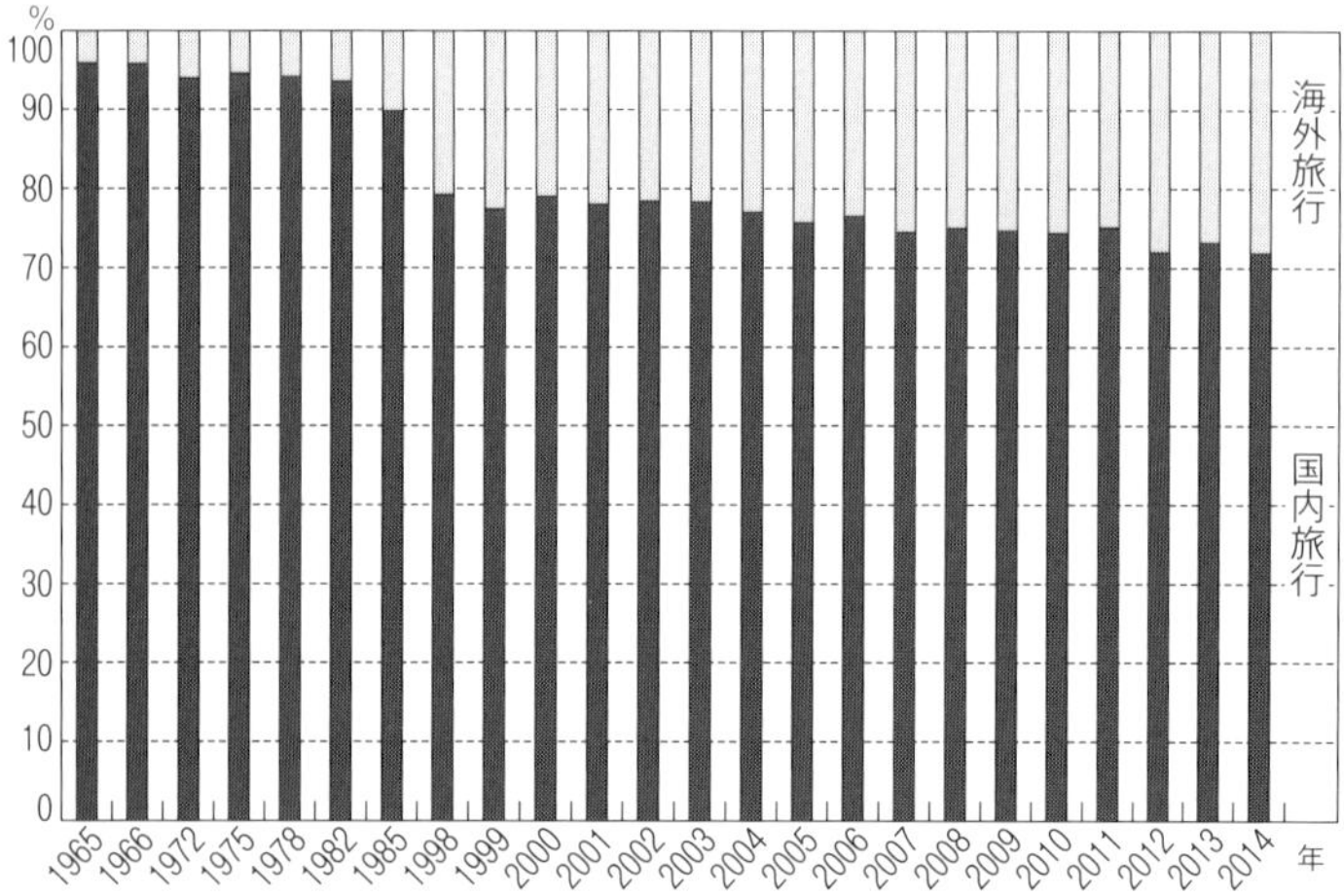

図 3·2　イタリア人のバカンスと海外旅行（4泊以上の休暇旅行目的地別）

（出典：ISTAT（イタリア政府統計局）歴史統計（Serie Storiche）、4泊以上のバカンス目的地別（Viaggi di vacanza di 4 o più notti per destinazione）

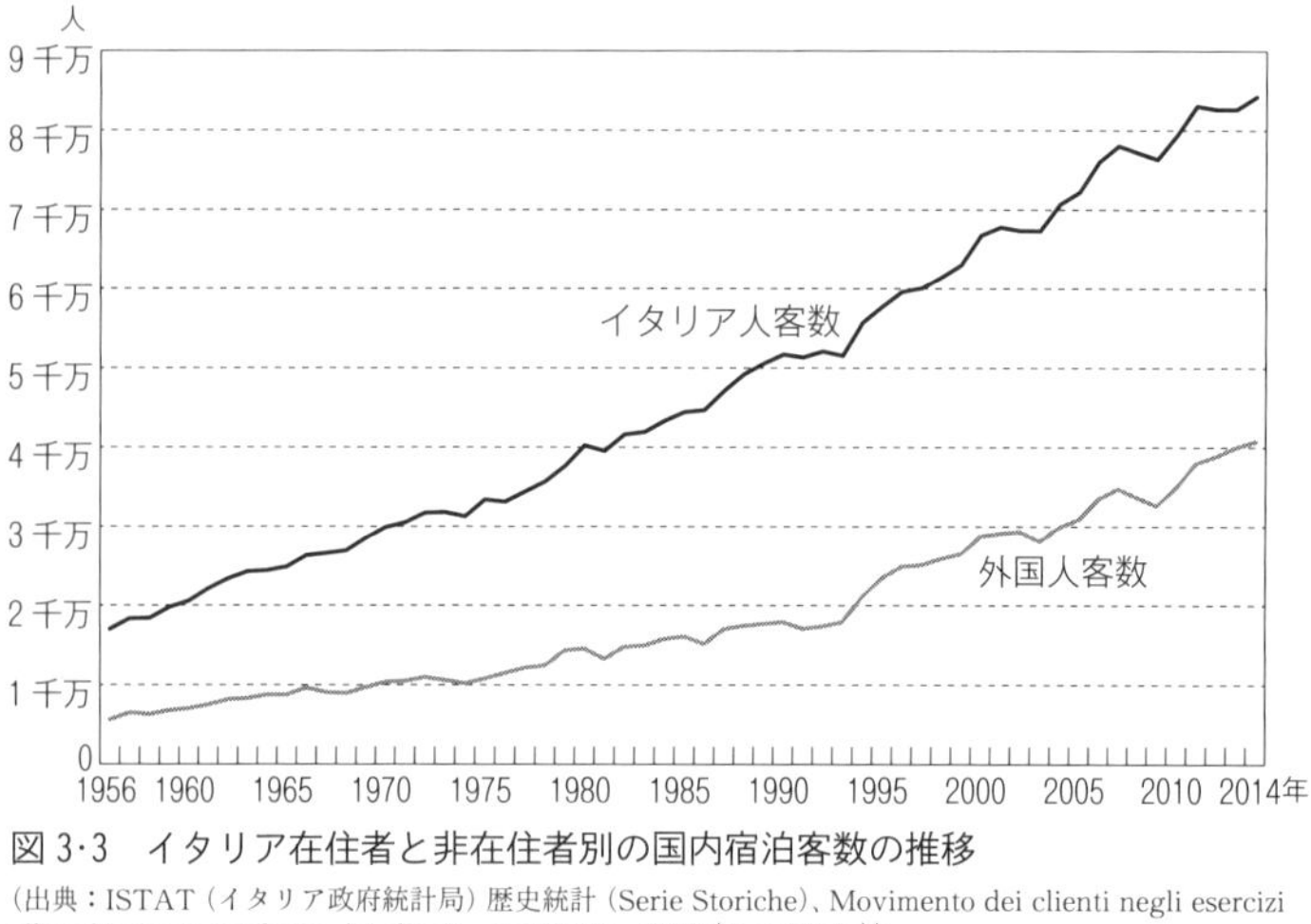

図 3·3　イタリア在住者と非在住者別の国内宿泊客数の推移

（出典：ISTAT（イタリア政府統計局）歴史統計（Serie Storiche）、Movimento dei clienti negli esercizi alberghieri per residenza dei clienti - Anni 1956 - 2014（in migliaia））

ティアを見いだし、観光し、バカンスを楽しんできたからこそ、イタリア国内で外国人が気づいた魅力に敏感に反応し、その魅力を守り育てようとしたのだろう。受け入れる側もグローバル化が進むからこそ、文化交流としての国際観光市場の動きに敏感になれる。ホストであるイタリア人は今も海外によく出かけている（図3・2、3・3）。

受容から能動へと転じ母国を変えた観光客

外国人観光客の多くは、何度も通ってはいるものの、その国に留まらず母国に帰って活躍する。観光客の多く、いわゆるイタリア好きのリピーターの影響は大きいと思う。イタリアに少しずつ同化することは、母国での日常生活に少なからぬ変化を与えるからである。日本にいても日常的にイタリアレストランに行くだろう。持って帰ったバルサミコ酢やパルミッジャーノ・レッジャーノ・チーズを楽しみ、毎晩ワインを飲みオリーブを齧る。もちろんファッションはイタリアに染まり、家の中にグッズや写真、ポスター等でイタリアを持ち込むだろう。こうして、少しずつ自分の日常をイタリア化していく。一人一人の一つの小さな変化が、全体では大きな効果をもたらす。1970年代後半、東京でも明治屋か成城石井で探したオリーブオイルやパスタ類は、今では京都市内の普通のスーパーで手に入る。逆に、明治屋と成城石井は京都市内にも店を出した。

この間、イタリアからの食料品輸入額は28倍にも増えたという。

影響は衣食住だけに限らない。より能動的な行動に出る人々がいる。自分の周りをイタリアのようにお洒落にしたい。だから京都でも町家を再生したイタリアレストランがいいと言った女性たちがいた。彼女たちが子ども時代から慣れ親しんだ京町家を見直して、「古いってお洒落なことですね」と気づいてくれたのは、学生時代にヨーロッパ旅行を楽しんだからだった。楽しく美味しかったイタリアの町並みの影響が強く、京都にそれを求めたのだろう。

京都がイタリアのように美しくなって欲しいと思ったのは、〝美感都市〟をスローガンに挙げ、京都市の新しい景観政策を経済界からリードした村田純一[注21]京都商工会議所会頭（当時）である。村田ご夫妻は経済界を率いて、姉妹都市フィレンツェとの交流を重ね、ついに京都の世界的な高い評価を勝ち取った。そんな気持ちを知った京都の人々は、それぞれのビジネスでイタリア化を進めている。京都観光がコロナショックから蘇る頃には、フィレンツェを凌ぐかもしれない。

第4章

イタリアの観光公害と観光政策

都心整備・創造都市・持続可能性

今と比べればさほど深刻でないように思われるが、これまでも観光客が増加するたびにさまざまな問題が観光公害といわれてきた。市民生活への影響が深刻化する前にも、自然環境を破壊し、過度な利用で文化遺産が劣化した。

自然破壊が最初に批判されたのは、英国人のグランド・ツアーの時代である。英国の評論家ジョン・ラスキン[注1]が19世紀に初期のアルピニズムを、自然への冒瀆だと批判した。その後も、スイスやチロルの農村、リビエラ等地中海各地の漁村にホテルが建つことで、海や川の水質が悪化し、自然景観が破壊されたことがたびたび批判された。19世紀の話ではあるが、イタリアやギリシア等では美術品など文化財の流失も起こった。この対策として、20世紀には自然保護のための国立公園制度、文化財保護制度が整えられた。もっとも、これらの影響が市民生活を脅

表4·1　観光公害と呼ばれるさまざまな現象

原因となる観光活動	その結果生じる都市環境や地域社会への影響
自然資源の利用	自然破壊、水質（海洋、河川）汚染、騒音、大気汚染、景観破壊
文化遺産の利用	文化財の劣化、都市景観·町並みの悪化、文化遺産の変質·消耗
インフラストラクチャー利用	地域住民の公共交通利用の圧迫と減少、市民の都市内移動が困難に、生活の質の悪化
観光サービス部門への投資	経済構造の再編成、新規雇用の発生、土地価格高騰、消費物価上昇
建物、都市空間利用、社会サービス享受の観光客と住民の対立	土地利用の変化、諸物価上昇、地代・家賃高騰、人口動態の変化、都心人口分散とジェントリフィケーションの相乗効果、都心の建物と空間の再構成

（出典：拙著『にぎわいを呼ぶイタリアのまちづくり――歴史的都市環境の保全と商業政策』学芸出版社、2000年、第9章歴史文化に遊ぶ――変わりゆく歴史都市の文化政策、234ページ、註1に掲載）

かすものと捉えられていたわけではない。市民生活への深刻な影響は、主に第2次世界大戦後に観光の大衆化が進んでからである。

大衆化・大規模化にともない、受け入れ都市で観光による経済効果を享受しようとホテルや飲食店が急激に増えた。無計画に建てると都市景観が悪化する。インフラストラクチャーに過度な負担がかかり、一般市民向けのサービスが悪化した。さらに、都市経済が過度に観光開発に向かうと地価が上がり、家賃は高騰、その結果昔から住んでいる住民が追い出されることになった。このプロセスが、戦後70年にわたってイタリアの歴史都市を苦しめてきた（表4・1）。同様のことが日本でもすでに起こっていると危惧されている。しかし恐れることはない。前章で述べた四つの段階で起こった観光公害とその対策を点検し、その成否と功罪を見極めたうえで日本の観光対策を考えればいい。

主なものを簡単に紹介しよう。

地方の小都市の観光公害と交通まちづくり

イタリアやフランスは小規模な地方都市が多い

イタリアやフランスには地方の小都市ながら著名な観光都市がとくに多い。人口1千229万人のパリ大都市圏や1千501万人のグレーターロンドンを除き、首都クラスでもローマが286万人、ウィーンが187万人、バルセロナが160万人、ミラノが135万人である。日本で言えば札幌市（196万人）、神戸市（153万人）、京都市（147万人）の人口規模に近い。地方都市クラスになれば、フィレンツェ市（38万人）、ヴェネツィア市（26万人）、ヴェローナ市（25万人）とさらに小さくなる。倉敷市（48万）、金沢市（46万人）を下回る規模である。さらに小さい都市が世界文化遺産の斜塔目当てに観光客が訪れるピサ市（9万人）、シエナ市（5万人）、もっと小さなアルベロベッロは1万人、日本でも映画で有名になったアマルフィはたった5千人の小さな観光地、歴史はあるが今では漁村、鎌倉市の17万人をはるかに下回る。

そんな地方都市にも鉄道だけでなく、空港ができ国際線が発着すれば、世界中から観光客が押し寄せた。もちろん鉄道、長距離バス、マイカーで到着する客も多い。そのため少ない人口のわりに、都心の繁華街と郊外の景勝地周辺に立派なホテルが建ち、駅や空港も常ににぎわった。さまざまなサービス産業が発達し、雇用は安定していた。その反面、長年にわたって観光が市民生活に多大な影響を及ぼしてきた。そのため、都市構造と交通体系の面でも、戦後の四つの段階ごとにさまざまな対応を続けてきた。

高速道路網の整備から車の抑制へ

欧米ではすでに戦前から高速道路整備が始まっていたため、戦後も日本よりも早くモータリゼーションが進んだ。日本では１９６４年に東海道新幹線が、１９６３年に名神高速道路（栗東・尼崎間）が完成したが、逆に欧米では高速鉄道はかなり遅れた。そのため観光ではマイカー観光客をどのように制限するかが大きな問題となった。

初めは対症療法的に、深刻化した交通渋滞を解決することが求められた。そしてマイカー利用の観光客に快適に移動してもらうための道路を整備しようとした。しかし、市民は毎日迷惑している。当然ながら、一時の滞在だけの観光客より市民生活を優先することになる。最初は誰もが、道路を拡幅しスムーズに流すことを考えた。しかし、スムーズになれば流入する車両が増え、また渋滞する。その繰り返しで、いつまでたっても改善しない。建設費も増大する一方である。他方、歴史都市では町並みを壊してまで道路拡幅はできない。だから総量規制が必要になることは分かる。とは言っても、観光客は増え続けるのだから、車を使わないようにしてもらうしかない。そして、やがては市民の自動車利用をも制限しなければならないことに気づいたのである。

その過程で、観光客の空間と市民生活の空間を分けようという発想が生まれた。サッカーの盛んなイタリアではシーズン中、毎週末の試合に何万もの観客が集まる。アウェイチームの応援に駆け付けたファンを駅からスタジアムにピストン輸送し、都心部を通過するのを避ける。試合後は時を置かず街から追い返し、市民との接触を避ける。サッカーファンや野外コンサートの客に観光してもらうことは地元では今も考えない。

一方、観光客は空港と都心のホテル、主要観光地を短時間で移動させたい。それらを結ぶ専用道路に観光車両を誘導し、市民の生活空間には観光車両が流入しないように分散を図った。もちろん、それでも中央駅のある都心周辺の渋滞は避けようもなかった。そのため駅の隣接地をはじめ都心に大規模な地下駐車場を設けた。同様に、観光施設周辺の目立ちにくい場所、また高速道路IC付近にも大規模駐車場を置いた。こうして、観光客は車を置いて、都心や観光地にLRTや地下鉄、バスで移動してもらおうというP&R（パーク・アンド・ライド）が普及した。

歩行者の混雑が問題に

ところが、1970年代から一部の観光客が文化遺産だけでなく、歴史的都心部を訪ね、買い物や食事を楽しむようになった。最初は貧乏旅行を続けるバックパッカーが、やがてそれを真似る若者が続き、話題になった地元の人気店にはあらゆる観光客が訪れるようになった。博物館や教会、古城や市庁舎等の文化遺産を回るより、そこにしかない店で買い物をし、地元住民に人気のレストランで食事をすることが、観光客の行動の中心になったからである。[注2]
そうなると次は、車両ではなく、歩行者を集めるために交通規制が重要になった。交通量の多い道沿いの店よりモール化[注3]された都心の道沿いの店の売上が多いからである。大都市ではその差がとくに大きい。地方の中小の都市でも同様の効果が見られ、小さな店が増えてきた。小さいからこそ歩いて回りやすい観光地になる。自転車で回ってもいい。暮らすように旅するのは、ローマやフィレンツェでなく、小さな地方都市がいい。こうして、地方都市での市民の暮らしに溶け込む新しい観光スタイルが広がった（写真4・1）。

今度は、歩行者の混雑が問題になった。車道より歩道が混み、歩道から溢れ出た観光客が自動車の通行を阻害し始めたのである。増え続ける観光客を歩道に押し込めるわけにはいかない。結局、地元住民と事業者の自動車交通を制限してでも、観光客の歩行の安全を確保することが必要になった。ローマやフィレンツェは言うまでもなく、自動車が走っていないヴェネツィアでも、雑踏混雑が問題になるほどに、観光客が増加したのである。

写真4･1　露店市も観光資源になる

観光振興が招いたヴェネツィアの繁栄と終わりなき混乱

観光に生き残りを賭けたヴェネツィア

多くの世界的観光都市の中でも、ヴェネツィアは別格である。もちろんその特異な水上都市の姿と美しい町並み、運河を巡るゴンドラという観光客を魅了する姿がその最大の理由である。しかし、観光を研究する者にとって、ヴェネツィアは優れた政策で知られた観光都市としても知られる。それも最大の成功例と言っていい。しかし、最近の大混雑でまた別の意味で世界の注目を集めた。

1797年のナポレオンの侵攻でヴェネツィア共和国は崩壊し、1千100年の歴史の幕を閉じた。その後約70年間にわたりオーストリア帝国の支配を受けた後、統一イタリア王国の一地方都市として再生を始めた。しかし、かつて地中海を支配した大海洋帝国の面影は失われ、経済面だけでなく、文化面でもすっかり衰退していた。そこで、1893年にヴェネツィア市議会は芸術都市という目標を掲げた。その手段が、1895年の国際美術博覧会、今のビエンナーレの開催だった。当時のイタリア国王ウンベルト1世（1844〜1900年、在位1878〜1900年）とマルゲリータ王妃（1851〜1926年）の銀婚式の年に合わせた開催とした。

ジャルディーニ（庭園）にパビリオン「博覧会宮殿」を建て、内外のアーティストを招き、世界初となった「第1回ヴェネツィア市国際芸術博覧会」[注4]である。その当時では画期的と言っていい22万4千人の観客を集めたという。以後、2年おきに開催されたからビエンナーレと呼ばれた。

その後、たびたびの戦争による中断、1960年代には東西対立の影響や学生運動と抗議活動で混乱した時期があったが、現在まで125年続いている。その内容も美術だけでなく、音楽、演劇、映画、建築を対象として発展した。19世紀が万国博覧会の世紀だとすれば、20世紀初頭はビエンナーレ、国際美術展がもっとも華やいだ時代で、20世紀の新しい芸術運動の檜舞台として多くの芸術家を登場させた。

ヴェネツィア・ビエンナーレとカーニバル

今では、世界中の地方都市でさまざまな芸術をテーマにしたイベントが多い。イタリアでも1933年にミラノ・トリエンナーレ[注5]が始まっている。芸術祭で人を呼ぶ、芸術作品を展示して人を呼ぶ、さまざまな企画はこのヴェネツィア・ビエンナーレを一つの原型、そのモデルとしている。

市議会の最初の狙いは、ヴェネツィアの歴史と文化を最大限に活かして、人道と文化（芸術）を通じて世界に貢献しようという点にあった。当時のヴェネツィアは、地中海貿易の衰退で経済基盤を失い、国の独立も失っていた。その起死回生策として観光客を集めようとしていた。中世には十字軍を集め、送り出し、18世紀のグランド・ツアーでは英国人をギリシアやトルコ、エジプトに運んだ国際港湾都市でもある。旅人を受け入れることには慣れていた。

この歴史的背景に加えて、戦後の１９７９年には長い間行われなくなっていたカーニバルを復興した。イタリア政府観光局による観光振興政策として、ヴェネツィアの歴史と文化を新たに活性化させるためにカーニバルを利用したのである。大衆化した戦後の観光客をどの程度に意識したかの記録がないが、ビエンナーレは美術展、カーニバルはお祭りである。分かりやすさ、親しみやすさを意識したのだろう。

ヴェネツィアではカーニバルは１１６２年に始まったとされる。共和国時代には当時の国家によってさまざまな祝祭が催されており、とくにルネッサンス期にヴェネツィア・カーニバルは大規模だったという。しかし、共和国が崩壊した18世紀末にはカーニバルも衰退していた。

現在では、２月末頃から３月初めの２週間行われるヴェネツィア・カーニバルに、約３００万人の人々が訪れる。一般に観光客が減る２月後半から３月の閑散期に、どのホテルも強気に値を吊り上げる。典型的な参加体験型イベントで、市民に交じってイタリアの内外から訪れる観光客の多くが仮面（マスケラ）とマントを身に着けて楽しむ。中には仮面コンテストに参加することを目的にする客もいる。このヴェネツィアの有名イベントも重要なモデルになった。

とくに１９７０年代以降はイタリア各地で、伝統的な祝祭を復活する動きが盛んになった。同じくヴェネツィアではレガータ・ストリカがある。ヴェネツィアにピサ、ジェノバ、アマルフィを加えて四つの海洋共和国対抗試合として持ち回りで行われるイベントも戦後盛んになった。

ヴェネツィア市内には車が走っていない。運河をヴァポレット[注6]と呼ばれる水上バス、水上タクシー（モーターボート）、ゴンドラで移動するか、自分の足で歩くかである。そのヴェネツィアでは、1990年当時、カーニバル期間中はすでに歩行者の流入を規制し、サンマルコ広場周辺では、歩行者の一方通行を実施していた。カーニバル期間中は言うまでもなく、ビエンナーレの時期も、ホテルが満室になる。

1987年に日本のテレビ局とともに、過度に観光に依存した歴史都市の事例としてヴェネツィアを取材したことがある。国民協会「イタリア・ノストラ」ヴェネツィア支部長のテレーザ・フスコリ・フォスカリ伯爵夫人にインタビューした。カ・フォスカリに隣接するカナル・グランデ沿いの邸宅のサロンで、カナレットの絵を背にした夫人が、今のヴェネツィアはディズニーランド、よく見てもバンコックのフローティング・マーケットだと嘆いてみせた。

ビデオでは本島内で働く市民が夕方、メストレなど陸地にある自宅に帰っていく様子を映した。その後、1990年代には本島の目の前ジュデッカや、空港寄りのマッツォルボ等の島々、そしてサンタ・ルチア駅の裏など本島内の工場跡地など空閑地に公営住宅を建てた。この30年間にヴェネツィア市当局が何もしなかったわけではない。観光客の増加に追いつかなかったのである。

そして最近は公営住宅でも民泊が増えていた。30年たった2016年にはサルバトーレ・セッテイスが『ヴェネツィアが死ねば』[注7]を著し、やはりディズニーランドのようだと嘆いている。

先鋭化した批判

こうして、それまでの観光政策で十分にぎわっていたヴェネツィアでは、1990年代に解放された東欧諸国からの観光客ですでに過剰だった。まさに、オーバーツーリズム状態、ホテルに泊まれない客が夏の夜空のもとで野宿するようになった。当時、サンマルコ広場を埋め尽くすバックパッカー（写真4・2）が観光公害の代表的なイメージとして流布していた。

それでも、EU諸国が好景気に沸いた1990年代には、まだ足りないという意見があった。ビエンナーレにカーニバル、次は万国博覧会やテーマパーク、マリンリゾート開発などという政治家の提案に、まずヴェネツィアの住民から非難の声が上がった。1989年にはイギリスのロックバンド、ピンク・フロイドがサンマルコ広場前の大運河で野外コンサートを開催していた[注8]（写真4・3）。ロックフェスティバルなど音楽祭の集客は数十万単位にもなる。狭いヴェネツィア本島では無理、受入れ限度を真剣に考えようとなっていた。

こうした苦い経験を積み重ねたヴェネツィアから始まった観光客規制の議論はイタリア各地に広がっていった。もちろん宿泊税等の負担は重くする。しかし、日帰り観光客をはじめ、ホテルに泊まらない客も多い。「齧って逃げる」（mordi e fuggi）と呼ばれる観光客、バックパッカーや

写真4·2　右／サンマルコ広場を埋め尽くすバックパッカー
左／スキアボーニ河岸を埋め尽くす観光客
（出典：Italia Nostra Bolletino n.274 Aprile - Maggio 1990 “Venezia, Expo L'ultimo Concerto”, Italia Nostra, 1990、国民協会イタリアノストラの機関誌）

写真4·3　1989年ピンク・フロイドのコンサート
すでに島内各所での大混雑が起こっていた。（出典：写真4·2と同じ）

友人知人の部屋に泊まる客を制限しないかぎり意味はない。ヴァポレット（水上バス）料金等の公共交通を大幅に値上げし、市内に在住しない人すべてにある種の観光賦課金を課す仕組みがある。もちろん、それまで無料で入れたサンマルコ大聖堂も一部を有料にする。それから20年近くたった現在まで、金額は上がり続けている。入島税、別名訪問税の導入も決めた。しかし、それを課せばテーマパークに堕すと前述のセッティスが批判している。

だから、まだ入島税ではないが、2018年5月には、自動車橋と大駐車場に接続するローマ広場、サンタ・ルチア（中央）駅など市内主要地点にゲートが設置された。人通りの多い市内各所の雑踏混雑を避け、安全の確保のためのものである。地元市民や関係者には「ヴェネツィア・ウニカ」と呼ぶカードを渡しゲートを通過させるが、観光客には別のルートを通るよう案内している。

大衆化したクルーズ船がもたらした混乱

2000年代になるとクルーズ船が大量の観光客を運んでくるようになった（図4・1）。クルーズ船の客は、ヴェネツィアに泊まらず食事もしない。買い物も控えめ。しかし、巨大な船体は町並みを圧倒し、巨大な波で古い建物や護岸を傷め、運河に排水を垂れ流す。

そして、ヴェネツィアにも民泊が増えた。2010年代に世界で起こった観光公害が、この長い観光政策の歴史を誇る水都にも襲いかかった。

クルーズ船は、1990年代にまずアメリカの観光市場で急拡大、2000年代後半にはヨーロッパ市場に広がり、2010年代後半、イタリア・ジェノバのコスタ・クルーズ社が中国市場に参入した。ついに東アジアの国々、中国と日本に普及した。[注9] 富裕層だけが利用する「豪華客船」だった昔と違い、日本国内のリゾートホテル並みの価格で普及している。[注10] アジアではさらに割安な料金で多くの中国人が利用し、日本にも押し寄せている。同様に大衆価格で地中海クルーズを利用する日本人、中国人も増えている。新しい観光形態であり、勢いがある。イタリアでは、この地中海クルーズの大衆化で、大量の観光客がヴェネツィアに押し寄せた。

カジュアルになった分、定員は3〜5千人規模に大型化した（**写真4・4**）。それが狭い本島内に溢れる。他の公共交通利用客と違い、課金も難しい。だからク

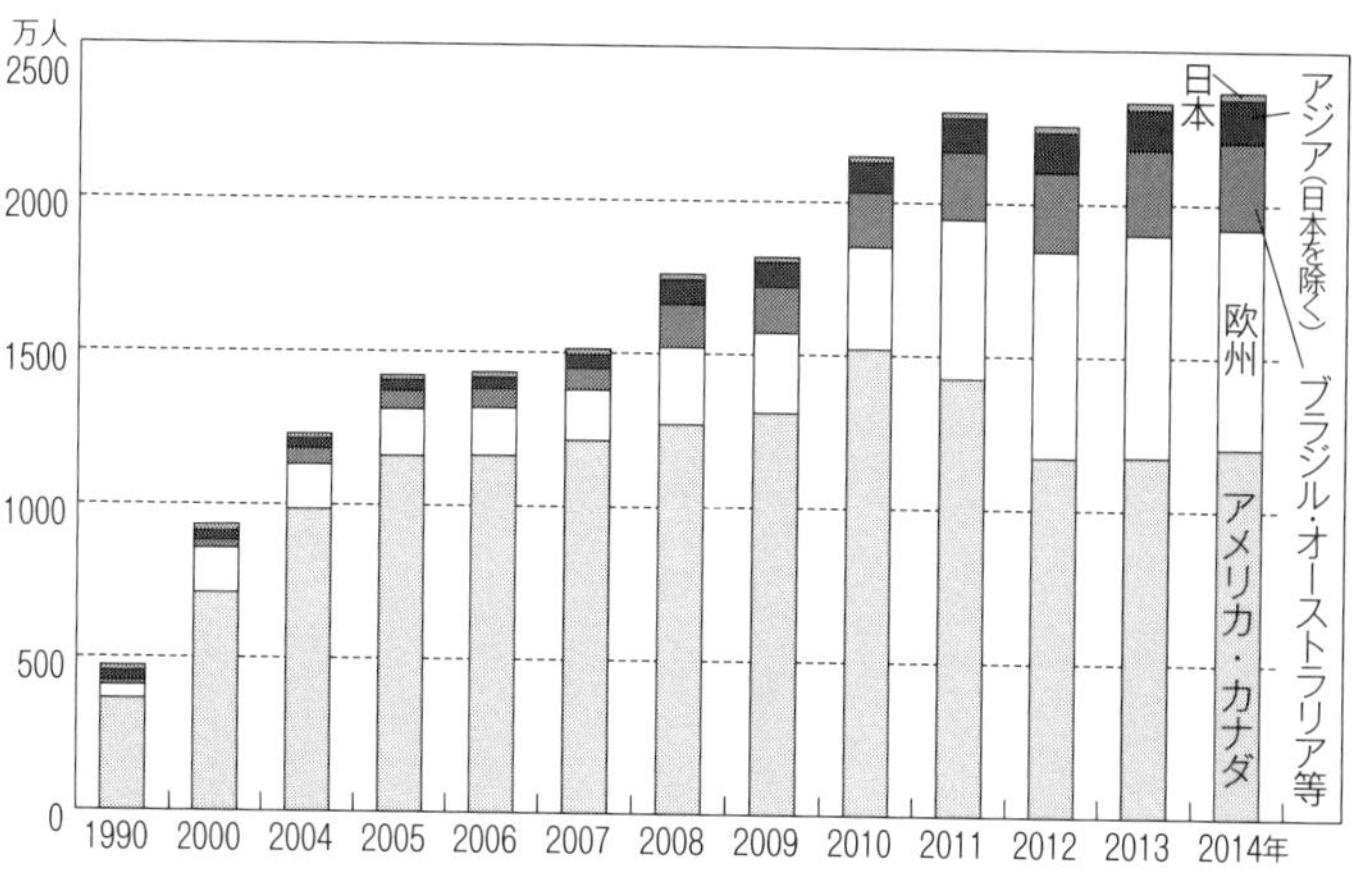

図4·1　世界のクルーズ人口推移　（出典：Dougals Ward “Cruising & Cruise Ships 2014”）

ルーズ船自体の停泊料を上げる。ただ多少値段を上げても、ヴェネツィアを見たい客が多いためクルーズ船の寄港日数は減らない。

クルーズ船のカジュアル化は、大衆化した戦後の観光形態のさらに次の段階だと考えられる。普通の市民が歴史都市を訪れ、そこで市民が暮らすように旅することが最初の大衆化、ローマの休日の段階だとすれば、ジャンボジェット機の登場で日本人がヨーロッパに来るようになった段階では、彼らは別にイタリアに来たかったわけでない。漠然とヨーロッパに来てみたかっただけで、ロンドンとパリで十分、ローマやヴェネツィアまで来る必要はなかった。ディズニーランドと歴史都市の区別をしない人々なのである。さらに次の段階、LCCやクルーズ船のカジュアル化で、ジャンボジェット機時代を超えた大量の観光客が市場に登場した。その客は、別にヨーロッパに来たかったわけでは

写真4·4　ヴェネツィアに停泊する大型クルーズ船

ない。漠然と海外旅行がしたかっただけであり、シンガポールでもハワイでもよかったのである。

増加したクルーズ船客は年間150万人、その結果、ヴェネツィアの観光客に占める外国人客の割合は2017年には87％に達した。外国籍でもEU圏外からが多く、初めて訪れる人は72％にもなる。そのため上陸してもサンマルコ広場とリアルト橋を見るだけ、美術館にも教会にもいかない。ゴンドラに乗る暇もない。ビエンナーレもカーニバルも知らない。でも年中、混むようになった。サンマルコ広場とリアルト橋は500メートル、狭いところに集中する。

自国でもデパートとアウトレット・モールでしか買い物をしない外国人客は、ヴェネツィアの店には関心をもたない、ファストフード好きの人々なのである。でも、そんな観光の初心者が大量に押し寄せていた。昔からイタリアの歴史都市をリピートし、より深い感動を求め続ける人々の空間を脅かしている。日本にとっても他人事ではない。2017年には

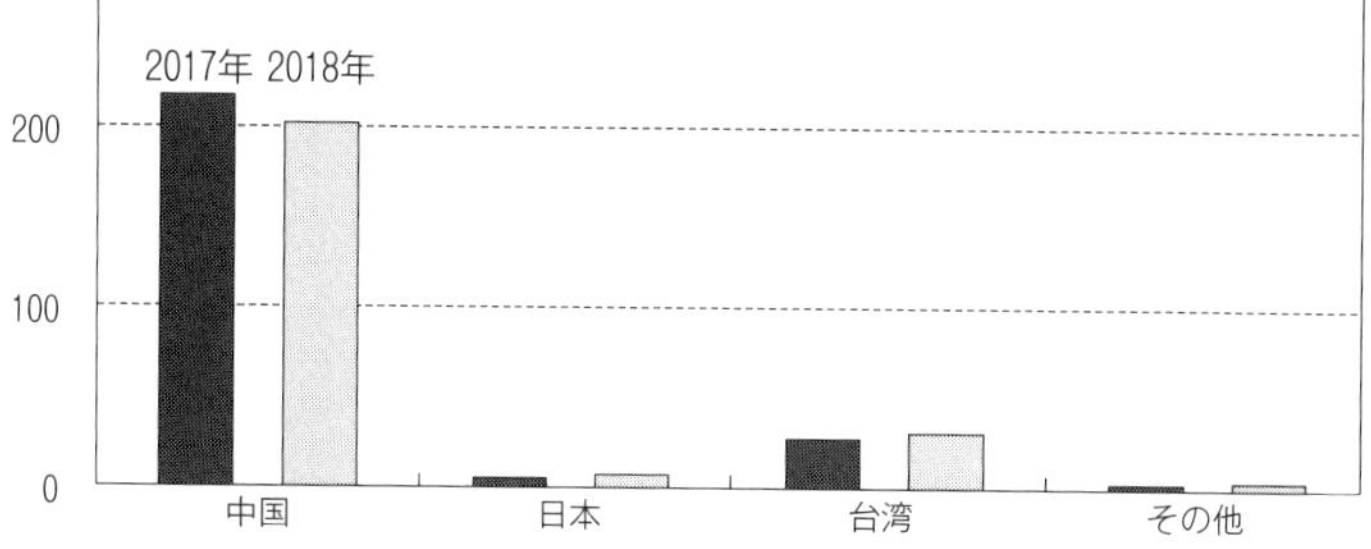

図4･2　出発国別訪日クルーズ旅客数

注：法務省入国管理局の集計による外国人入国者数の速報値による概数（乗員を除く）。

クルーズ船だけで、すでに年間253万人もの外国人客が来ていた（図4・2）。繰り返しになるが、観光客の経済効果は主に宿泊費、飲食費、買い物代である。クルーズ・ビジネスはこの三つを船内で吸収する。そのためヴェネツィア市にとってクルーズ船客はまさに齧って逃げる通過客でしかない。接岸（停泊）料金などを通じてクルーズ会社に応分の負担を求めなければならない。批判が高じて停泊地は本島から見えにくい水域に遠ざけられた（写真4・4）。

観光客の総量規制と選別

予約制度による観光客の選別

現在の国際観光市場には、先進国だけでなく、最近豊かになった新興国の初心者が次々と登場していた。初心者は、クルーズ船の他、ガイド付きの団体旅行、パッケージ・ツアーの個人利用で安く旅している。そこにネット利用ですべてを自前で予約する個人客が新たに増えている。ネットには国境がない。優れた予約システムが急速に発展し、旅行代理店や航空会社に行かずとも、個人がオーダーメイドの旅を企画できるようになった。レンタカー利用の外国人が増え、歴史都市には寄らず、地方の小都市や農村、あまり人が来ない場所を回っている。公共交通も上手に利用し、暮らすように旅行を楽しんでいる。外国人のレンタカー旅行は日本でも広がった。

そこで、このネット予約システムと、公共交通とレンタカー利用、美術館、教会への入館料の賦課金の仕組みを上手に利用して客を選別する工夫ができる。１９９０年代からイタリアの国立博物館では予約制度を導入している。フィレンツェの国立ウフィッツィ美術館では、もともとは観光客の急増で、入館するのに長い行列ができたための対応策だったが、あらかじめ予約した客を優先的に入館させる仕組みを採用した。旅行に出かける何日も前から計画し、美術館のためにフィレンツェに来た人には待たずに入ってもらう。彼らは入館する何日も前からネットや画集で収蔵品を楽しんでいる。人によっては、かなり専門的なレベルで学んでいる。

逆に、フィレンツェに来たついでに寄る人、その日に思いついて訪れた人には2〜3時間ほど行列に並んでもらえばいい。無理して美術品を見て回らなくても、ほかの楽しみに向かってもらう。市内で買い物してもいい。ボーボリ庭園でトスカーナの丘陵を楽しんでもらってもいい。日頃は地元の美術館に行かない人が、一生に一度か二度フィレンツェに来るのに、団体客の一員として美術館に行くことに意味はない。現代社会にはもっとほかに楽しいことが多い。だから、本当の美術愛好家だけを選別している。

この差別化は、初心者とリピーターを分けることであり、名所旧跡を連れ回される物見遊山の客と体験型の客を分けて対応することでもある。リピーターが望む体験が美術館だけでなく、コンサートやイベントに広がれば、入館方法だけでなく、時間や場所を区別して、同一都市でも趣もその深さも異なる体験を提供できる。これが持続可能な観光計画として導入された予約システムの考え方である。加えて長期滞在型の外国人には、地元住民との触れ合いを演出し、アートと文化の学びの機会を提供する。

この仕組みは、クルーズ船が来ないフィレンツェでは有効な方法であるが、初心者が多く、美術館に行く客が少ない今のヴェネツィアでは使いにくい。１２５年も前、フィレンツェに先駆けてビエンナーレを始めたヴェネツィアは、世界最初の芸術の都だった。その後、芸術も観光も大衆化した。受入れ限度を決め、観光客を選別しなければ、もはや芸術都市を守れない。

富裕層・多忙層へ対応した美術館

一方、美術館予約システムには、別の利用方法もある。その一つが、１９９０年代にバチカン美術館が始めた閉館後の貸し切り利用である。もちろん特別料金が要る。しかし、一生に一度、相当な金額を払ってでも、たった一人で、あるいは夫婦二人でバチカン美術館を独占してみたい人がいる。それも結構いるらしい。この取組みが、ユニークベニューとして日本にも広がった。丁寧な使い方が求められるが、文化遺産の中でパーティやイベントを開催することもできる。

美術館、博物館もすでに長い歴史がある。近年のデジタル化で収蔵品をネット上で公開している。バーチャルな体験とリアルな体験、あるいはより深い体験、学習の機会を多様に提供し始めている。ただ、見て回るだけの場所ではない。いろいろな活動に利用されてもいいのだろう。

今や博物館をみんなに等しく開かなければという時代ではない。市民革命の勝利を祝って、民衆がルーブルやヴェルサイユ宮殿を闊歩した時代は終わった。教育機会を求める労働者が高尚な文化に触れたいと渇望しているわけでもない。現代の情報化社会はあらゆる文化へのアクセスを容易にした。その結果、本当にそれを求める人のアクセスを難しくしている面がある。

そのため、ヘビーユーザーを確保する工夫もしている。日本にも広がった取り組みの一つだが、金曜の夜に開館時間を延長している。地元の市民が勤め帰りに寄っていく。静かな夜はコンサートもいいが、美術鑑賞もいい。もちろん、美術館で開催されるコンサートもある。世界的に有名な美術館でも、地元の市民に愛されなければ、本来の役割は果たせない。市民と交流することで、時代に即した役割を果たせるし、観光客の期待に応え、観光客に新しい美術館の役割を示し続けることができる。これらの動きの背景には、後で紹介する長年にわたる西欧諸国、ヨーロッパ連合（EU）の文化政策と観光政策の発展がある。長い議論と試行錯誤の結果である。

商業サービスの適正配置

商業サービス業の再配置計画

歴史的都心部全体に観光客を分散、誘導し、その経済効果を均等化する商業サービス業の配置計画もよく検討された。都心と観光拠点ごとに広場・歩行者空間を配置、夜間のライトアップやストリートファニチャーの改善で買い物・飲食の質を高めた。高額な買い物、飲食しない客でも楽しめる個性的な店や、若者が安く楽しめるカフェを誘導したのである。さすがに主要な観光地付近では見ないが、その周辺にはマクドナルドがあり、ファストではあるがカフェテラスがある。外国人観光客が、地元住民と最近増えている移民と一緒になって深夜まで楽しんでいる。

1980年代には、サンマルコ広場のヴェネツィア最古のカフェ、フローリアンには高くて入れない客がその周りを取り囲み生演奏を聴いていた。この40年近くで観光客は4倍に増えた。世界中から初めてヴェネツィアを訪れる人が毎日2万人来て、サンマルコ広場を埋め尽くす。

今は、ごく一部の慣れた外国人観光客はサンマルコ広場からだいぶ離れた、奥まった小さな運河沿いで楽しんでいる。町外れの公営住宅地区にも住民はいるから民泊も増えてきた。ハンバーガー一つで座れる安い店がある。裏町でも町並み整備が進み、若いアーティストが集まるギャラリーや小劇場がある。運がよければ、地元の若者と交流できる。

この種の取り組みは、イタリアの多くの都市でパブリックスペース（公共空間）の改善として今も続いている。歴史都市にはさまざまな古い建物がある。そのすべてが開放されているわけではない。お金持ちだけが利用できる高級ホテルやレストランもあれば、誰でも入れる教会や広場がある。その広場や街路、そこから見える町並みなどを公共事業として整備する。店側も広場や街路に面した建築や調度品、広告物のデザインを改善する。市民の合意が得られれば、車両進入禁止にすればいい。土日の午後だけ進入禁止にするだけでも集約効果は大きい。

少し古い話になるが、1990年代には外国人の買い物客がよく集まるローマやパリで都心のショッピング・ストリートを再編する詳細な商業立地計画が議論された。今では、より小さな地方都市でも住民を説得して、都心でマイカーや事業用車両を規制し、都心の大部分をモール化している（写真4・5）。住民の車利用を制限しても、都心の店舗の売上を伸ばしたい。市民の車が都心を走っても排気ガスを出すだけだが、外国人観光客が

写真4・5
小都市フェッラーラもモール化で都心を再生

買い物を楽しめば、かなりの金額を消費してくれる。だから、一人でも多くの歩行者を求めるための交通計画が必要になったのである。今の町並み保存地区やそのモール化は当時議論した商業計画と交通計画の成果である。

中国人観光客とアウトレット・モール

2010年代の中国人観光客の急増でも同じことが繰り返されている。1970年代後半の日本人よりもはるかに多い中国人が都心のブティックで買い物したらその影響は大きい。だから、高速道路で遠く離れたアウトレット・モールに行ってもらう。そこまでしても、歴史的都心部の市民生活と地元企業の経営環境を守ることが観光政策として進められる。実際、ローマとミラノは言うまでもなく、フィレンツェ、ヴェネツィア、ジェノバ、ナポリにも人気のアウトレット・モールがある。中でも、一番人気、二番人気はフィレンツェ郊外の「ザ・モール・アウトレット」（写真4・6）と「プラダ・アウトレット・スペース」である。ザ・モールは店揃えがよく、今も拡大を続けている。フィレンツェ・サンタ・マリア・ノベッラ駅（中央駅）横のバス・センターから30分おきに専用バスが出ている。近くには、ドルチェ&ガッバーナのアウトレット（写真4・7）もある。

ヴェネツィアにもノヴェンタ・ディ・ピアーヴェのデザイナーズ・アウトレットがある。ヴェネト地方の小都市風に、一部にはヴェネツィアを模した建物で、さながら観光客用のテーマパー

写真4·6　ザ・モール・アウトレット、フィレンツェ郊外の最大級のアウトレット・モール

写真4·7　ドルチェ＆ガッバーナのアウトレット・モール

クである。中国人だけでなく、もちろん日本人もけっこう多い。

歴史都市は、マイカーから公共交通優先になり、バスや地下鉄も日本並みに便利になり、鉄道や航空のシステムもすっかり現代化した。ＬＣＣ効果で急増した観光客に対しても、第４段階で整った多様なシステムを柔軟に活用して増加するタイプの異なる観光客を捌くことになった。

とは言うものの、ヴェネツィアのように長期間にわたって、観光客が増加すると根本的な問題、つまり混雑という段階を越えたより本質的な問題が歴史都市の課題となる。市民所得の上昇をはるかに越えた地価と諸物価の高騰、住民をはるかに上回る数の観光客が滞在する地区では買い物難民が出る。もちろん住宅不足は慢性化し、多少の公営住宅供給では追い付かない。文化遺産の劣化は目立つが修復予算は増えない（前掲表４・１）。最近では、民泊という新たな問題も起こった。そのつど、対応策を打つ自治体行政当局は地元観光事業者と協働し、市場を制御しつつ持続可能になるよう適度な観光政策を取り、観光行動を進化させる施策を続けている。[注11]

観光都市の町並み保存

アメリカ人観光客によるジェントリフィケーションへの対応

戦後の観光の大衆化による歴史都市への影響の第１段階は、豊かなアメリカ人がヨーロッパを盛んに旅行した時代である。同時に、国内の観光客も急速に増えていた。歴史都市の過剰な観光地化が問題だといわれた。お城や教会、旧王宮を活用した美術館や博物館周辺の住宅や店舗が土産物店に変わったからである。駅前や都心にもホテルやレストランが集まり、一般の都市と違って観光客向けの店舗が増えた。ローマやフィレンツェ、ヴェネツィア等のごく一部の有名都市だけではあったが、駅前だけでなく歴史的都心部[注12]と呼ばれ始めた旧市街地では、観光客の増加で最初のホテル建設ラッシュが起こり、住民の追い出しが進んだ。折から大都市では、密集した都心から郊外住宅地に住民が流出しており、空き家、空き室が増えていた。庶民向きの低家賃の老朽住宅や地元住民向きの零細な商店が売られ、ホテルやレストラン、豪華なブティックに変わった。観光事業者だけが原因だったわけではないが、集合住宅がホテルに転じたことから都心住民が押し出されるジェントリフィケーションとして批判する人もいた。

実際、1960年代から70年代当時、ローマでも歴史的建造物の多くがホテルに転用され、都市保存論者はファサードや外壁だけを残し、内側をすっかりモダンに改造する大型ホテルを問題視していた。当時ローマやミラノ等の大都市の都心部では大型オフィスビルが増えていて、貴族や上流階級の邸宅として建てられたバロック建築や1871年に統一イタリア王国の首都となった後に建った新古典主義建築が次々と改造されていた。その対応策として、中をそれまでの住宅や工房のプランのまま使い、客室の大きさがバラバラ、部屋ごとにレイアウトが違う、それも小規模な「ブティック・ホテル」がこのときに生まれた。外観、外壁だけでなく、歴史的都心部の「都市組織（敷地形状）」と個々の歴史的建造物の「建築類型」[注13]を保存しようという建築史学による保存理論が発達し、多くの自治体によってマニュアルが作られ、広く実践された。

ローマ市では、テヴェレ河沿いのトル・ディ・ノーナ地区の町並み再生事業が有名になった。もっと有名なのが、ボローニャ市が始めた都心の庶民住宅地区の再生事業であるサン・レオナルド地区、ソルフェリーノ地区である。[注14]こちらの方式は、建築類型を踏襲するだけでなく、都市組織という敷地形状とその集まり方も変えないようにした。ただし、対象とした地区の庶民住宅は相当老朽化しており、敷地形状と平面構成をそのままに、RC（鉄筋コンクリート）造ですっかり建て替えた。もちろん設備は一新された。それを市営住宅として低所得者に安く貸し出す方式は、他のイタリア都市に広がっていった。観光客が急増した最初の段階で、歴史的都心部を保存し再生する建築、都市計画手法が確立したため、観光公害で文化遺産が劣化することを阻止したのである。

また、都心にホテルやレストランが増えても、その従業員は遠い郊外から通っている。そこで、都心の隣接地で空洞化していた工場や造船所、鉄道工場等の跡地を住宅団地に再生する事業が進んだ（**写真4・8**）。都心に近いといっても観光客はこない。歴史都市といっても工場跡、そこにイタリア各地から移り住んだ市内の従業員や東欧諸国等から働きにきた人々が住み始めた。かつての工場労働者用の住宅もあるが、新たに町並み風に建てられた公営住宅もある。ヴェネツィアの場合はヴァポレット（水上バス）が今も走っている。一世代前の都市政策で公営住宅による都心再生を進めていた。ただ、それだけでは現在のオーバーツーリズムには対抗できなかった。

歴史的建造物の保存から正しい活用へ

ヨーロッパ都市の中でもイタリアの歴史都市は町並みがよく守られている。この経緯は『にぎわいを呼ぶイタリアのまちづくり』[注15]などでたびたび紹介しているので、ここでは詳しくは述べない。ここで指摘したいことは、歴史的建造物は保存されたが、その中身、建築用途や中に暮らす住民、営まれる店舗はすっかり変わったことである。そもそも活用されなければ空き家になる。空き家になれば維持も管理もされなくなる。フィレンツェ

写真4·8　ヴェネツィア、小麦倉庫を再生した公営住宅

市で１９８８年に開催された第２回世界歴史都市会議のテーマ「昨日の都市を明日の人間に」はこの問題意識に沿っていた。未来に生きる市民のための歴史都市の正しい活用法を示さなければならない。

とはいえ、未来を予測するのは難しい。歴史的都心部の保存が法的に義務付けられた１９７０年代には、イタリアの都市でもまだ郊外化が進んでいた。若い住民は都心ではなく、郊外の団地に住むことが一般的で、人口は郊外で増えていた。その結果、都心部は過疎高齢化、空洞化が進み、経済力のない中小都市では都心が荒廃し、反都市化、非都市化と呼ばれていた。

オフィス需要が旺盛な大都市、観光客が増えていた都市では、住民が減少した都心で再開発が進み、歴史的町並みは壊されるか、外壁だけ残してオフィスやホテルに改造されていた。そのときには、現代のような都心回帰が起こることを想像することは難しかった。前述したボローニャ市やローマ市の歴史的都心部の老朽建築物を住宅や店舗として再生することは、理想主義的ではあったが、ここまで広がるとは思えなかった。

しかし郊外化は思いのほか早く反転し都心回帰が進んだ。その原因は、第一にイタリアでは１９７０年代に人口増加が止まったこと、第二に大都市への人口集中も止まったことにある。イタリアの脱工業化は早く、製造業からサービス産業中心の就業構造への転換が早かった。大都市の雇用力は低いわりに、生活費がかかることもあっただろう。地方で暮らせば親兄弟の支援も得られたのだろう。人口増加が収まった都市ではもう郊外の公営住宅の人気はなかった。

さらに、家族形態の変化も影響した。婚姻率が下がり、離婚率が上がった。もちろん出生率は日本同様に低い。一人暮らしが増え、結婚せずに親と暮らすパラサイト・シングルが増え、独身のまま中年になり高年齢の親と暮らす人が増えた。雇用は不安定で失業率は高く所得は低い。日本のように年功序列型雇用の大企業に就職する道はまったくと言っていいほどなく、個人の才覚で道を開くしかない。だから、個人事業主になって成功する道を選ぶことになった。郊外の団地に住むようなサラリーマン人生を送りにくいのである。

現在の日本で進む都心回帰では、都心のタワーマンションを選ぶ人が多い。結局、郊外の団地同様、みんな同じようなマンションに住む。イタリアとは大きく違う。イタリアでは、不揃いだが個性的な建築ストック、都心の古家を探すか、近くの農村に安い家を探す人が多い。

町なかの歩行者空間化

観光客のまち歩きに応えた歩行者空間化

こうして歴史的町並みの保存が進むと、大勢の観光客が歩くようになった。昔ながらのレストランやバールが古さゆえに外国人の人気を集めた。そうして外国人が集まるお洒落な店も増えた。

地元の若い経営者が新たに店を開き、空き家だった老朽建物の内部がリノベーションされ、若者が住み始めた。ちょうど、ニューヨークのグリニッジ・ビレッジやソーホーにヤッピーが住み始めたように、都心の古い地区に新しい文化が生まれてきた。ローマ市では、テヴェレ河沿いのトル・ディ・ノーナ地区に始まり、1990年代には工業地帯に隣接するテスタッチョ地区でも新しい人々が元気に活躍し始めた。都心とその周縁部に人口と経済活動が戻ってきたのである。

歴史的都心部が元気になると、そのエリアから車を排除して、歩行者化する取り組みが進む。21世紀最初のローマ市のマスタープランでは、公共交通優先の施策が打ち出され、歴史的都心部のほぼ全域で車線が減らされ、歩行者専用の街路が延ばされた。1980年代初めのローマに暮らした私にはにわかに信じられないことだが、スペイン広場からパンテオンまで、今ではその先のナボナ広場まで歩行者専用の街路が続いている。歩きやすくなった分、観光客が集まる。店が増え、一昔前にはすっかり空洞化していた歴史的都心部に住民が戻ってきた。

まちを歩く観光客が下町を活性化

観光客は大衆化するとともに、歴史的都心全体に広がっていった。前述したハリウッド映画『ローマの休日』（1953年）でオードリー・ヘップバーン演ずる宮殿を抜け出した王女は、たった一日の休日をローマのスペイン広場でジェラートを食べ、トレビの泉前では髪を切ってすごした。二人乗りのヴェスパ[注16]（スクーター）で町並みを疾走した。その映画を見た観光客は、名所旧跡巡りでなく、ローマ市民の暮らしに憧れ、広場や街角で市民と一緒に楽しみたいと思った。だから、ウインド・ショッピングや買い物して歩くことが、観光行動の中心だと考えるようになった。テヴェレ川の水上ダンスパーティの場面も有名で、市民のイベントを観光客も一緒に楽しむことが日常化した。それまでは遠来の賓客だった観光客が、旅先で出会う人々の暮らしを体験する。この観光の大衆化で、観光客の行動が変わり、消費は広がり、歴史都市の様子が変わった。

観光客の増加で、有名ブランドやファストフードばかりが栄えたわけではない。地味な伝統工芸品、老舗のチョコレート、修道院発祥の香水や石鹼の店もアメリカや日本の雑誌に紹介され、テレビの取材まで受けるようになった。そんな店が集まる町並みはもっと有名になった。

個性的な小さな店を見いだし、下町の魅力を広めたのは、昔からそこに暮らす市民ではなく、途切れなく訪れる観光客だった。市民だってもちろんその魅力を知ってはいるが、世界中に発信したりはしない。自分だけで愛好して満足していた。そもそもどんな魅力的な店や町並みがあっても、大勢の観光客に来て欲しいと思う住民はいない。

もちろん、観光客が来ることでイタリアの主要都市の都心商業が勢いづいた。やがて中小都市の都心部の店と町並みにも人気が集まるようになった。今では、むしろ地方小都市の個性的な店のほうが客を集めている。食文化が世界的に人気になれば、スペインのサン・セバスティアンに負けないグルメ文化はイタリア中にある。トスカーナ州のブルネッロワインで知られるモンテ・

プルチャーノやピエモンテ州のバローロワインの産地ランゲ等はエノガストロノミー[注17]観光で世界中の観光客を集めている。世界文化遺産にも登録された。

　こうして観光客が集まった数々の地方小都市は、そのユニークな生活文化を発信するのにふさわしい歴史的町並みを守っただけでなく、現代を生きるホストとゲストが交流する観光文化都市に成長した。住民と観光客が歩きやすい交通環境、石畳の街路と写真映りのいいパブリックスペースを整えた。１９５０年代の古写真（**写真４・９**）と現在の町並みを見比べてみるといい。イタリアの歴史都市は当時のままに保存されたわけではない。美しく磨き上げられている。看板や広告等余分なものをそぎ落とし、美しいショーウインドを引き立てるように建築デザインを誘導している。ある意味、ディズニーランドのように美しく演出された町並みの中で、大勢の観光客が魅力的な商品に彩られて、暮らすような旅ができる。

写真4･9　1950年代ナヴォナ広場（ローマ）

（出典：Descrizione: Sciopero dei tassisti a Piazza Navona, Anno: 1967 Fotografo: Rodrigo Pais Fonte: Archivoi Rodrigo Pais - Universita di Bologna Aggiunta da Loredana Diana）

ＥＵの文化観光政策と〝創造都市論〟

外貨獲得から文化産業振興へ

戦後の西ヨーロッパ諸国の観光政策も当初は、外貨獲得目的で補助金を出す程度のレベルだった。１９６０年代後半、バカンスが普及すると文化と観光部門の消費が目立って拡大し、市民の要求も高まった。その後、１９７０年代半ばから80年代に、製造業の地盤沈下が進んで、大都市の荒廃や失業等が社会問題化したとき、文化と観光がサービス部門の雇用を増やし所得を向上させることが認識され、文化と観光を経済政策に取り入れるようになった。

１９８０年代末にＥＵの政策として「文化観光」（cultural tourism）が提唱され、各地で文化的なイベントが活発に行われた。都市だけでなく、農業が衰退した農村部ではアグリツーリズモやグリーンツーリズム振興策が進められた。しかし、文化観光が「文化」の側から提案されることはほとんどなく、常に「観光」の側から提起されていた。文化部門は「観光」を軽視し、予算獲得のために観光向きの活用を進めるといった消極的な姿勢が続いた。それが１９９０年代に入ると、都市単位の文化観光振興策の枠を大きく超えて、ＥＵに集う各国政府の積極的な関与で文化観光は大きく変化した。イベントや地域固有の文化を見るには現地に足を運ばなければならない。

観光が経済と文化を結び付ける一方で、経済が文化と観光を結び付ける展開となったのである。

ＥＵの取り組み ―文化首都―

こうした流れの中で、ＥＵが文化観光への関与を強めていった道程は興味深い。ＥＵは経済共同体としてスタートし、発足時のローマ条約（１９５７年）に文化への言及はなかった。１９７４年に欧州の文化遺産の保護がＥＵの事業対象として追加され、１９７７年にはローマ条約を読み替えて、文化も経済社会の一部をなすものとの考えから、経済政策の一部として文化商品の生産と流通を政策の対象とすることを決定した。とはいえ、これはあくまで経済政策の末端にすぎず、文化と観光がＥＵ事業として本格的に取り組まれるようになるのは、１９９３年発効のマーストリヒト条約で取り上げられてからである。多額の予算を付けて大々的に展開されるのは、さらに１９９７年アムステルダム条約（第１５１条）を待たねばならなかった。

ＥＵの文化と観光政策の転機となったのは「ヨーロッパ文化首都事業」[注18]である。この事業は、特定のヨーロッパの一都市を1年間ヨーロッパの文化首都に指定し、指定された都市は自国の市民はもとより、ＥＵ諸国やＥＵ外の国々からの観光客がヨーロッパを代表するその都市固有の文化に親しむ機会を増やし、文化観光を通じて都市のイメージアップや経済活性化を図ろうとするものである。１９８３年にギリシアのメリナ・メルクーリ文化相（当時）が提案し、これをＥＣが補助対象事業として取り上げ、第1回をアテネとして１９８５年にスタートした。ギリシア政府は自国の古代文化をあまり重視せず、世界的に著名なアーティストを招聘する文化フェスティバルを計画した。文化芸術の中心を目指したのだろう。第2回のフィレンツェ（1986年）は逆に、同市の歴史遺産の重要性をひたすらアピールした。とはいえ、第5回のパリ（1989年）の場合、もともと文化芸術活動が盛んなため、文化首都事業はすっかり埋もれてしまい、ほとんど記憶に残らなかったという。[注19]

このプロジェクトのコンセプトを大きく変えたのは第6回のグラスゴー（1990年）だといわれる。グラスゴーは工業都市で、芸術文化ではエジンバラに大きく遅れをとっており、そもそも英国政府が衰退したこの産業都市を文化首都に選んだこと自体が異例であった。パバロッティをはじめとするビッグネームのアーティストを次から次へと招き、周囲がびっくりするほど大量の文化イベントを行って観光客を集め、結果として3千200万ポンドの観光収入を上げたという。対象がもっぱら国際アートであったため、EUの補助金は地元アーティストの育成に使えとか、市の貴重な予算は社会保障や住宅の充実に回せとかいろいろ批判もあったが、巨額の文化投資が大量の観光客の来訪で報われ、市のイメージアップに大きく貢献したと評価された。グラスゴーは文化首都プロジェクトを意図的に都市再開発の手段として使ったのである。

グラスゴーの経験はその後の都市にも引き継がれ、純粋な文化イベントというより都市の活性化を目指した、当該年限りのイベントではなく将来の都市構想を踏まえた企画が主流になった。

経済と文化と教育と観光が融合し、地元住民や産業界を巻き込み、環境戦略を重視し、財源も多方面から集まって大イベントに成長していく。ＥＵがヨーロッパ文化年に指定した２０００年には一度に９都市が指定され、その後複数の都市が指定されるようになり、現在２０２２年までの都市名が、２０３３年までの候補国名が発表されている。文化の力で都市を再生することを「創造都市」政策と呼ぶ流れは、その後世界に広がった。

文化首都のもう一つの効果 ―市民参加―

２００５年10月にマルタで開催されたＥＵの第４回観光フォーラムの記録を見ると、文化はヨーロッパの多様性を表現する一方で、ＥＵが必要とするヨーロッパのアイデンティティそのものとして重視され、文化の消費の一形態である観光が統合ヨーロッパの将来に重要な役割を果たすであろうとの認識が政財界のトップにまで浸透していたようである。

考えてみると、わが国でもよく似た経過をたどっているように見える。観光立国宣言には具体的なビジョンに欠ける嫌いはあると思うが、産業経済最優先のあり方に一石を投じるものであった。文化と経済、観光を政策的に強調する点など、日本が、ヨーロッパの文化政策、観光政策の実践とその効果から学ぶべきことはまだ多そうである。現に日本でもヴェネツィアのビエンナーレやカーニバルを想起させる小さな都市の文化事業が増えてきた。

美術館、博物館の新しい取り組みは、欧州文化首都事業以降のことである。ＥＵを上げて取り組んだこの文化政策は、文化遺産の活用、それもヨーロッパらしい賢い活用に道を開いた。その結果は、観光面だけでなく、文化財政策に大きな影響を及ぼした。[注20] 地方分権化、民営化、市民参加という三つの改革が一気に進んだのである。文化遺産への関心は、芸術への理解を深め、観光資源として多様に活用する道が開かれた。

この事業は、もちろん文化観光、文化遺産観光の振興に多大な効果があったことは言うまでもない。もう一つ、文化首都に指定された都市では、イベントに地元市民の参加が不可欠だったことが大きい。そもそもイベントを地元の市民団体が企画し、運営することが多く、美術館、博物館、劇場、オペラハウス、コンサートホール等と市民、行政の密接な協力関係が生れた。遺跡や産業遺産と呼ばれる廃工場、造船所跡等が文化・芸術イベントの会場によく利用されるようになった。こうした市民発の手作りイベントは話題となり、周辺の都市や近隣諸国からの来訪者が増えた。日本各地でもよく似た事例が増えている。ヨーロッパの自治体の多くでは、コロナショック後の観光再生に向けて、地元住民を巻き込んだ事業が検討されている。

その一つが、まず地元住民に、やがて遠来の客に持続可能な観光を実体験してもらう「スローツーリズム」の取り組みである。ローマ、フィレンツェ、ヴェネツィアといったゴールデンルートを外れた小さな町や村をウォーキングやサイクリングで辿る小グループ用の44のルートが最近売り出された。イタリア版のサンティアゴの巡礼路だという。

持続可能な観光の模索

歴史と文化を商品化し、持続可能な観光へ

こうして観光客の大衆化、そしてその後の成熟とともに町並み保存が進み、歴史都市の文化活動が活発になってきた。第6章で述べるように、世界各地で数々の自治体は地元住民と事業者、そして専門家等と協議を重ね、さまざまな手法で観光客を制御してきた。その経験から持続可能な観光を目指した観光政策[注21]が展開された。

ＵＮＷＴＯは２０１７年を「開発のための持続可能な観光年」とし、サステイナブル・ツーリズムの振興に努めてきた。２０１７年にソウルで、２０１８年には京都で文化観光の国際研修を実施し、２０１９年12月にはユネスコと共催で各国の観光・文化の大臣が参加する第４回観光と文化をテーマとした国際会議を開いた。そのプロモーション・ビデオで「トラベル・エンジョイ・リスペクト」を連呼し、観光する多くの人々が多様な文化への理解を通じて、自分自身と地域社会をよりよい方向に変えることが観光の目的であると唱えている。次世代の人々が望むよりよい社会の実現に、観光と文化を役立てようという。

将来世代のニーズを満たすためには、まず、歴史都市の文化遺産を保護すること、そして保護するための経済力を持続することである。そのためには今を生きる世代のニーズを満たし、歴史

都市を賢く活用した文化観光、歴史と文化を商品化することが一つの方法だとされる。現在分かっているさまざまな活用方法の中で、文化遺産を活かす最良の道は創造的な文化・芸術活動に活かすことである。文化・芸術は幅広い。古典的な領域に留まってはいけない。サブカルチャーを含むポップアートを歓迎し、食文化を含む幅広い生活文化の領域に広げる取り組みが進んだ。

押しと引きの観光政策

だから、伝統文化を継承する人々だけでなく、伝統文化を理解し、愛好する若い人々を国の内外から受け入れ、彼らの新しい発想を活用したい。歴史都市の社会経済の持続性は、伝統文化を継承する若者と、伝統工芸(産業)を現代化し、市場を創り出す事業者だけが進めてくれる。だからその日限りの観光客に見せて無駄に劣化させるのでなく、創造性を発揮できる人材による活用を最優先する。

文化遺産の賢い活用、利用を巡る議論はイタリアでも進んでいる。オーバーツーリズムの時代、より多くの観光客に公平に開いたりはしない。十分な費用を払ってでも本物を見たい人にだけ開く。昨年、ピサの斜塔の入場料を見て驚いた。18ユーロで予約制、誰でも登れた1980年当時と違い、今は急増した世界中の客が押し寄せている。値上げと予約、入場を厳しく制限しなければ文化遺産は守れない。美術館やコンサートも同様、広く開いて普及させる時代ではない。集中する世界遺産から押し出した観光客を広く分散させ、新たな魅力で未指定、未登録の文化遺産に引き付ける。押し出し、引き付けるために料金を設定し、駐車場を整備する。地元住民が嫌う貴重な文化遺産を齧って逃げるだけの観光客を抑制しなければならない。

こうした政策は市民参加で進んできた。イタリアの自治体には参加の十分な経験があり、開かれた議論の場がある。これまでも述べた歴史的都心部の自動車流入規制をめぐって、ミラノ市をはじめ各都市でたびたび住民投票が行われた。現在ではロード・プライシング[注22]の議論も進んでいる。日本でも、町並み保存や都心再生、モール化や公共交通優先政策を進めてきた。環境面や交通需要マネジメント（TDM）[注23]からの提案が多いが、その経済効果への理解は浅い。まして、観光空間として都市を整備しようという発想はあまりない。

一部の都市に留まる日本の国際観光対応

日本の都市は、西欧の多くの歴史都市が戦後75年にわたって経験した国際観光の歴史をまだ知らない。国内の観光市場は拡大し、20世紀の後半には日本人も盛んに世界中を観光して回った。世界の歴史都市を楽しんだ日本人観光客は肥えた眼で京都や倉敷、金沢等の国内の歴史都市を見るようになった。だから、今ではアートやクラフトのレベルが上がり、さまざまなパフォーミング・アートも受け入れられた。また、それぞれの歴史都市固有の文化を活かした品々を揃えた店、小さくお洒落な飲食店が増えているのは、日本人が長年の海外旅行を通じて体験した文化接触の成果と言っていいだろう。

しかし、世界の影響を受けないままに孤立し、国内観光の経験しかない地方都市が、日本にはまだ多い。日本の高度経済成長期の団体客が多かった時代と、国際観光市場が急成長する現在とでは、市場の様子はすっかり変わった。

高齢化した地方の事業者は、自分が若かった時代に楽しんだ観光地を参考にして、客が来ないと嘆く。過去の観光客をイメージして今の観光地を作っている間違いに気づいてもくれない。昔は古い町並みが色褪せて見え、新しい高層ビルが輝いて見えた。今は高層ビルがくすんでしまい、古い町並みがお洒落に見える。進んだ欧米先進国の観光文化を知ることもなく、観光市場の中で急速に成長しつつあるアジアの消費動向を詳しく知ることも深く考えることもない。観光政策がある意味ガラパゴス化している恐れがある。だから、近年急速にインバウンドが増加し、途方に暮れていた。それが一瞬で消えて後には、もう二度と来ないでほしいと言う人までいる。だが、国内観光客もすでに国際的な観光水準を体験してしまっている。これから先、地元に残された町並みを輝かせる若い才能を大切にし、ヨーロッパの歴史都市で戦後75年間に経験され確立した観光まちづくりの経験を受け入れるべきである。

日本ではこの間急速に高齢化が進んだ。地方では人々の意識も高齢化している。従来のやり方をなかなか変えられない。もちろん守るべき伝統文化がある。祭りなど伝統行事や地域色豊かな食文化など多様な生活文化がある。しかし、革新すべきものも多い。古いものの良さを評価し、まず地元の人々、そして他地域の人々にそれを伝える努力、そのために若い人材が要る。

やがて海外旅行が解禁されたら、イタリアの地方都市を回ってみてほしい。著名な観光地でなく、ご自分の町より小さな、でもその土地の魅力を上手に発信する町や村を見てほしい。田舎の町はもう色褪せてはいない。田舎の町並みもお洒落になった。そして、あなたの町でもできることが多いと気づいてほしい。できればそれを、奥さんや娘さん、女性の眼で見てもらうといい。

アグリツーリズモが盛んなイタリアでは、コロナ対策の一つがスローツーリズム、田舎を歩く観光である。3月21日をピークに減り続けた感染者数が8月中旬から再び増加に転じ、10月2日には4月以来の2千人を初めて超えた。6月初旬にEU諸国との出入国を認め、人の移動が増えた影響だという。それでもイタリアの第二波の感染者数がスペインやフランス、イギリスより少ないのは、3密を避け、マスク着用や手洗いといった対策が取られているからだろう。だからスローツーリズム、田舎の魅力を味わうウォーキングやサイクリングの旅である。

ヴェネツィアやフィレンツェを避け、田舎の宿やレストランを数名で回るからスローツーリズムだという。3月のパンデミックが深刻で、今も後遺症に苦しむ人が多いイタリアでは観光回復を慎重に進める。コロナ時代の先には、ホストとゲストが3密を避け、安全に交流するな持続可能な観光が模索されている。

第5章

観光を活かしたイタリアの稼ぎ方

ホストとゲストの出会いが生んだスモールビジネス

歴史的環境を活かした厚利少売

ホンモノの歴史的環境に店を構え、いかにも歴史に根ざした商品のように演出

アメリカ人中心の観光市場に、1980年代以降は日本人などの非欧米系の観光客が加わって、メイドインイタリーの市場規模が拡大した。こうしてフランスやイタリアには、第2、第3世代のブランドが生まれ、そのマーケティングも多様化したように見える。今は最大のマーケットの中国を意識しないではいられない。この過程をもう少し詳しく見てみよう。

日本人がまだヨーロッパ観光を知らない時代、輸入品は高嶺の花、手が届かなかった。舶来物と言われ、人気の高かったヨーロッパ製品は、豊かになった日本人の憧れの的だった。そこで日本の商社や繊維産業がクリスチャン・ディオール[注1]やピエール・カルダン[注2]など、すでに1960年代に世界的ブランドとしてオートクチュール、プレタポルテを各国で事業展開していた企業と結び、輸入していた。さらに国内でライセンス生産し、より安く製造販売した。そのカルダンは1972年にピエール・カルダン・ジャパンとして日本に進出した。

その後、日本人がフランスやイタリアに観光旅行するようになり、憧れの現地本店で買い物することを覚えた。それが、観光のメインイベントになった（写真5・1）。ハワイやアメリカに出

写真5･1　2000年当時のコンドッティ通（スペイン広場前、ローマ）

かけても、ヨーロッパのブランド品を買うほどだった。とくに、花のパリやローマでホンモノの最新のブランド品を買えることが重要だった。そんなホンモノになった自分に満足したのだろう。ガイドブックを通じて、ブランドの物語は詳しく紹介され、多くの日本人の憧憬を誘った。

そんな日本人の意識を知ってか知らずか、事業者はホンモノの歴史的都心部で、ホンモノの歴史的建造物に店を構え、いかにも歴史に根ざした商品のように演出した（**写真5･2、3、4**）。当然のことだが、歴史都市は千数百年、建造物は数百年、しかしそのブランドの歴史はせいぜい数十年、その商品には数年の歴史しかない。店と商品は新しいものの、それが歴史的建造物に入る

写真5·2　コンドッティ通フェッラガーモ・ローマ店

写真5·3　コンドッティ通トラサルディ・ローマ店

写真5･4　スペイン広場マクドナルド店

ことで新たな商品価値、ブランド価値を備えたのである。フランスよりも歴史の浅い、イタリアのブランド事業者はとくに上手に演出したと思う。イタリアの歴史と歴史的都心部とその建築文化、それを自らの商品の文化的価値として活用したのである。中でも、ミラノは世界最高水準のブランドショッピング都市になった。

もちろん、イタリアの歴史都市にも尊敬されるホンモノの老舗がある。数百年続いた店もあれば、伝統産業も数多くある。伝統技術を継承する職人がいて、伝統芸能や伝統行事を支える製品を作り続けている。繊維製品、皮革製品、ガラス、金属、陶芸など、いろいろな分野に老舗が残っていた。それが、観光市場の急拡大の影響で投資家の攻撃に晒された。老舗にとっては、自社ブランドを国際化させるか、そのまま消滅するかという選択だったとも言う。

また、安価な工業製品が市場を席捲していた時代、地方の老舗は危機的状況にあった。小さく、静かに老舗を継承していた零細事業者にとっては国際化はリスクの大きい話だったかもしれない。アメリカ人や日本人観光客は規模が格段に大きいグローバル市場を連れてきた。望んだわけではないのに、店の前に巨大な世界市場がやってきたのである。店に飛び込んできたバイヤーは、老舗の商品をニューヨークのデパートで売りたい、東京の店に置きたいという。そんな申し出が毎日続く。それで道を誤った人もいただろう。これをチャンスとして活かせた人は、実際は少なかったと思う。

農村への広がり ―働き手にもなった東欧からの観光客―

さて、90年代の東欧諸国の登場は、市場拡大にもわずかには繋がっただろうが、ほとんど影響はなかった。自国の通貨が弱くて買い物できない東欧人観光客が求めたものは、大量の公衆トイレ、長距離バスの駐車場、低価格商品、ファストフード、ファストファッション、露天商や駅の売店だった。そして主要観光都市の高物価で買い物や飲食、宿泊しない人たちのより価格の低い地方への観光行動の広がりだった。最初は抵抗感が強かったが、イタリアにとってありがたかったことは、その後西欧諸国の文化や学術に憧れて移住した東欧出身の若者が貴重な労働力として観光産業を支えた点にある。2000年以降に増加した移民の中に教育レベルが高く、作り手、売り手として観光市場を支える若い人材が育った（図5・1）。その多くは留学生なのだから憧れのイタリア文化への理解が深く広い。イタリアの豊かな農村の魅力も上手に語ったという。

拡大した市場への対応
―薄利多売でいくか厚利少売でいくか―

そして今、拡大した東アジアの顧客を選別してビジネスに活かしている。フィレンツェやミラノの郊外高速道路沿いにアウトレット・モールができた理由は急激な量的拡大を、歴史都市から排除することが目的の一つであろう。多様な顧客を対象に価格も多様化した。ブランド品を大量に買うのはアメリカ人が最初だった。次が日本人、そして今では中国人が中心になった。しかし、それは今や遠く離れたアウトレット・モールで進んでいる。長い時間をかけて、地元住民・事業者の合意を形成し、広告物を規

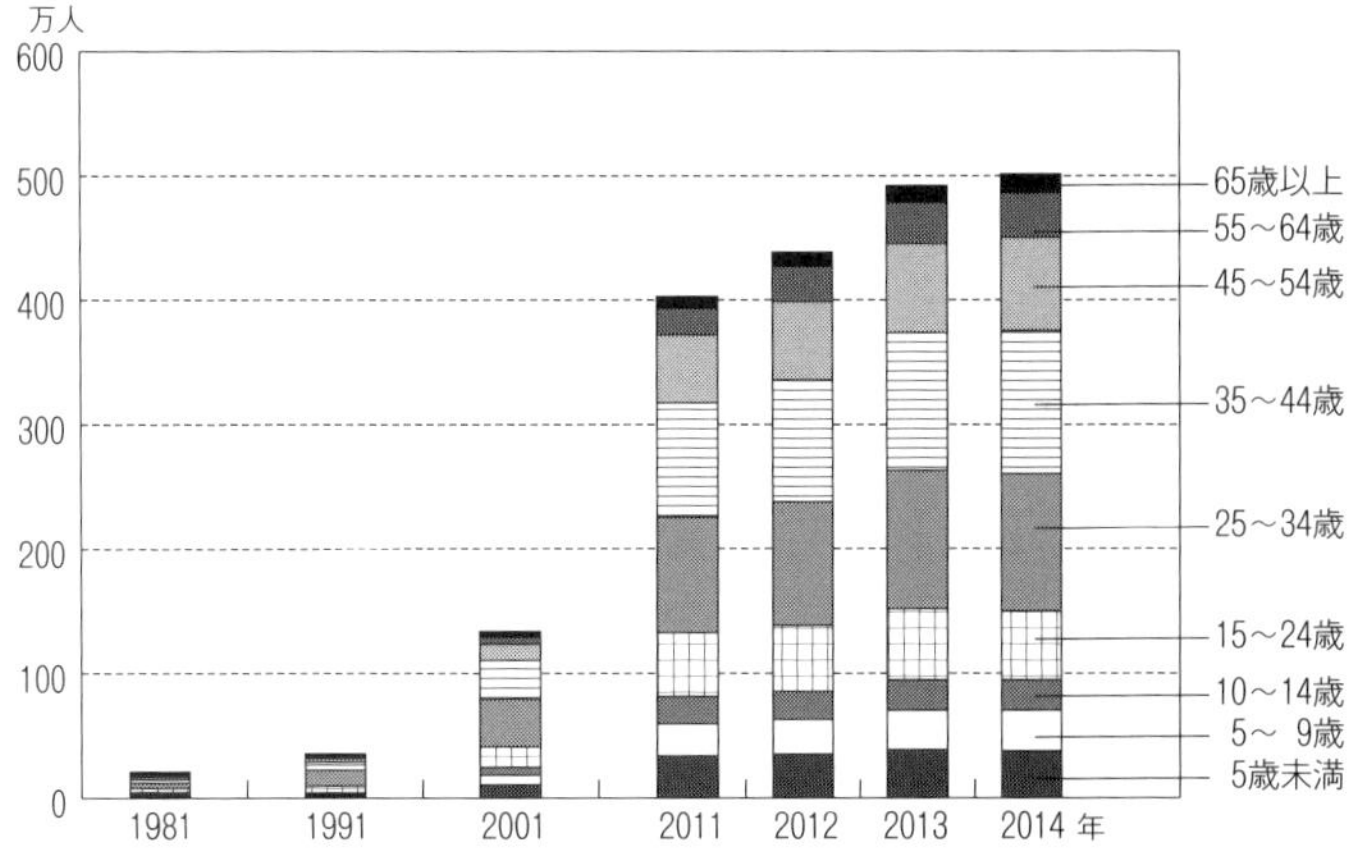

図5·1　外国人居住者数
（出典：ISTAT（イタリア政府統計局）『国勢調査』人口統計（1991～2011年）と『外国人台帳』統計（2012年～））

制し、街路照明に凝って、せっかく歩行者専用にして拡大してきた都心のブランド街を、その価値も分からない観光の初心者に荒らされては困る。最初はアウトレット・モールでまとめ買いしてもらえばいい。その商品を本国に持ち帰って、日々の暮らしが成熟し、買い物が上手になってから都心のブランド街に来てもらう。イタリア文化をどの程度受け入れたかによって、どこで買い物してもらうか、観光客のために上手に誘導している。

その原理は定式的に説明できる（図5・2）。売上高を総資本で割った値を総資本回転率という。客数を増やせば販売個数が上がり、売上を増やすことができる。一方、経常利益を売上高で割った値を売上高経常利益率という。高い値段を付けることで、売上高に占める利益率を上げることができる。この総資本回転率と売上高経常利益率を乗じると、企業の業績を知る目安となる総資本経常利益率が得られる。この値を上げるためには、回転率を上げるか、経常利益率を上げるかという二つの方法がある。簡単に言うと、「薄利多売」でいくか「厚利少売」でいくかである。

① 総資本回転率 $=$ $\dfrac{\text{売上高}}{\text{総資本}}$

② 売上高経常利益率 $=$ $\dfrac{\text{経常利益}}{\text{売上高}}$

③ 総資本経常利益率 $=$ 売上高経常利益率 $\times$ 総資本回転率

図5·2　売上高経常利益率と総資本経常利益率

観光客が増える一方だった時代には、回転率と利益率の両方とも上げる経営戦略が可能だった。他者との競争が激しければ、回転率だけを上げた。一方、観光客をこれ以上増やせないことになると、経営戦略を変える必要がある。観光客を分類し、大量に買ってくれる中国人では回転率を上げて稼ぎ、違いの分かる欧米人と日本人にはよいものを選別してもらう代わりに利益率を上げる。中国人客の回転率を上げるために、もちろん値段は下げる。そのため、販売コストも抑える。それが都市から遠く離れた農山村にポツンと建つアウトレット・モールである。土地代も建築コストも安く抑える。人件費も極力削っている。その反対が、歴史的都心部の店舗である。ブランド店ではなくても、魅力ある個性的な店が揃っている。若い才能あるデザイナーの店も集まっている。町並みを整え、モール化した都心でゆっくりと買い物を楽しんでもらう。違いの分かる客を都心に集め、若い才能を見せることで、ファッション産業と産地を育てているのである。京都市がその観光政策でラグジュアリーなホテルを誘致したいと言ったのは、この戦略である。そして城陽市の新名神高速道路沿いにはアウトレット・モールが計画されている。

この間にグローバル化がさらに進んだ。最初はイタリアの企業が中国の安い労働力を求めて生産拠点を上海や南京に置いた。そんなブランド品のコピーが中国市場にあふれた時代もあった。その後、中国の企業がイタリアに進出し、今では中国系企業がメイドインイタリーを作っている。もう商品には中国もイタリアもない。付加価値をどう評価してもらえるかである。

試行錯誤をへて成熟した市場

一筋縄ではいかない中国系旅行代理店

イタリアでも中国系代理店は一筋縄ではいかないという。注文が多く、値引き交渉が厳しく、商品やスタッフ、建物などの消耗が激しい。コスト割れギリギリを強いられるという。かつて、所得の低い東欧人が増えたとき、買い物しない客のために大量の公衆トイレや長距離バスの駐車場を用意し、無理して低価格品まで用意して対応した。だから、日本人と東欧人、二つの経験を参考にするという。つまり、発地業者を見極め、厳しく規制するとともに着地業者を限定し、丁寧に管理することで対応している。中国系でも悪質な観光事業者を排し、歴史文化都市の市場で、文化商品とサービスの質を守ることが業界と経済団体、そして自治体に求められる。

買い物好きな日本人が増えた時代には、専用の店は市外でも空港近くとし、歴史都市の文化観光と爆買的消費行動を分離した。中国人観光客の時代を迎え、本格的な爆買のためにアウトレット・モールをもっと遠く離れた高速道路の先に整備し（より分かりやすく大規模な大衆化）、やがて人数が多い中国人観光客を取り込むため、発地業者を見極め（悪質な中国系観光事業者の締め出し）、規制を通じて着地業者の優遇、限定策に転じた。再販価格制度（ブランド品の価格維持）確立などの手立てが必要になった。

日本の歴史都市での文化的効果

観光ビジネスモデルは段階的に発展するだけでなく繰り返しがある。小さな事業所はそれぞれの段階で、状況の変化を捉え、自らのビジネスを変容させてきた。観光客とともに、次々と新しい商品・サービスが生まれ、常に進化してきた。日々進化することが人気を集めた最大の理由である。とくに優れた進化形、商品・サービスは世界中に広がっていった。国際観光の経済効果は大きい。しかし、経済面だけでなく、文化面、社会面でも効果がある。とくに食文化の普及など、その後の社会を変えるほどの力もあった。異文化と接触することで、文化の伝播と受容が繰り返される。ここに、国際観光の実力がある。

すでに日本の歴史都市でも同様の文化的効果が見られる。歴史的町並みと町家を保存、再生し、新しいビジネスの場として若い事業者が活用する長浜や京都などの動きは、この20年でだいぶ定着した。全国的にもだいぶ広がってきた。これが、インバウンドの増加で加速していた。

京町家の活用を見てもその文化的効用は変化してきた。始まったばかりの１９９０年頃に、町家レストランを楽しんだのは若い日本人女性が多かった。小料理屋とも料亭とも違うカジュアルな店が歴史的建造物で営業していた。雑誌で紹介されると東京からの観光客が増えた。『Ｌｅａｆ』誌の「町家でごはん」シリーズは、東京の書店でたくさん売れたという。その後、雰囲気だけでなく美味しさでも話題になると、京都市内在住のOLや若い主婦層が増え始めた。

外国人観光客では韓国人が早かった。当時、韓国のTV番組でカジュアルな京都観光がよく紹介されたからである。その後も次々といろいろな外国人が京町家を楽しみにきた。せっかく京都に来たのだから京都らしい店で食事を楽しみたいと思ったのだろう。インバウンドが多くない頃から外国人客の割合は他店よりも高かった。

それがコロナショック前には、京町家でない普通の料理店に広がっていた。ホンモノの老舗料亭で本格的な京料理を楽しむ中国人、台湾人が多かった。最近増えた下京の町家カフェでは深夜の一杯を遅くまで楽しむ欧米人の若者が目立ったし、同じ町家レストランでもイタリアンには、イタリア人観光客が集まっていた。話を聞くと、日本食が苦手でイタリア料理を食べたいのではないという。よく知ったイタリアンが、日本人シェフの手でどれほど美味しくなるかを、日本におけるイタリア料理の本場と言われる京都で堪能したいのだという。

町家ビジネスに参入したまっとうな中国人事業者

一方、暮らすように旅するとして始まった町家ホテルを経営する中国人事業者がいる。京都好き、町家好きの中国人客のニーズに応えるためだという。中華料理や中国式旅館ではなく、高い日式人気に応えるためには、中国人を熟知した中国人事業者のほうが適しているという。われわれ京都在住の日本人が見ればかなり中国式なのだが、この微妙な和漢折衷が、現在の大部分の中国人にはいいらしい。その反面、すっかり日本人と見紛うばかりに装ったスタイル抜群の30歳代後半の中国人女性が、実に上品に町家レストランでワインと和食を楽しんでいた。よく見るとグラスの中は伏見の銘酒だったりする。町家レストランには有名な中華料理も入っている。日式中華も高く評価されていたようである。

地方都市の再生　田舎に押し寄せてきた国際社会

地方に広がる町家やレストラン

こんな変化が京都の外にも及んでいる。北部の宮津市でも町家レストランが増え、その先の伊根町の舟屋には町家ステイの高級ホテルが開業した。地方を訪れる外国人観光客は、まず町家などの歴史的建造物を活用した飲食店を探し、その土地の食事を楽しむ。そして町家ホテルに泊まる。

5年ほど前に、宮津市本町を一筋上がった桜山長屋に天橋《てんきょう》作事組のメンバーが開いたカフェで、熟年のイタリア人夫婦に出会った。こんな小さな店をよく見付けてくれた。京都で借りたレンタカーで宮津に来たという。これから日本海沿いに走って、倉敷にも津和野にも行きたいという。いい町家の宿、レストランを紹介して欲しいという。その晩は私が奢った。かなりお得な値段で地元の老舗料理旅館に泊まっていた。夜の散歩に出ただけだからお酒で十分だった。その後、西日本の旅から京都に戻った二人を京都市内の町家レストランでもてなした。ミラノ在住のご夫妻はジェノバの南、世界遺産チンクエ・テッレに別荘を持っているという。伊根の舟屋がいい、天橋立が、そして温泉津がよかったという。こんな外国人観光客が少しずつ増えてきた。インバウンドの急増の効果は、こうして文化面、社会面にも及んでいた。

外国人観光客がイタリアの地方都市の魅力を見いだしたように、日本の地方都市の魅力を再発見するインバウンド客が増えていた。地元では評価されにくい町並み保存や町家再生の取り組み、地元の食材を活かした創作料理、伝統の手仕事を現代的にデザインした一品がインバウンド客の眼で再評価され始めていた。日本の地方都市でも、こうしてホストとゲストが交流し、一気に世界と繋がる小さなビジネスにチャンスが生まれていた。インバウンドを地域の創造力に活かす観光戦略である。私たちが長年取り組んできた町や村の歴史を活かしたまちづくりに一条の光が差し込んできた。新しい時代には、もちろん新しい取り組みが要る。歴史があるから活かせるわけではない。歴史はどこにでもある。必要なのは感性豊かな人、地元に住むホストだけでなく、ゲストである。世界を旅した観光客にはそんな感性を持った人が多いと思う。

若返る観光客に追い付く

一方、ホストとしてのイタリア人の感性も高い。イタリア人は今でも海外旅行によく出かける。

地方在住者も頻繁に出かける。とくに20世紀の末から休暇のすごし方としての海外旅行の割合が2割を超え、2015年の統計では3割に迫っている（前掲図3・2）。その理由は家族ですごすバカンスから一人や二人ですごすバカンスに変わり、それなら国内の海岸沿いの別荘ではなく、気楽に海外旅行を楽しもうという意識の変化だと言われる。その結果、地元しか知らない田舎者が減り、毎年海外でバカンスを楽しみつつ国際観光市場の趨勢を知り、敏感にインバウンド客の期待に応える感性を養う人が増えた。田舎の人々の意識はこうして変わってきた。

長い歴史を誇るイタリアには地方の小都市にも老舗が多い。そんな田舎の老舗の意識も急速に変わってきた。そもそも老舗とはいえ戦後75年間も同じモノを作り、売り続けてきたわけではない。人口が減っても観光客が増えるから顧客は増える。それも、観光市場には常に新しい客が登場する。客が次々と入れ替わるから、商品をアレンジし続ける、ラインアップを変えるなど、次々と新しい工夫をしなければならない。それができない事業者は衰退していくことになる。新しい客は次々と来るから、新しい事業者はいつ古い事業者が撤退するかと、横で待っている。

その結果、店舗の新陳代謝も激しく、商品・サービス業者も次々と入れ替わった。観光市場では常に消費者が若返るため、歴史都市の事業者は日々の変化に対応することが必須になる。観光があれば、地方の小都市でも時代に取り残されることなく、変化に対応し続けていける。人口は少なくても、その何十倍もの観光客が押し寄せ、外の世界の新しい価値観を運んでくる。観光があれば、どんな田舎に暮らしていても、毎日世界を旅しているように感じられるという。

イタリアでは若者が地方都市を目指し始めた

そのため世界との接点を求めて大都会に集まっていた若者が、イタリアでは外国人観光客に人気の小さな地方都市で店を始めるようになった。地元生まれの若者もいるが、Ｉターンで都会から田舎に移り住んできた人が多い。観光客を迎え入れ、ビジネスを興し、その人気を維持し続けるためには、若者、余所者そして変わり者が必要になるのは、どの国でも同じである。田舎に長年住み続けた高齢者だけで遠来の観光客を満足させられるはずがない。言葉もできない。だから、観光客が来るということは、若者が戻ってくること、新たに余所の若者まで集まってくること、そして今までなかった新しい仕事が始まり、町や村が再生することだということが分かる。

一方、田舎を目指す若者にとっては、小さな地方都市は仕事を始めやすい。店の賃料も物価も安いから開業資金が少なくてすむ。初期投資が少なければ失敗しても負債が少ない。だからリスクも小さい。そして容易にやり直しができる。大都会に行って大きな競争に参加しなくても、地方都市の小さな競争で頑張ればいい。自分の身の丈に合った成功を望んでいれば、国際社会が適正に評価してくれる。そもそも工業社会で求められた大量生産型の成功を収める必要がない。現代社会では、身の丈にあった小さな成功で十分なのである。その理由は、いろいろな分野でさまざまな種類の、多様な成功の形が無数にあるからだ。

ネット社会では、どんな田舎にいても世界と瞬時に繋がる。加えて、観光交流を通じて田舎に国際社会が押し寄せてくれば、リアルな交流にも参加できる。むしろ田舎のほうが、大切なビジネスパートナーと濃密な時間をすごすことができる。生活空間も小さいから自分の時間を自由に選択できる。暮らしの質が都会よりも濃密で高いのである。

仕事観、家族観の変化も後押し

最近の若者の意識の変化をもう一つ述べたい。工業社会の終身雇用制度に慣れた人には分かりにくいことだが、現代の若い事業者は自分で興した会社を子や孫に承継することをあまり考えていない。封建社会でもあるまいし、子どもが親の家に住み、家業を継ぐということが少なくなった。だから、せっかく田舎に移り住んでも、いつまでもそこで暮らすことは考えていない。過疎化した田舎に住む人々は流動化しているのである。この流動性に立脚した人生観がある。こんな若者が増えたのだから、まちづくり政策でも新しいビジョンが要る。

イタリアでもすべての地方都市、農村に観光客が来ているわけではない。もちろん人気のない町や村のほうが圧倒的に多い。何のとりえもない田舎町が、観光客に見いだされるはずもない。再生した地方では、そのための数々の賢い選択が行われたのである。その一つがスローライフであることは前著『イタリアの村はなぜ美しく元気なのか』で詳しく述べた。日本でも身の丈サイズの暮らしを求める若者が着実に増えている。時代はスローに転換し始めた。

ホストとゲストが育てたグローバルで小さなビジネス

売れ筋はブランド品からブランド食材へ

イタリアに限らず、EU諸国、そして日本でも、観光客が訪れる地方都市には歴史的町並みがある。歴史都市には物語があり、小さいながら美術館と名建築がある。名物料理の老舗レストランがある。農村にも魅力的な食があり、アグリツーリズモがある。政策的に歴史町並みの保存と再生を進めたから、その魅力を観光客が高く評価した。アグリツーリズモも、農村だからできる小さなビジネスの一つである。安いから泊まる民泊とは違う。

地方都市の町並みには数々の老舗がある。日伊貿易で輸入金額の多い10品目（前掲図3・1）に上がったバッグと靴、衣類（ファッション）、ワイン、貴金属類などを商う老舗は小さな地方都市にもある。このほか、チョコレートで有名なトリノ、編みレースやボビン・レースの得意なヴェネツィア、刺繍されたリネンのテーブルクロスやナプキンで知られ、子ども服もかわいいフィレンツエなどは、伝統工芸品の産地・集積地として知られる。バルサミコならモデナ、グラッパならバッサーノ・ディ・グラッパなど有名な食材も多い。20世紀末から徐々に伝統的食品、地域性の高い食材が銘品として輸出額を上げてきた。売れ筋がブランド品からブランド食材に変わったのである。スローフードの影響も大きい。だから、観光客が農村にまで足を延ばすようになった。

フランスもイタリアも世界最大のワイン生産国である。１９８０年代までは、イタリアのワイン産地、農家は、ブルゴーニュ、ブルターニュやボルドーなど一級のフランスワインの産地にまったく敵わなかった。それが、今では肩を並べるほど美味しく、有名になったのは生産者や組合、品質保証制度の効果でもあるが、地方都市や農村を訪れる観光客の影響も大きい。エノガストロノミー観光と言われる美酒（ワイン）と美食を目的とする観光の形はこの四半世紀に大きく成長してきた。イタリア人が隣国フランスの田舎を回り、フランス人や英国人、ドイツ人がイタリアのワイン産地を回ったからである。ホストとゲストの高い感性が磨き上げた農村観光の完成形と言える。

地方都市や農村に、規模は小さいが国際観光市場が押し寄せる。マスツーリズムと違い、これも身の丈サイズの観光客が頻繁に訪れる。イタリアをよく知るリピーター、だから美酒と美食を求めて田舎まで足を延ばしてくれる。小さな村の物語を訪ねてレンタカーで回ってくれる。

訪ねた先の地方都市の老舗、アグリツーリズモやワイナリーで気に入った一品を買い求める。その品が気に入れば来年もまた訪ねてくれる。来ないまでも、注文してくれる。今ではインターネットで簡単に買える。

越境ECの力

京都の錦市場商店街に東京や名古屋からの観光客が増えたとき、地元京都市民は観光地化したと嘆いたものだった。でも、老舗の八百屋、漬物店の遠来の客は一月もすると東京から、当時はファックスで注文してくれるようになったという。1990年代には、少人数で暮らす小さな中高年家庭が増え、野菜も量より質、ブランド野菜を使った一品料理にこだわる客が増えていた。もちろん、今ではファックスでなく、インターネット通販がある。郵便局のネットショップをはじめ、手に入れることが簡単になった。問題は、ネットショップのジャングルの中で、ディープなファンをどう獲得するのかである。観光客は、ディープなファンの予備軍、東京モンだの外国人だといって遠ざけるのでなく、錦市場の八百屋さんのように、丁寧に説明すれば飛びついてくれる。そもそも京都が好きだから錦市場のあなたの店に来ているのである。京都をリスペクトする観光客は京都の食文化、京の台所への親和性が極めて高い。

今では「越境EC」といってネット通販を通じた国際商取引が盛んになった。急速に拡大する電子商取引の効果である。国境を越えた貿易（クロス・ボーダー・トレード、CBT）と呼び、拡大を続ける。自国内向けサイトに沿って、外国語サイトを設け、多言語多通貨対応をすれば、どんな田舎からでも簡単に海外へ商品を発送できる。各地に店を出し、商社を通す手間をいっさいかけず、商圏を世界に広げることができる。インターネットの普及と国際観光市場の拡大の効果が地方を変える可能性を秘めている。

残念ながら、日本のECプラットフォームは国内販売向けのシステムで、越境EC向けの多言語多通貨多国籍ルールに合わせられないという。市場の共同化を実現したEUとは状況が違う。しかし、国際観光市場の拡大がホテルや航空券予約をグローバル基準で達成したように、越境ECの普及も時間の問題だろう。2019年に発効した「日本EU経済連携協定（EPA）」は、当面日本の輸入超過から始まるだろうが、日本各地を旅するEU市民が越境ECで和の美食、食材を取り寄せる時代はそう遠くない。今の和食ブームにはその勢いがあり、京都だけでなく、各地方の特色ある美酒美食を発信することができる。この段階に進むと、われわれの生活を取り巻く環境は劇的に変わるだろう。イタリアンも和食もホンモノを簡単に取り寄せられる。現地を旅したことがある人々が気楽に美酒美食を手に入れられる。小さいながら、美味しいビジネスが国境を越えて広がってくるだろう。観光が世界を繋ぐ時代になった。

食文化の次を見据える

もちろん食だけが文化ではない。このほかにも欧米都市の中では多様な芸術活動が生まれ、芸術が観光客を惹き付けている。欧州文化首都から「創造都市」に繋がる一連の文化政策が、本格的な芸術やポップアートだけでなく、小さくて個性的なビジネス活動にも大きな影響を及ぼした。ファッション産業、ハンド・クラフト業界をはじめ、新しい分野が次々と生まれている。そして、これらの創造的新業種に多くの観光客が高い関心を向けている。

それでは、人々の創造性を生む街はどんな様子なのか、国際観光はどのように彼らの創造性を刺激したのか。こうした創造性を生むプロセスをデザインすることが、観光ビジネスを巡る政策になる。それは脱工業社会の文化産業の創造のプロセスでもある。観光政策とは文化政策、ホストとゲスト、人々の文化接触を演出し、文化遺産と現代社会を融合させ、歴史を進化させる現代文化の創造である。そこでは、次々と文化商品が生まれ、われわれの暮らしをより豊かなものに変えてくれる。だからこそ、文化芸術に生活文化が大きな存在感を持つようになり、生活用品、資材がどんどん輸出されるようになった。それは、暮らすように旅する人が増え、滞在し体験する観光形態が普及したためである。

次章では近年の京都観光を取り上げる。戦後のイタリア観光の経験がかなりの部分で重なっている。そして、暮らすように旅したい観光客が世界中から押し寄せ、京都の生活文化に高い関心を寄せていた。この関心の高さを広く日本各地に広げるためにも、京都の観光まちづくりを検討してみたい。

第6章

女性が変えた京都の観光政策

町家・町並みを育てたアウトバウンド経験

観光都市ではなく文化・芸術都市を目指す

京都は国の内外から多数の観光客を集める日本最大の観光都市である。しかし、門川市長は、京都は観光都市ではないと言い切った。大多数の市民が京都を観光都市だと思わないからである。実際、明治の京都策[注1]が功を奏した近代工業都市であり、市内総生産では製造業が観光関連業よりもシェアが高い。そのため観光経済の存在感は長い間薄かった。一般市民に観光客を暖かく迎える意識はあっても、経済的恩恵はあまりなかった。ここ数年のインバウンドの増加でも市民生活が脅かされることへの嫌悪感が強かった。人口147万人の京都市は観光経済で成り立っている都市ではないと皆思っていた。しかし、今回の喪失感は大きかった。経済的損失はもっと大きい。

観光でなく、文化都市、芸術都市という呼称は歓迎された。もちろん、かつては帝のおわす都であり、格の高い神社が多く、はるか昔から日本仏教の中心だった。だから、高僧にお家元、人間国宝を含む多様な芸術家、圧倒的な文化遺産の存在感は、文化・芸術の源泉である。観光資源というと失礼になった。また、数々の祭礼や年中行事、そして茶道・華道などの生活文化を支えているのは京都市民である、もちろん観光客のために支えていたわけではない。

パリやローマ、観光公害が頂点にあったフィレンツェやヴェネツィアでも、観光都市という発想は実に薄かった。首都であるパリやローマは観光に来る人も多いという程度、フィレンツェはルネッサンス芸術とファッションの都市と名乗る。ヴェネツィアは20世紀の芸術史を彩るビエンナーレが百数十年も続き、世界最先端の美術、建築、映画、舞踏などが集まる現代芸術の都だと言っている。市民が芸術文化を理解し、支えている自負がある。だから、クルーズ船で大量の初心者が押し寄せたことを嫌った。ディズニーランドに行けばいいと思っていた。

こうしてみると、文化都市、芸術都市が上級だとすると、ただの観光都市は中級以下になり、魅力ある町並みもないただの名所は低級というランクがあったようだ。一方、観光客にもランクがあった。フィレンツェや京都のように、美術館や博物館での企画展やコンサート、文化イベントに集まる市民や学生、遠来の愛好家が、観光客よりも多い都市がある。ヴェネツィアのビエンナーレのような世界的イベントやカーニバル期間中に、それを知らずに訪れる観光客も多いが歓迎されない。旅を楽しんでも文化芸術への憧憬や尊敬の念が薄いからである。都市の文化レベルが上がれば、それにつれて観光客に求められる文化理解のレベルも上がっていた。だから、昔ながらの団体客が嫌われ、旅慣れたリピーターの個人客が歓迎される。

この違いは貧富だけには起因しない。1990年代にイタリアに押し寄せた外貨を持たない東欧人観光客は歓迎された。歴史文化に対する誠実さとそれを裏付ける質素な態度は人々に好感をもって受け入れられた。逆に嫌われたのがクルーズ船で押し寄せた豊かな初心者だった。ただそれも客自身の問題ではないだろう。ヴェネツィアの魅力を利用して客を集めた船会社や代理店の責任が大きい。誰でも海外旅行に出かけられる時代、誰でも好意的に受け入れられるわけではないことを知らないのである。自分だけ儲ければ、ヴェネツィアや京都が混雑してもいいというのだろうか。

だからイタリアの事例で見たように、多様化した現在の客には柔軟に対応する術が要る。もちろん、どんな観光客にも分け隔てなく接するべきだという日本人独特の平等主義も理解できる。だから、修学旅行生や外国人に多い初心者への対応を忘れてはいけないし、初めて日本を訪れる外国人観光客に礼を欠いてはいけない。しかし、京都が観光都市でなく、文化芸術都市だという背景には、質の高さを追求する日本の文化首都京都の自負がある。日本のどこでも観光はできるが、京都でしか体験できない文化的感動を味わって欲しい、ホンモノの京都を紹介したいと思っているからである。

京都で起こっていたこと

観光客は減ったが宿泊客が増え、消費額が増えた

実際京都では、戦後75年間、あるいはそれ以前から、日本の人口増加・経済成長とともに観光

客数は増え続けた（図6・1）。最初増えた客は初心者が多かった。社寺や名所旧跡だけでなく、都心でも観光客の存在感は常に大きかった。ただ、観光客の増加には緩急があった。1964年の東海道新幹線開業や1970年の大阪万博の時代には急増したが、1975年から2000年までは長い停滞期が続いた。その後再び増加に転じた。

その後の推移がちょっと複雑である。入込客総数の増加は止まったが、宿泊者数が増えていた。日本人客の増加が止まり、外国人観光客が急に増えたからである。そして、新型コロナウイルスでどちらも激減したからショックが大きかった。

京都と言えば、昔から知られた清水寺、金閣寺などの社寺が観光地と言われる。しかし、外国人観光客増減の影響は観光地だけのことではない。1994年には「古都京都の文化財」[注2]として、周辺の宇治

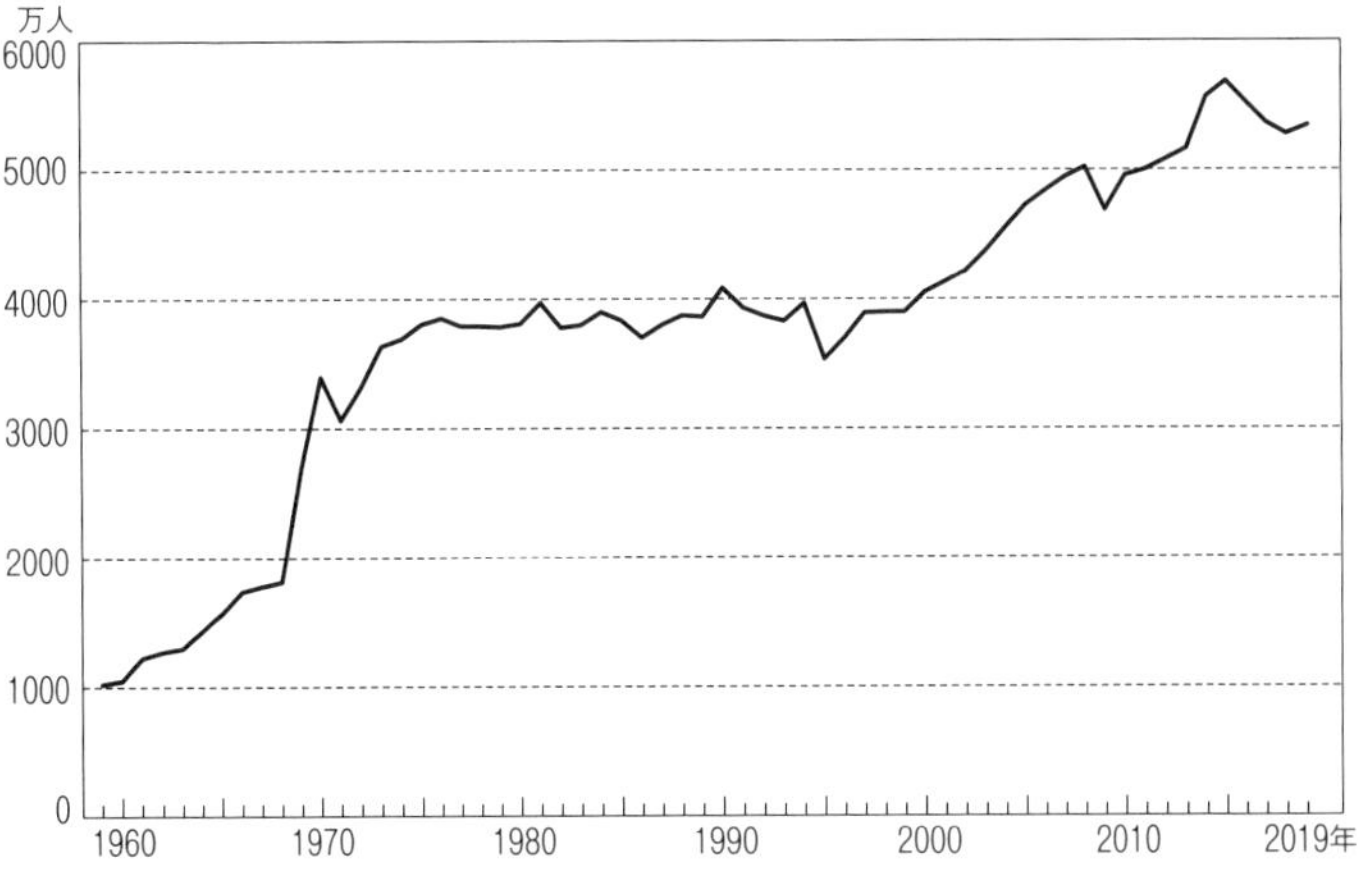

図6·1　京都市入込客数の年代別の推移
（出典：京都市『京都観光総合調査』および『京都市観光調査年報』から作成）

市、大津市に跨る16の社寺と二条城がユネスコの世界文化遺産に登録された。もちろん、今も主要な社寺には参拝者が多いが、それ以外の場所、都心やその周辺の商店街でも観光客が増加していた。社寺の中にも増加するところと減少するところがあった。

『京都観光総合調査』[注3]によると、2019年に京都市を訪れた観光客数は前年に比べ1％増加して5千352万人、4年振りに増加した。一方、観光総消費額は前年に比べ5％減少して1兆2千367億円、前年が史上最高値だった。この間観光客総数は減っていたが、消費金額がかなり増えていた。量から質への転換が順調に進んでいたのである。これも激減をより深刻なものにした。

これまで大部分を占めていた日本人観光客の7割以上は日帰りだった。その日本人はコロナショック以前にすでに減少していたが、急増した外国人観光客の大部分は宿泊したために消費金額が多かったのである。このインバウンド消費が宿泊、飲食、買い物支出額を押し上げていた。日本人中心の時代が終わり、外国人が多い観光地、それも国際的な観光都市に変わりつつあった。イタリアでは1980年代後半に起こったこの転換が、少し前の京都で起こっていた。

とはいえ、観光総消費額の外国人割合は、全体のまだ28・5％、3千725億円でしかなかった。だから、インバウンド消失だけがコロナショックというわけではない。ただ、1人当たり消費金額を比べると、インバウンドは日本人観光客の2・2倍にもなっていた。観光施設や公共交通は言うまでもなく、一般の飲食店でも外国人対応が進んでいた。この傾向は最近にようやく始まったばかりだが、今後回復すればイタリアのように末長く続くだろう。

2018年の総観光消費額の1兆3千82億円は、京都市民76・8万人分の1年間の消費支出額に相当する。京都市の人口は146・8万人、観光消費分を加えると223・6万人、人口230万人の名古屋市とほぼ同じ規模になる。だから、人口のわりに商業サービス業投資が旺盛で、施設の更新が進み、サービスの質も高い。外国人への対応も早く上手い。日本人が圧倒的に多い東京では外国人客を避ける飲食店がある。日本人だけで十分にやっていけるからである。内外ともに観光客が少ない地方小都市の飲食店では対応するほど外国人客が来ない。その意味で京都はちょうどいいスピードで国内客から国際観光客への転換が進んでいた。

実際、外国人は観光客数では15・3%だが、宿泊数では28・4%を占めていた。2018年の宿泊客総数1千582万人も前年に比べ2%増えた。ホテル・旅館、簡易宿所（1章注10）も急増していた。2012年の907施設（約2万9千室）が2019年末に3千681施設（約4万6千室）に増え、中でも簡易宿所が2012年の360施設から2019年に3千162施設（約1万4千室）まで増加した。実際、都心の路地裏にゲストハウスが溢れていた（表6・1）。もちろん、ホテルの建設ラッシュも激しい。2019年から2021年に開業するホテルが加わり客室数は、51%も増えるといわれた。大阪では32%、全国でも24%増えるが、京都の51%は群を抜いた規模だった。東京をはじめ、全国のホテル業者が京都に進出したからである。地元の観光ビジネスに投資せずに、京都に来た。京都なら楽に稼げると思ったのだろうか。京都にただ乗りする業者が増えた。

観光公害との批判と民泊・簡易宿所の規制

外国人が急増したからと、観光公害と見間違う市民がいた。ホテルや簡易宿所が急増したから、マンションが建ったときと同じように町壊しと言った。一方、市場原理を見誤った市外の業者の過剰な投資で、ホテルの稼働率はすでに下がっていた。簡易宿所も廃業し始めていた。その陰で、住宅宿泊事業法による「民泊」制度が全国的に始まった。京都市では市民の声に押されて、独自の条例で厳しく規制した。そもそも簡易宿所もホテルもすでに多かった。そこに新型コロナウイルスの影響が及んだ。

観光庁によれば、２０１９年６月時点で住宅事業宿泊法による全国の民泊開業件数は１万７千３０１件、同法施行

宿所		新規許可件数		合計			民泊処理件数	
客室数	京町家	総数	京町家	総施設数	総客室数	新規許可件数	民泊開業届出	民泊廃業届出
	6	39	6	907		49		
	14	48	8	931		62		
2,929	40	79	25	1,002	29,189	106		
3,489	145	246	106	1,228	29,786	255		
6,134	370	813	231	2,043	33,887	838		
9,247	543	871	181	2,866	38,419	909	0	0
12,539	684	846	171	3,614	46,147	919	502	12
17,228	899	602	166	3,993	53,471	663	307	81
	929	68	26	4,010		71	12	11

施設への対応等）https://minpakuportal.city.kyoto.lg.jp/news/953.html
施設監視指導担当）

時の８倍に増えた。同じ時点で、京都市内では同法による民泊は５５４件、それでも施行時の25倍に増えた。そのうえマンションなど家主不在型が４３９件と、家主同居型１１５件の４倍に上った。自分の家に泊めるのではなく、不動産屋が賃貸住宅を観光客に貸している。家賃を取るより儲かると考えたからである。旅館業法による簡易宿所、ゲストハウスはもっと多い。民泊の５・６倍もある。賃貸住宅が簡易宿泊に転用されるから家賃が上がる。もちろん一般の市民や近隣住民は両者を区別できない。数が圧倒的に多くて、営業日数に制限のない簡易宿所に迷惑を被っている。簡易宿所への苦情も民泊として市役所に訴える。営業日数の多さから迷惑だという。京都市は家主不在型民泊にその８００メートル圏内に管理人常駐を義務付けており、当然ながら、より迷惑な簡易宿所にも同様の規制をかけることとした。

すでに見たように、ＬＣＣ効果で外国人観光客の増加は

表 6･1　京都市内ホテル・旅館・簡易宿所・民泊数

	ホテル		旅館		旅館・ホテル合計			簡易
	施設数	新規許可件数	施設数	新規許可件数	施設数	客室数	新規許可件数	施設数
2012 年度	145	8	402	2	547		10	360
2013 年度	153	12	387	2	540		14	391
2014 年度	162	17	380	10	542	26,260	27	460
2015 年度	163	7	369	2	532	26,297	9	696
2016 年度	182	20	368	5	550	27,753	25	1,493
2017 年度	196	18	367	0	575	29,172	38	2,291
2018 年度					624	33,608	73	2,990
2019 年度					656	36,243	61	3,337
2020 年度					654		3	3,356

（出典：京都市民泊ポータルサイト：京都市における宿泊施設の状況（許可施設数、届出住宅数、無許可
旅館業施設管理運営状況調査について、京都市保健福祉局医療衛生推進室医療衛生センター宿泊

日本だけでなく欧米でも起こっていた。一般に流布する情報では、世界で民泊は、パリ市5・9万、ロンドン5・1万、リオデジャネイロ2・8万、ローマ2・1万、バルセロナ2・0万が上位5都市、そして13位の東京は1・2万という。人口・住宅数から見て京都はパリやローマよりはるかに少なかった。フィレンツェ、ヴェネツィアなど人口が京都市の3分の1程度の都市と比べても、まだ少ない。京都市の推計では現在3万室のホテル旅館などが、2020年にはちょうど4万室が必要になるはずだった。[注4] 一方、数年で客室数は57%も増加する予定だった。だから民泊と簡易宿所は過剰だといわれた。

民泊はシェア・エコノミーという新しい社会のあり方だともてはやす向きもあるが、友達感覚で誰でも自分の家に泊める。これをAirbnb社[注5]などのインターネットサイトが大々的に仲介し始めたため、無届のものまで含めて世界的に広がった。LCCとAirbnbで海外旅行が急に広がった。だから、国際的観光都市では観光公害と言われた。しかし、逆もまた真ならず。民泊を増やしても観光都市にならない。同様に、世界文化遺産に登録したからと言って京都のような文化芸術都市にはならない。観光都市にもならない。「京都は一日してならず」である。しかし、これが分からない人が意外と多い。

四つに区分できる京都観光の戦後史

これまで見たように、戦後の民主化とともにヨーロッパの観光は大衆化し、マスツーリズムが生まれ、ホストとゲストの間で文化の交流が盛んになった。ホストとゲスト、それぞれの文化が交錯し、価値観の受け渡しがあり、文化が融合し、文化産業が発展してきた。では、同じ時期の日本では観光はどのように大衆化したのだろうか。京都の戦後史を見てみよう。[注6]

京都観光の戦後75年間は、観光入込客数の増加の様子から四つの時代に区分できる（前掲図6・1）。前掲したイタリア（図0・1）と比べるとかなり顕著に、その段階的増加の様子が分かる。

第1期〜第3期 ―大衆化、長期停滞、増加、そして量から質への転換―

まず、第1期は終戦から1970年代初めまでの急成長時代である。高度経済成長で国民所得が上昇し、東海道、山陽新幹線、名神高速道路が次々と開業、新しい高速交通システムが登場するとともに観光の大衆化が一気に進んだ時代である。とくに、1970年の大阪万博の年に京都観光は大成長した。終戦から25年、国土と経済、そして人心の復興が進み、国民生活にゆとりが生まれ、京都観光にも出かけられるようになった。この時代の京都にはホテルや旅館、飲食店や土産店、とくに京菓子や漬物などの観光消費にかかわる事業所が急増した。急増する観光客に対して、観光産業は量的充足を優先した。観光デパート、京都タワービルが建った時代である。

第2期は一転して長い停滞期になった。停滞の理由は、日本人が海外旅行など多様な観光を始めたから。その分それまでの京都観光など、国内の昔からの観光地が低迷したことだ。ジャンボジェット機の登場と円高の影響で、海外旅行が一気に普及した（前掲図2・4）時代である。1970年代に家計を苦しめた2度のオイル・ショックの影響もほとんどなく、1990年代初めのバブル崩壊まで海外旅行者は増え続けたが、1996年に急ブレーキがかかった。一方、1970年代から2000年まで入洛観光客数は増えず、4千万人の手前で低迷した。しかし、観光地としての京都は、この四半世紀に大きく変わった。海外旅行を知らなかった日本人が、欧米の歴史都市を体験し、より厳しい眼で京都を見るようになったからである。古い観光地京都でなく、上質の歴史都市、芸術都市として欧米並みに京都の質が求められるようになった。

次の第3期は再び増加に転じた2000年代である。2015年の5千684万人まで一気に増加した。この時代、高い質を落とすことなく、急増する日本人観光客を上手に捌くために、京都市を中心に、地元住民、商店街、交通事業者、警察などとの密接な連携でさまざまな手法が試された。東山や嵐山へのマイカー交通の集中、錦市場の観光地化、紅葉期のライトアップなど一部に大混雑が見られたものの、現在までにこれら日本人客急増による問題の多くが解決されたと言っていい。量から質への転換を進める政策的で、観光客をかなり上手に制御できたのである。

しかし、この増加はたった15年間のこと、2015年以降、入込客の総数は増えていない。日本人客の増加が止まったからである。その代わり、インバウンドの増加が本格的に始まった。さまざまな対応策は第3期の行政による政策的制御で、またその経済効果は第1期から第3期に、それぞれの時代に成長し、ノウハウを蓄積した数々の地元企業が上手に受けとめていた。

第4期 ―インバウンドの急増―

外国人観光客（インバウンド）が増加したのは2012年から、とくに2014年以降である（図6・2）。この時期には逆に日本人が緩やかに減り始めた。この外国人が増えた時期を第4期として区切ってみよう。

実際、第3期にはなかった変化が次々と起こっていた。京都では、俵屋をはじめ世界的に知られ

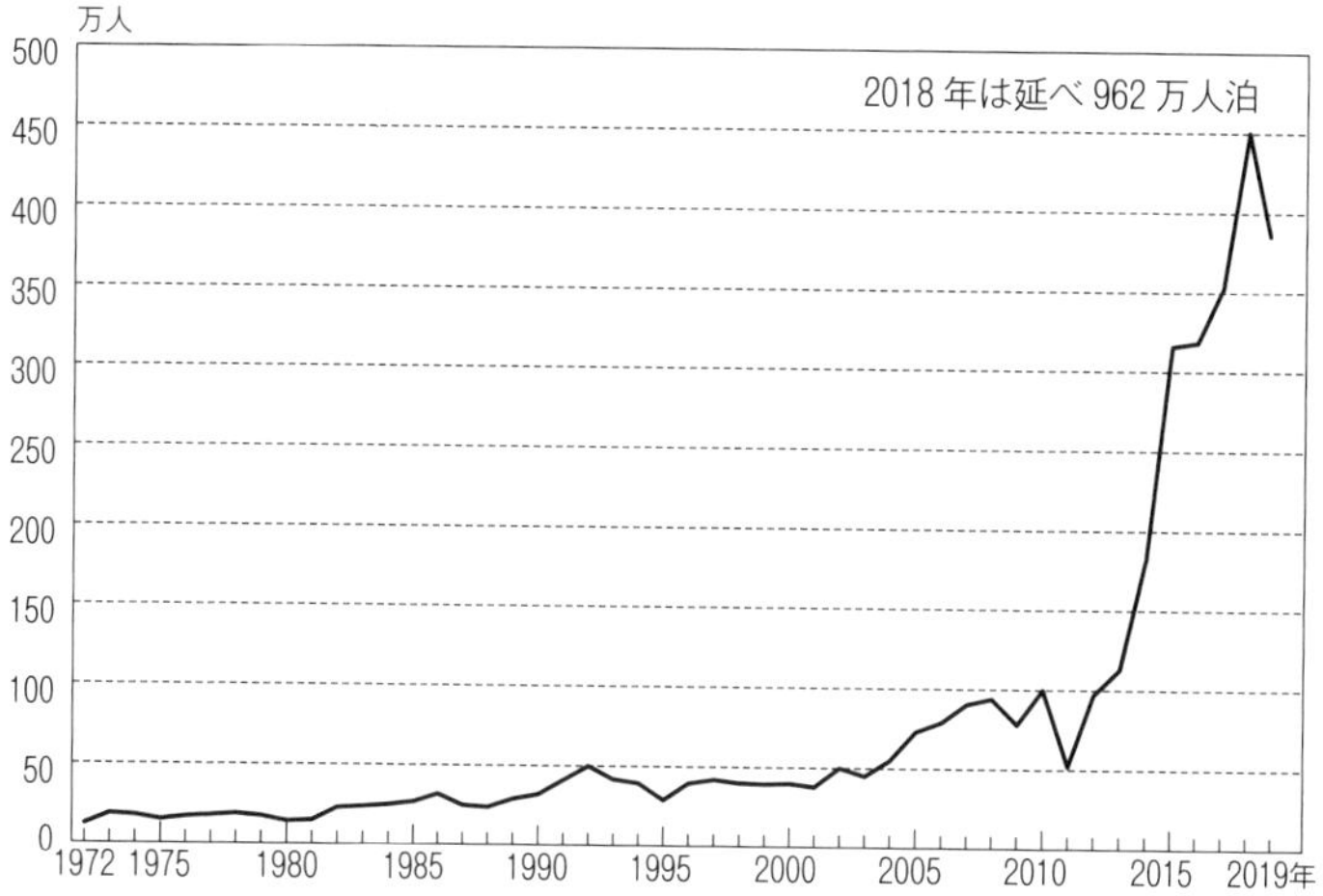

図6・2 京都市外国人宿泊客数の推移
（出典：京都市『京都観光総合調査』および『京都市観光調査年報』から作成）

た老舗旅館で外国人宿泊客が大部分を占めることは珍しくなかった。それが近年、市内のさまざまなクラスのホテルで外国人客が日本人客数を上回り始めた。観光地でも、千本鳥居に惹き付けられた外国人客が急増した伏見稲荷の例がよく知られた。初詣には行くが、日本人観光客は多くなかった古い名所が新たに外国人の脚光を浴びた。詳細な記録の残る二条城入場者数でも、外国人数が半分を超える月が増えていた。

もちろん、市内各地で客層が日本人から外国人に変わったことを歓迎する人ばかりではなかった。この急変についていけない事業者も決して少なくなかった。増えた外国人の多くは京都の歴史はもとより、日本の歴史もほぼ知らずに来日した。伝統的な美意識もあまり理解しない。老舗の価値も分からない。

とはいえ、よいモノには敏感に反応する。日本茶ブームで百味會の名店の一つ「一保堂茶舗」には欧米人が毎日列をなしていた。抹茶だけが売れるわけではない、玉露、煎茶、ほうじ茶はもちろんのこと、一保堂の銘品「京番茶（炒茶）」まで買っていた。店では喫茶店を開くだけでなく、教室や茶香服（闘茶）を用意し、日本一の茶舗として日本茶ブームをしっかりとリードしていた。

こうして京都の大半の事業者は外国人に慣れていた。2018年の外国人宿泊客数は450万3千人（前掲図6・2）、前年比で27・6%増加した。とはいえ、1970年代にもすでに20万人、1980年代に30万人、1990年代に50万人、2000年代に100万人と段階的に増加していた。2012年から2018年の4年間に4・5倍に急増したとはいえ、準備は整っていたのだろう。

では、この4段階ごとにどんな対応策が取られたのだろうか。イタリアの歴史都市同様の対策もあれば、京都独自の対策もあった。取り組まれた時期のズレも見られる。

モータリゼーションへの対応　第1期から第2期

第1期への対応 ―観光道路の整備―

1970年頃までの第1期は、主に観光バスで市内の各名所を巡るコースが主流だった。定期観光バスがもっとも栄えた時期である。比叡山ドライブウェイ（1958年開通）、東山ドライブウェイ（同1959年）、嵐山・高雄パークウェイが整備され、完成したばかりの鉄筋コンクリートのレストランから市内を見下ろすのが流行った（**写真6・1**）。イタリアのモータリゼーションと比べ

写真6・1　東山山頂公園展望台、1959年開通の東山ドライブウェイは現在市道渋谷蹴上線として無料の道路

日本でマイカーが普及したのはやや遅れた。だから1960年代まではドライブウェイといっても日本ではまだバスで回っていた。1964年にはホテルと土産物店が集まった京都タワーが竣工した。1970年の大阪万博の年が入込観光客数のピークで、市内各地で道路が整備され、団体観光客のために駐車場と売店などの施設が次々と整備された。

今思えば、団体客はまとめておくと何かと都合がよかったのだろう。京都駅と主要観光地を観光道路で結び、都心部の混雑を避け、バスで一気に名所に運ぶ。山上の展望レストランは市民の生活の場からは見えない。買い物と食事はもっぱら門前町とドライブイン、京都駅には土産物のデパートと京都タワー、観光客と市民とは買い物の場所も分離し、団体客が繁華街や住宅地など、市内に分散することは巧妙に避けられていた。宿泊客は、新京極などの観光用の盛り場に誘導された。その経験があったため、最近のインバウンド急増でも、他の歴史都市と比べると京都では市民の生活空間に外国人客が溢れることは少なかった。[注7]

25年間で一気に4千万人まで増えた日本人団体客、とくに1959年から1975年の16年間だけで3・7倍に増えた客を収容するホテル、旅館も盛んに建設された。やはり京都駅周辺が多い。ホテルと言っても、この時期のホテルは旅館に近く、少しずつ洋風化した日本人に合わせたとは言うものの、大衆的だった。

この団体とは別に、京都をよく知る富裕層、知識人たちの個人旅行、贅沢な家族旅行は戦前から続いていた。戦後も1970年には、都心や名所の数々の老舗の高級料理旅館や料亭もすっかり復興していた。その立地は、マスツーリズムとは地理的にも明確に区分され、両者が混在することはなかった。ホンモノの京都までが、すっかり大衆化したわけではない。

モータリゼーションへの批判と対応

1959年開通の東山ドライブウェイに続く、1965年の嵐山・高雄パークウェイには1970年代後半にはマイカーが増えた（写真6・2）。1963年の現「きぬかけの路（観光道路）」（北区衣笠街道町から右京区宇多野福王子町まで）は金閣寺、龍安寺、仁和寺を結び、古都保存法（1966年）による広大な歴史的風土特別保全地区を抜け、その先は嵯峨嵐山に続いている。さらに、嵐山・高雄パークウ

写真6・2　民営の嵐山高雄パークウェイは1965年に開通し今も有料で嵐山と高雄を結んでいる

エイが民間事業として整備された。折からのディスカバー・ジャパン・ブームで、京都郊外の大原や高雄、栂ノ尾を訪ねるドライブ観光客が増え始めた。そのため、このモータリゼーションへの対応が、その後の京都市の観光行政の重要な課題になった。マイカー観光客は、もちろん遠慮なく都心に侵入してきた。

当時の状況を梅棹忠夫が[注8]「観光公害」と称したことが近年再び注目された。当時の混雑も今のように急激、それまでにはない規模だったようでさまざまな対策が議論された。「マイカー観光拒否宣言」[注9]もその一つで、折からのモータリゼーションを受けて、整備されたドライブウェイを目指して周辺都市からマイカー利用の観光客が当時の京都に押し寄せたことへの対策だった。ただ、日本人の自家用車はまだ普及途上で、一部のアッパー層がさほどの渋滞もなく観光できた時代である。折からの好景気の中、成長を続ける観光の経済効果に期待する事業者の方が多かった。

一方、イタリアでもこの議論は盛んで、著名な歴史的建造物と町並みが残る歴史的都心部からマイカー観光客を締め出す方向で議論が進んだ。その後時間をかけて歴史的都心部を囲む城壁の外に駐車場を整備してきた。駐車場整備は地方の小都市では簡単だったが、世界最大の歴史的都心部を誇るローマ市では20世紀末になってようやく本格的な地下駐車場が実現された。

脱マイカー観光の成功

こうして、当時の京都も世界中の観光地同様にモータリゼーションに対応したが、四半世紀後、

20世紀の末には、世界中で観光都市が脱モータリゼーション政策に転じた。とくに、日本人観光客が見慣れたヨーロッパの都市のとくに都心部は、1990年を境に一気に歩行者化に舵を切った。少し遅れて京都市も2000年から脱マイカー政策を本格的に進めた。第3期に当たる。低迷していた観光入込客数が増加に転じた時期だった。

その主な内容は、パーク・アンド・ライド、公共交通改善とその料金割引などによる利用促進、歩行者空間の拡大、観光駐車場の縮小など、今も続く総合的な施策の効果で、マイカーで京都を訪れる観光客の割合は、1994年の41・7％が2017年に8・7％に減少した。2018年の紅葉シーズンにはついに、市内の代表的な渋滞個所、東大路通（東山通）八坂神社前から南行の渋滞が見られなくなった。

京都以外の日本の多くの都市では、西欧の歴史都市の多くが体験した観光の戦後史がない。観光の影響を受けないままに、町並み保存や都心再生、モール化や公共交通優先政策を進めてきた。一方、京都は21世紀の最初の10年間に観光交通対策に取り組んだ成果で、インバウンドが増加する前に西欧都市レベルにまで改善されていたと言える。そんな京都でも不慣れな外国人のレンタカー利用が増え、次の手を打つべき段階にさしかかっていた。一方、歩行者空間とその買い物空間の整備が整っている日本の都市はまだ少ない。どこで観光客を迎えるのだろう。

アンノン族の時代、そして女性化、成熟化 第2期へ

『ローマの休日』に当たるのは『古都』

観光客を迎えるためには、町並みの美しさはもちろんのこと、その物語が要る。その物語に沿って京都の魅力を磨き、とくに女性を魅了する必要があった。魅力を磨くのはホストとゲスト双方の力が要る。とくに女性の役割が大きい。京都でもいくつもの物語が紡がれてきた。その中に、『ローマの休日』に匹敵する名作があった。

1962年朝日新聞に連載された川端康成の『古都』[注10]は、『ローマの休日』とは内容も趣も異なるが、各所に京都の名所を取り入れ、優れた観光案内となっている。平安神宮とその庭園（神苑）、嵯峨野、植物園、四条通、清水寺、仁和寺、錦市場、上七軒などが物語の舞台となり、呉服、京料理とともに主人公の町家暮らしが描かれ、祇園祭、葵祭、時代祭、北山（中川集落）が観光客の憧れを誘った。京都の古い家々と人々の暮らしぶりを美しく描き、戦後民主化された社会で伝統文化を若い世代がどう受け継ごうとしているかを示し、戦前の皇国史観や日本美術史重視の教養主義的な京都観光とは一味違う時代性を、それも女性の眼で描いた点が新鮮だったと思われる。

『古都』の主人公、佐田千重子は老舗呉服問屋の一人娘という設定である。その恋人は西陣の織元の息子である。この小説は観光案内に加え、京染友禅と西陣織という京都の伝統産業を代表する二つの業界とその産地を描いた。加えて、室町衆、つまり織物卸商業界を紹介した。戦災復興から高度経済成長に向かう商工業界、そして伝統産業の文化性を紹介することで、京都の伝統文化に新しい側面を加えた。戦後の大衆化した京都観光は、こうして女性の憧れを意識し、和装の町で伝統的工芸品の数々とその美しさを支える職人と芸術家が暮らす街で美しさを見て回ることになった。ジバンシィやフェッラガーモがヘップバーンをモデルに世界的に売り出した時期と重なる。

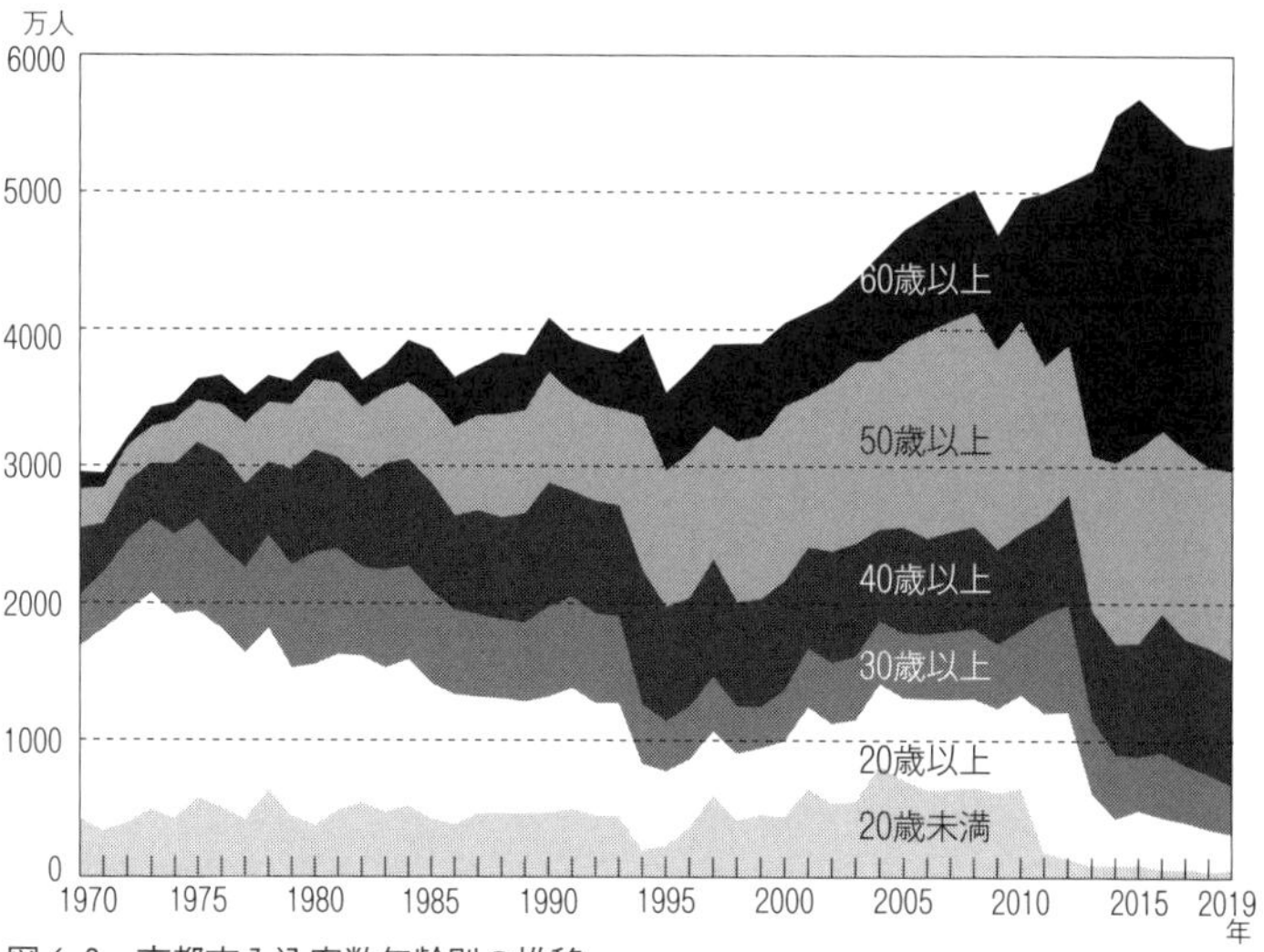

図 6·3　京都市入込客数年齢別の推移
（出典：京都市『京都観光総合調査』および『京都市観光調査年報』から作成）

ディスカバー・ジャパンとアンノン族

『古都』の効果もあったのだろう、1970年代に始まる第2期には、若い女性客が増加した（図6・3）。そもそも1970年代とは団塊の世代が成人に達した時代、日本だけでなく世界中で文化的転換が起きていた。観光の転換でもある。1970年に当時の国鉄が始めたキャンペーン「ディスカバー・ジャパン」[注11]では、個人客、とくに女性客の増加に対応し、「美しい日本と私」というテーマを挙げ、全国の「小京都」が紹介された。京都では郊外の名所、大原、高雄、栂ノ尾、嵐山などに自然美と古刹の美しさを求め、小さな寺院が有名になった。この流れにそって、「アンノン族」と呼ばれた女子大学生を中心とする18～26歳の観光客が増加した。女性雑誌『ａｎ・ａｎ』『ｎｏｎ-ｎｏ』[注12]などの読者で、雑誌が紹介する観光地に集まった。

1975年の文化財保護法第3次改正で、重要伝統的建造物群保存地区制度が始まり、全国の町並み保存地区で、歴史的町並みが人気を集めた。京都でも、清水産寧坂、祇園新橋、嵯峨鳥居本、上賀茂社家町が次々と重伝建地区に選定された。若い女性の憧れは失われつつあった古くも美しい日本の再発見、古都の風情や田舎の町並みに向かった。古社寺に加え、新たに文化財に位置付けられた歴史的町並み、賑わう観光地から静かな町並みに憧れの的が移った時期でもある。京都では三山の麓と京郊と呼ばれる農村の人気が上がった。京都と鎌倉にはそんな古都の風情が残り、町並みと村並みに若い女性の憧れを集める個性的な店が増えていった。それらを舞台にした小説も増えていた。

一方、室町の呉服問屋が企画した展示即売会には、東京や大阪、そして名古屋からデパートや呉服小売店を通じて顧客が集まった。その集客に京都観光を積極的に利用した。通常では訪れにくい名所を『古都』の主人公のように訪ねて歩く。高雄や大原にも足を延ばす。そして立派なお座敷で会席料理を楽しむ趣向である。1960～70年代には、まだ伝統的な価値観が残っていたこともあって、婚礼に備えて娘に着物を揃えたいと願う母、祖母が妙齢の娘をともなう憧れの京都観光だったのだろう。反対に団塊世代の女性たちの観光はスタイルも買い物も違う。でも彼女たちが自分で買える京小物がこのときに開発された。若い女性にも手が届く伝統工芸品である。

その後、この世代が成熟する（前掲図6・3）とともに値段が上がり、今ではすっかり高額の工芸品になっている。アンティークを含め、大人向きの着物を買い求め、清水焼やさまざまな茶器を求めて京都を訪れる女性がいる。団塊世代の女性がすっかり成熟した現在、アンノン族時代のコーラやケーキはもう要らない。和食ブームに乗って憧れの著名な料理人の店を訪ね歩いている。かつてのカジュアルさが消え、和装と和食文化が大人の女性の憧れとなり京都文化の中心になった。

アンノン族が海外旅行体験をへて京都にお洒落を求めた

さて、この団塊世代による第2段階以前の国内の観光地は、企業の慰安旅行で男性中心の団体旅行向けの温泉、中高年が多い社寺、若者向きのスキーと登山、家族旅行向きの海水浴などが定番だった。そこに新しい観光地、とくに古都京都を開発したのが団塊の世代である。

戦後生まれの団塊世代はほかにもいろいろな革新をもたらした。観光市場では、女性客が、和菓子や郷土料理などの食物を味わい、ゆったりと滞在する観光形態を普及させた。観光統計では、１９７０年代に女性客が増加して男性とほぼ同数になった（図6・4）。それが、80年代中頃に逆転、その後男女差は広がり、第３期に移る２０００年頃から男女ともに増加するように変わった。ただ、第３期に増え始めた男性観光客の嗜好は女性客に近いことが知られ、女性化した男性観光客と呼ばれる。こうして全国的にも、男性優位の観光地が廃れ、女性中心の京都が有利に展開した。第２期

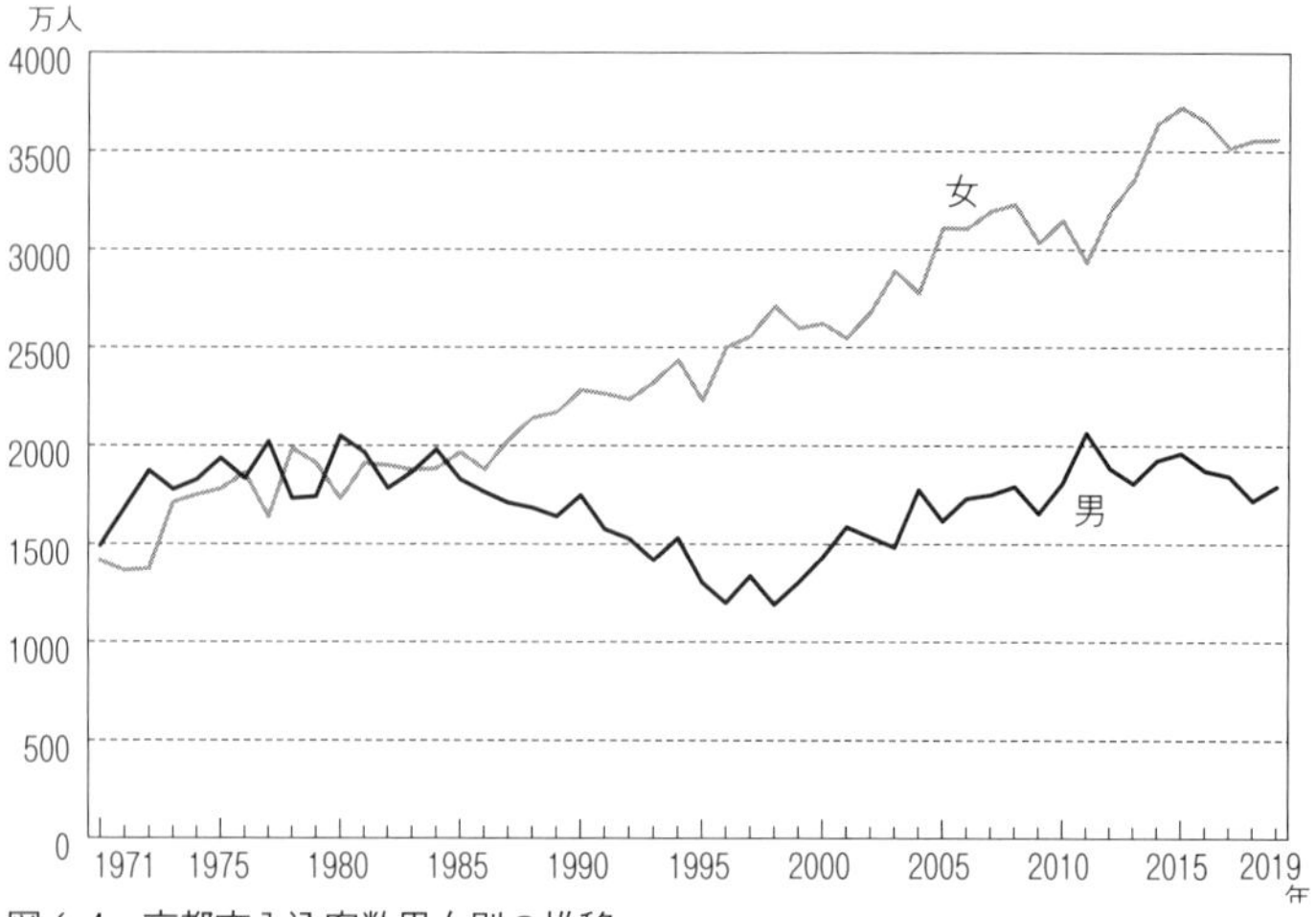

図6·4　京都市入込客数男女別の推移

（出典：京都市『京都観光総合調査』および『京都市観光調査年報』から作成）

に増えた団塊世代の女性は、その後京都を繰り返し訪れた。その結果、2020年現在の年齢構成でも、70歳代前半の大きな塊として健在である（前掲図6・3）。彼女たちこそ、インバウンドに人気となった観光都市京都の主要な観光資源の大半を開発した開拓者であると言っていいだろう。

彼女たちはまた、海外旅行を開拓した世代でもある。1970年代から80年代に盛んに欧米を旅行し、歴史都市でブランド品を求めた世代でもある。結婚出産をへて安定した中高年に成熟した彼女たちは、50歳になろうという1990年代後半に、再び京都に眼を向けた。このときには、すでに世界の歴史都市を熟知していた。世界中のブランド品を買い尽くし、同じレベルの品質、デザインの粋を京都の伝統工芸に求めた。パリやローマで体験したことを、当然のように京都にも求めたのである。ヨーロッパの都市と同じレベルを京都でもその景観、店舗デザインに求めた。1970年代の町並み保存ではなく、イタリアやフランス、そして英国のコッツウォールズの小都市で見たようなお洒落に再生された京町家を求めたのである。

1970年代当時の日本人女性は海外旅行に眼が向いていた。だから京都の和装業界、伝統産業界がどんなに頑張っても海外の有名ブランドには敵わなかった。その敗因の一つが、新しいビルに展示するからだと気づいた人がいた。だから、古い建物の中で、伝統に根ざしてはいるが新しいセンスでデザインされた展示を目指すように転換をし始めたのが1990年代、第2期の終盤だった。

この時期には、海外旅行で眼の肥えた観光客が京都の質の高い事業者を評価した。ゲストが海外を知り、ホストも時代の変化に気づいていた。町家レストランが生まれた1990年代、その魅力を見いだし、古いことがお洒落だと言い、伝統とは成功した革新だということを理解し、創造的な活動に熱い眼を注いでくれたのはそんなゲストたちだった。2000年代の後半になると、フレンチやイタリアンを熟知した舌の肥えた観光客が世界的レベルの和食店を評価した。こうしてゲストとホストの交流から京都が洗練され、成熟した女性たちが再び京都を目指すようになった。伝統を革新したことで世界水準に達した和食文化も芸術の世界を開いた。

バブル崩壊と〝そうだ 京都、行こう。〟第3期

「そうだ 京都、行こう。」と景観整備

バブル崩壊後2000年まで海外旅行ブームは下火になった。1990年代の就職氷河期に社会人になった世代、ロストジェネレーションに海外旅行に出かける余裕がなくなったことも原因だと言われる。2001年の同時多発テロの影響もあっただろう。現代の日本人にとって、海外旅行は高齢者の贅沢なレジャーになった。同様に、登山やスキーも昔の若者のレジャーになった。

「ディスカバー・ジャパン」を推進した国鉄は1987年に分割民営化された。その一つJR東海が始めた企画が「そうだ 京都、行こう。[注13]」である。観光地としてよく知った京都を、再評価するために訪ねるといいよという企画に思える。その効果は絶大で、成熟した市民と定常化した社会での人々の嗜好の変化を的確に捉え、21世紀の京都にふさわしい観光文化として定着した。京都には、伝統があるだけではない、未来の日本があるとでも言うようだった。大人になったあなたなら分かるというコンセプトが憎い。

京都市ではいち早く1972年に市街地景観条例を定め美観地区などを指定していた。また、その後1975年の文化財保護法改正で定められた「重要伝統的建造物群保存地区」に沿って、1976年に「京都市伝統的建造物群保存地区条例」を制定し、産寧坂、祇園新橋、上賀茂（社家町）、嵯峨鳥居本の4地区の風趣ある町並み保存地区を整備し、国の重要文化財に選定された。中でも産寧坂は高台寺道、石塀小路に広がり、近年までに東大路の西、祇園町南側でも町並みが整備された。こうして実に50年近い歳月をかけて、京都はその歴史的景観を成熟させてきた[注14]。

町家活用から町家ブームへ

すでに前著[注15]でも紹介したが、これらの重伝建地区では、全国のどこよりも早く、町家が活用され、時代に即したさまざまな店舗が立地した。飲食店はカフェやイタリアンをへて、今では和食店が多くなった。土産店、高級な伝統工芸品店、小物やクラフト店をへて、本格的な美術品店、画廊などが目立つようになった。海外から出店するライカなどのブランド店も増えてきた。こうして、女性客が伝統工芸品や伝統文化に関心を持つだけでなく、ヨーロッパに劣らない品質を求めるようになった点が、1990年代後半から2000年代の第3期の特徴と言っていい。昔の民芸品ではない。これらの優れたクラフトが観光資源となってインバウンドを魅了している。京都がイタリアに追い付いた時期である。これも決して短期間に達成されたものではない。

1990年代に京都市では町家ブームが起こった。町家再生レストランが増え、2000年には町家ホテルが始まり、2015年からは町家民泊、簡易宿所が増加した。それを支えるように2007年の新景観政策、2017年の京町家保全継承条例など[注16]が整えられた。現在では、この傾向はよ

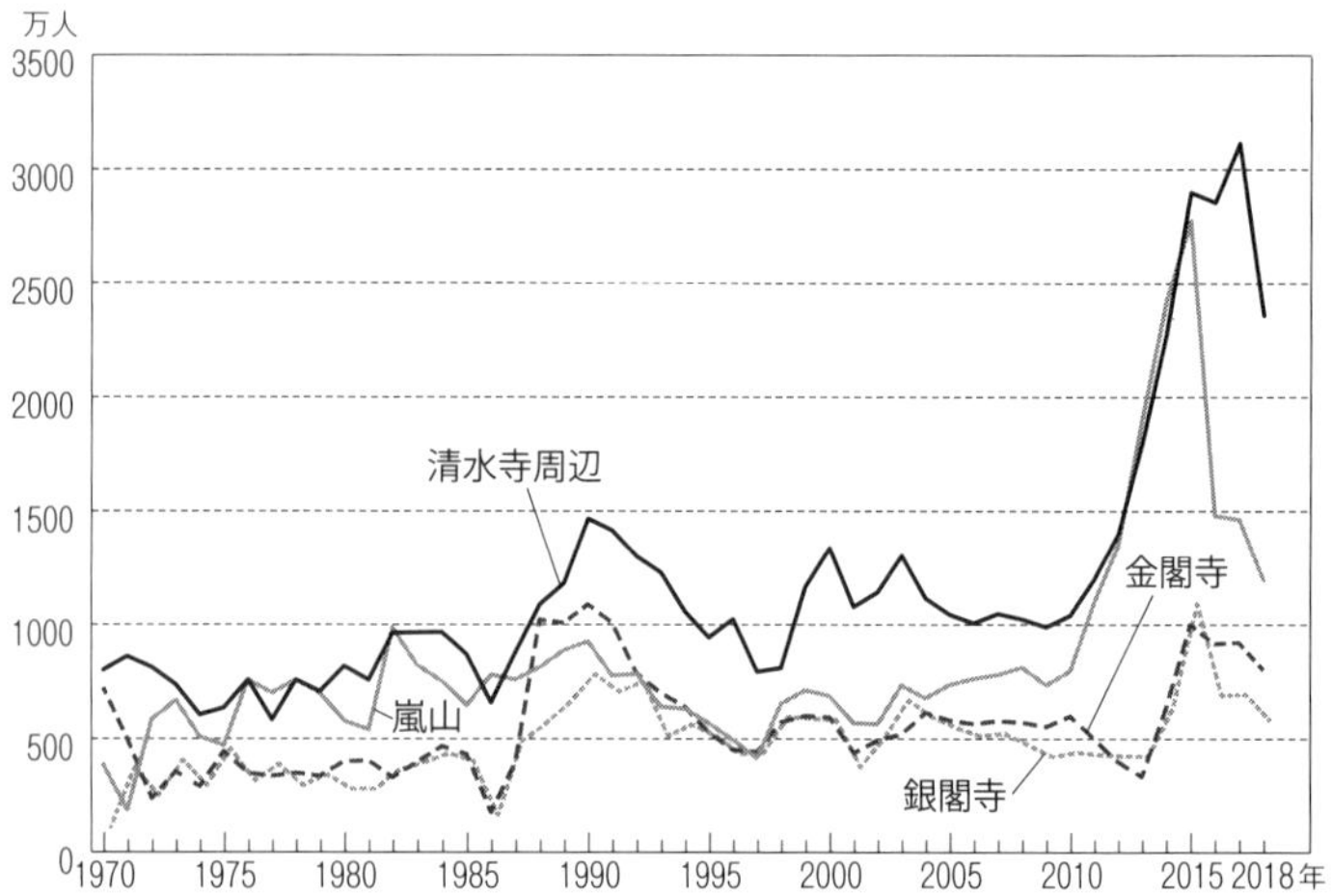

図6·5　京都市観光入込客数の訪問地別推移

(出典：京都市『京都観光総合調査』および『京都市観光調査年報』から作成)

く理解され、さまざまな町家ビジネスが広がった。

こうして京都の観光の中心は、昔ながらの名所旧跡巡り型、近代の御所・平安神宮型、大衆化時代の清水寺・金閣寺型、アンノン族の大原・嵯峨野型をへて、産寧坂型の町並み観光地に移ってきた。訪問地別の入込客数のグラフ（図6・5）は、その変遷をよく示している。そして現在の第4期には、都心に広がった再生町家が観光対象として価値を高め、海外からの観光客は京都での消費生活を楽しんでいた。まず、美酒美食、そしてファッション、和装から陶磁器、漆器などの工芸品、寺町通りでは絵画への関心も広がっている。

観光都市の景観論争 第3期から第4期へ

京都タワーと京都ホテルを巡る論争

観光客が増えたから、市民が望む、望まないにかかわらず、昔から宿泊施設は次々と建てられてきた。まず、1888年創業の旅館「京都常盤」が1890年に洋風建築「常盤ホテル」となり、現在の「京都ホテル・オークラ」の起源となった。1890年創業の遊園地「吉水園」内に1900年に開設されたホテルが現在の「ウェスティン・都ホテル」である。戦後は観光が大衆化し、客数は伸び、大衆的なホテルや旅館が次々と進出してきた。

その一つ、1964年竣工の「京都タワービル」は、京都駅正面の立地から産業観光センター、土産品のデパートとして、ホテルやレストランとして利用されてきた。最近になって、設計者山田守[注17]への再評価が進んでいる。建設当初は、このビルの上に聳えるタワーの特異な形状が全市民的な論争を巻き起こした。それが、市街地を見下ろすタワーだけでなく、ビル内のさまざまな施設にも多くの市民が親近感を持つようになった。そのためタワーのデザインに苦心した山田の慧眼を評価する見方が広がっている。今思えば、京都市民はタワーを嫌ったのではなく、産業観光センターと名づけられた観光施設が駅前にあることが嫌だったのかもしれない。

京都ホテルと仏教会の対立

その後、1970年から80年代のバブル期には地価高騰で町家が壊され、オフィスやマンションが増えた。数々のホテルの開設にも市民の厳しい眼が注がれ、さまざまな配慮がされた。バブル崩壊後の1994年竣工の「京都ホテル・オークラ」は、総合設計制度を適用して45メートル高度地区に60メートルの高層で建て替えられた。1997年竣工の4代目「京都駅ビル」は敷地が特定街区に指定され、同様に高さ60メートルとされた。京都駅ビル最大のテナントはジェイアール京都伊勢丹とホテルグランヴィア京都である。このホテルと京都ホテルは京都タワーを上回る大論争を引き起こし、訴訟も起きた。いまだに市民の記憶に新しい。京都ホテル建設に強く反対した京都仏教会の皆さん方は、今でも京都ホテルを利用しないと聞く[注18]。一方、ホテルグランヴイア京都は、入込客総数、中でもインバウンド増加を受け、毎年最高の稼働率を誇っていた。

さまざまな市民運動を通じて景観論争が盛り上がり、1990年代後半から2000年代に、京都市の景観政策が進み、京町家再生の取り組みが普及したことは、すでに前著『町家再生の論理』[注19]で述べたのでここでは触れない。京都が歴史と文化遺産だけで観光客を集めているわけではないことを確認したいだけである。2007年の新景観政策の前史として、筆者が知る過去30年ほどの景観論争だけでなく、京都では戦前から風致行政が進められていた。風致地区は全国最大規模を誇り、古都保存法によっても三山の山並みの景観は守られている。加えて、眺望景観保全条例が市街地の景観地区と一体となって、優れた景観を守り、広告物規制は次々と更新、新設される店舗の影響をコントロールしている。

ホテルなどへの厳しい視線

だから、景観論争の経緯を知る市民は、1990年代に二つの高層ホテル建設が、従来の高さ規制を緩和して行われ、古都の歴史的風致と景観を壊したことをよく憶えている。観光は歴史文化や景観を壊すものと恐れ、実際二つのホテルは古都の景観を破壊したと言う。その反省から現在のより厳しい高度地区ができたことも知っている。そのおおかたの市民意識を無視して、観光事業者が町並みを壊して簡易宿所を建てていたという認識が強い。だから、市内各地で進んだホテル建築計画を多くの住民は否定的に見ていた。インバウンド急増に対応するため京都市がホテル誘致を進めたことに、市民の批判が根強い。だからホテル事業者は京都に進出したというだけで、すでに市民の反発を買っていた。

今もその声は大きい。無鄰菴と老舗料亭に隣接するヒューリック社のホテルをはじめ、元立誠小学校、元清水小学校と元白川小学校を再生したホテル計画、植柳小学校跡地のホテル計画、商業施設「新風館」（2001年開業、2016年閉店）として使われていた1926年竣工の元京都中央電話局にエースホテルが進出する計画、祇園花見小路の歌舞練場一帯の再整備計画で弥栄会館を京都帝国ホテルに再利用するなど、歴史的景観に配慮して元の建造物を活用するホテル計画が最近は多い。景観政策課をはじめ市の各部局や美観風致審議会で計画段階から一つ一つ丁寧に議論されてはいるが、批判的、否定的に見る市民が多く、根強い反対運動が起こった。

この経緯を知らない進出事業者には理解しにくいだろう。京都に限らず、観光客に人気の都市では、簡易宿所はもとよりホテルも昔から迷惑施設として見られていた。古都の景観を守り続ける市民の記憶に残る二つのホテルの景観破壊の前科は簡単には消えない。前科を持つのは、この二つのホテルだけではない。歴史都市の市民は記憶を語り継ぐ。もちろん拝観拒否はしないが、「どちらにお泊まりですか」とよく尋ねるのは、ホテルとその客を選別するためである。

長年の景観論争をへて市民の意識は高まり、歴史都市の景観が丁寧に整えられてきた。観光客もリピーターが増え、日々美しさを増す京都への期待を高めてきた。半世紀以上も前の1960

年代には、まだどこにでも前近代的な日本の風景が残っていた。そのため、高度経済成長期特有のオフィスビルとタワー展望台、ドライブウェイと展望レストランが当然のように京都でも最新施設として求められた。2007年に導入された景観ガイドラインに言う「屋根形状は切妻、寄棟、入母屋とし、日本瓦葺か銅板で葺き、決められた勾配で、和を基調とする町並みを整える」必要性を、当時の社会も建築関係者も認めてはいなかった。ホストでもある京都市民は言うまでもなく、ゲストとして訪れる観光客も美しい町並みを求めていたわけではなかっただろう。それが半世紀ですっかり変わった。1990年代の京町家再生が転機となり、2007年の新景観政策で京都はすっかり美しくなった。しかし、観光立国といいながらも、この転換はなかなか全国の都市に広がらない。それではコロナショックが終息してもインバウンドは来ないだろう。景観政策がなければ、外国人観光客を当て込んで建てたホテルが景観を壊してしまう。無謀な事業者は秩序を知らず、まして景観の価値も知らない。

観光客も後押しした景観政策と町並み整備　第4期から未来へ

1975年の文化財保護法改正で重要伝統的建造物群保存地区制度ができ、翌年に京都でも清水産寧坂や祇園新橋が重伝建地区に選定され、町家の町並みを保存する市民運動が広がったと述べた。その成果はすぐに表れた。選定された4地区は観光客の人気を集め、住宅が次々と店舗に改装された。伝統的建造物以外の建物の改装でも補助金を受け、条例が定める建物外観の様式、材料や色彩の基準に沿って修景された。それから40年、京都市が当初示した『建築様式参考図集』の水準を超えるほどに町家再生技術も上がった。中に入る店舗も次々と入れ替わり、魅力が向上し続けた。町並み保存とは言うが、保存は外観だけ、室内の生活と生業、観光ビジネスは一般の店舗や住宅以上に革新してきた。清水産寧坂と祇園新橋地区は全国有数の観光地、その分店舗の入れ替えが早く、事業投資額も大きい。常に新しい店舗が入り、その新しさゆえに観光客が集まっている。

戦後75年の京都のまちづくりを振り返ると、京都人だけが京都のよさを知っているとはとても言えない。京都人も悩み、時代の変化とともに観光客の視線も意識しつつ、京都のよさを再確認し続けてきた。経済成長が鈍化し、高齢化とともに社会が成熟した中でようやく市民意識が高まり、美しい景観を志向してきたのである。今では、東アジアからの新しい観光客も京都の美しさに憧れ、やがて東アジア各地の歴史都市にも京都のような美しさを求めるだろう。われわれ日本人も海外旅行を通じてパリやローマの美しさに魅了され、都市景観への意識、関心を高めてきた。

東アジアからの観光客は若い。だから、初めての海外旅行、初めての日本、初めての京都、初めての町家ホテルという若者が多かった。そんな彼らも少しずつではあるがお行儀がよくなりつつあるように見えた。欧米人も彼らもまだ京都には初心者で、老舗の魅力を理解するのはこれからだろう。ホテルや小洒落たブティック・ホテルを探す大人の東アジア客も増えていた。日々理解を深め京都を楽しむ姿を一部の市民は好意的に見るようになっていた。

２００７年に新しい景観政策が始まったのは、第３期観光客増加期に当たる。前述したように、増えたのは主に日本人、それも中高年の女性だった。だからリピーターが多かった（図6・6）。アンノン族と違い、洛外でなく美しさを取り戻した町並みの中を「暮らすように旅する」お行儀のいい奥様方だった。それも幾度となくヨーロッパの歴史都市を楽しんだ女性たちだった。だから、京都で景観論争を主導したホストと、彼女たち日本人ゲ

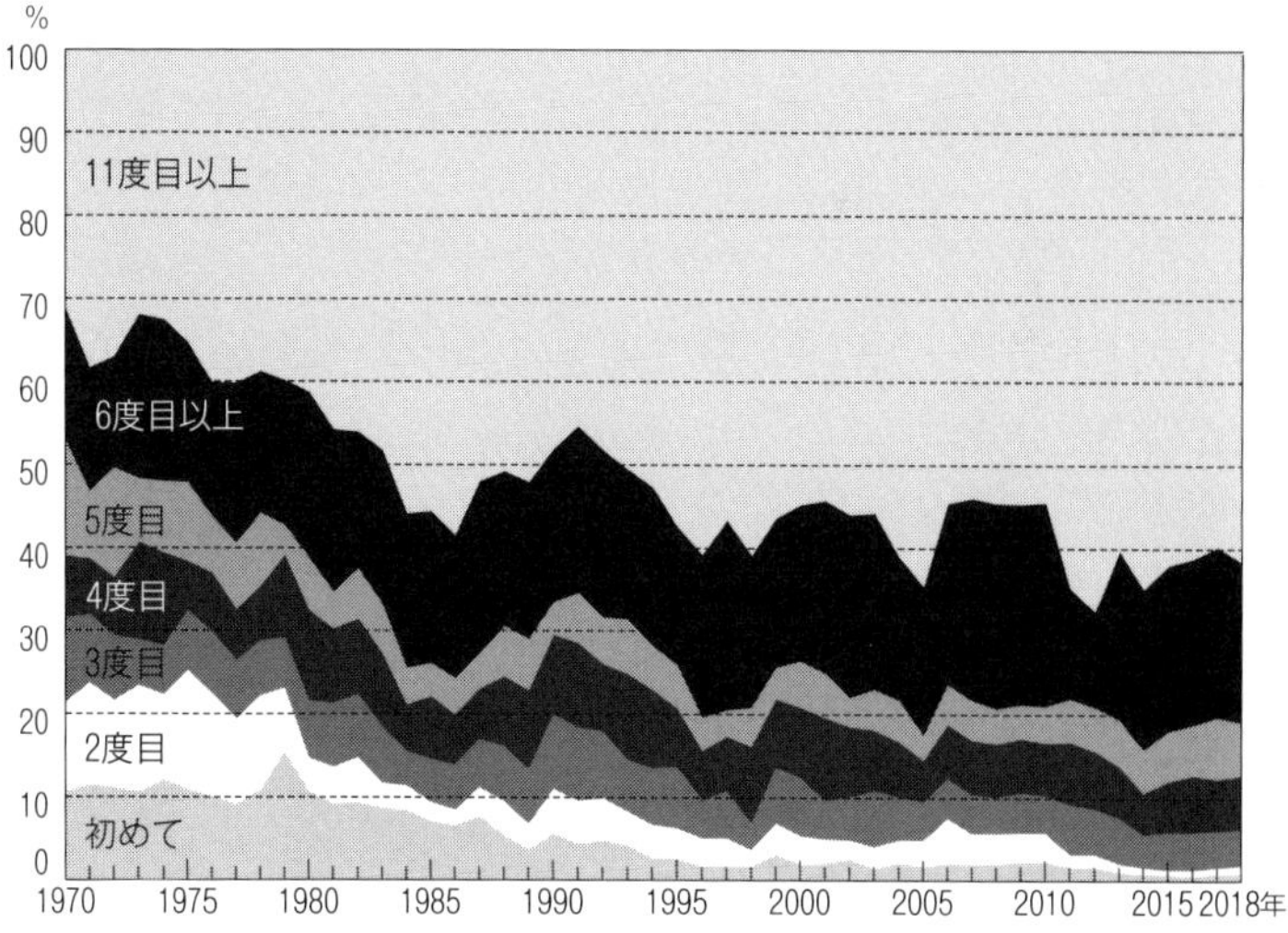

図6･6　京都市入込客数の訪問回数別推移
（出典：京都市『京都観光総合調査』および『京都市観光調査年報』から作成）

ストの古都京都への憧れが京都を変えた。東アジアから新しいゲストを迎えた時、暮らすように旅する文化は彼らをも魅了していた。

京都の持続可能性と進化する文化・景観・観光政策

京都市の総合的な観光政策——文化・景観・観光を柱とする京都創生——

最後に、京都市の観光政策の複雑な立場を述べたい。今回のコロナショックは市内の観光関連事業者を苦しめている。また、それ以前のオーバーツーリズムに苦しんだ普通の市民は、5年前に京都市がホテル不足を解消するために外部資本を誘致したことを批判的にみている。旧番組小学校がホテルに転用されたのを苦々しく思い、京都らしくない安価なビジネスホテルを嫌い、住宅を居住者不在のまま簡易宿所に転じる業者に辟易していた。だからホテル廃業を冷ややかな眼でみている。観光消費は京都経済を支えるが、それを嫌がる市民も多い中で、京都市は観光政策を進めている。それは、本格的な人口減少時代を前に、他の欧米先進国の都市同様に、近代工業都市から観光文化都市への緩やかな転換が必要だからである。とはいえ、目指すのは市民が嫌がる観光都市ではなく、文化芸術都市、観光客と観光産業の経済力で文化芸術都市を創生しようという政策である。

だから2003年から始めた「国家戦略としての京都創生」[注20]策は、文化、景観、観光の三本柱からなる。まず「文化」とは、文化財行政を文化政策に広げ、市民と観光客が融合し、歴史文化を継承する大きな文化活動に展開することである。「京都市京セラ美術館」の再生、「京都芸術センター」刷新、世界文化遺産・二条城活用、そして歴史資料館、考古資料の活性化があり、市民・事業者と文化芸術政策を進める市民参加、地方分権、民営化を柱としている。

次の「景観」とは、言うまでもなく2007年の「新景観政策」を指す。かなり思い切った内容で、国土交通省の全面的な指導、協力のもとに遅滞なく進められた。その後も、2017年の「京町家の保全及び継承に関する条例」の制定や無電柱化など、具体的な成果が多い。

そして「観光」政策では、インバウンド増加を観光政策に活かした点が重要だろう。この15年で京都観光には冬枯れ、夏枯れ、大きな季節変動はなくなった。1年を通じたホテルなどの稼働率の平準化が進み、関連事業者の生産性を上げた。その結果、ハイシーズンだけのパート従業員が減り、正社員が増えた。投資も安定し、文化を活かす知恵や工夫を備えた事業者は商品・サービスの高付加価値化に繋げた。その成果は、滞在日数の倍増、1人当たりの消費金額の増加に表れていた。この関連で、歩くまち京都が推進された。嵐山と東山の観光地と都心の四条通で車道のモール化、歩道の拡幅で買い物空間を拡大した。その結果、店舗、とくに飲食店が増加した。それもファストフードや食べ歩きの店だけでなく、料亭が人気を集め、割烹が増加した。その結果、観光従事者の待遇改善、生産性向上の取り組みが進んでいた。コロナショックからの迅速な回復力が期待される。

観光政策と文化政策の融合

また、京都創生策の一環として忘れてはならないのが、京都市独自の文化政策、文化財行政の拡大策がある。「京都を彩る建物や庭園」制度[注21]は、未登録、未指定の歴史的建造物と庭園を、市民が自薦と他薦を問わず、保護を市に直接提案する制度である。自薦とは建物や庭園の所有者自らが提案するもので、他薦とは所有者以外が提起するもの、他薦の場合は市が所有者の意向を確認したうえで、文化財保護課と専門家の委員会が選定手続きを進める。選定された建物と庭園は市のホームページに掲載される。その後、調査をへて認定に進み、所有者と相談しながら登録、指定文化財の予備群となる。未指定でも修理事業に２０１８年からは補助金が交付される。未指定でも京都の文化遺産として守っていくために観光客の宿泊税の一部が活用される仕組みである。

また、市民や観光客など多くの人が建物や庭に触れることで、文化財になる前の建物と庭園を保護する機運を高めることができる。文化財保護法の外に、地方自治体独自の保護手段を持ち、行政から命令、あるいは補助金を出すだけではなく、近隣の住民、市民が京都市を通じて残して欲しいと所有者にお願いする手段でもある。熱心な市民の願いを受けて、それならばと所有者が保存と継承を決断する仕組みでもある。２０２０年３月時点で、京都を彩る建物や庭園に選定された463件、認定された153件の建物や庭園が京都を訪れる観光客を魅了している。

同様に、「京都をつなぐ無形文化遺産」制度がある。国の枠組では保護対象になりにくい無形文化遺産を京都の地域社会の力で守る取り組みである。2012年の「京の食文化」に始まり、「花街の文化」「地蔵盆」「きもの文化」「菓子文化」「年中行事」と毎年一つずつ継承するための取り組みを続けてきた。地蔵盆では京都市文化財保護課がハンドブックを出版し、地域の住民有志が手作りで伝統行事を復活させるよう推奨している。

そして、三つ目が「まち・ひと・こころが織り成す京都遺産」である。京都の中でもそれぞれの地域固有の歴史に注目し、そこに暮らす人々の文化性に着目した物語性を重視する指定を続けている。有形無形、指定未指定などさまざまな文化遺産をテーマごとにまとめるものである。「北野・西陣」「火の信仰と祭り」「千年の都の水の文化」など10テーマが認定されている。

景観と町家再生への市民参加

加えて京町家再生に関する市民参加が熱心に続いている。市民有志による京町家まちづくり調査（1995〜2011年）が数度行われ、篤志家の寄付もあり京町家の保全再生のための「京町家まちづくりファンド」が17年間京町家再生を支援してきた。そのため京都創生政策の一環として、2011年に「京都市歴史的建築物の保存及び活用に関する条例」が制定された。建築基準法第3条の適用除外を受けて、町家などの歴史的、伝統的建造物を保存、再生、活用する制度である。また、２０１７年の「京町家の保全及び継承に関する条例」で、町家の所有者に壊す前に市に連絡することを義務付ける制度もできた。その成果で守られた町家が増えている。

これら、歴史都市の魅力を高める都市景観政策が実現されたのは、まず京都市民自身が望んだからである。景観が観光資源として経済的価値を持つことが広く認識されたからでもある。その結果、町家の宿が増え、ホテルも増えた。京町家の不動産的価値が上がり、地域に与える影響も無視できなくなった。大型町家の活用は資金面からまだ難しいが、少額とはいえさまざまな補助金もあり、誰もが町家再生を考えるようになった。

京都創生策、景観政策の経済効果

その結果、ホテル急増で地価が上がり、子育て層が京都市内に家が買えず流出しているという指摘がある。不動産業者が新築賃貸マンションを高収入が得られる簡易宿所に転用したから家賃が上がったという。小さな町家や長屋を安易に簡易宿所に改装し、住民の反発を買ったが、袋路再生など木造密集市街地問題は改善しない。郊外の空き家も減らない。一方、都心企業の資金繰りは改善していたし、京町家保存継承条例が目指す京町家の流通も進んでいた。町家への投資が進み、歴史的町並みの再生が軌道に乗っていた。

京都創生の成果は、歴史的景観の維持と向上に留まらない。世界の多くの歴史都市がそうであるように、町並み景観、文化的環境の改善は、創造的な人々を集める芸術都市への道となった。

1994年に「古都京都の文化財」はユネスコの世界遺産に登録された。また、1997年のCOP3（気候変動枠組条約締約国会議）が開かれ「京都議定書」が採択された。1998年には世界遺産委員会も開かれた。2017年には「東アジア文化都市」が開催され、アジアの「文化首都」としても認知された。このイベントの一つ「アジア回廊 現代美術展」の会場は、世界文化遺産二条城に設けられた。「芸術都市（創造）」への転換はこうして進められている。

こうして、欧米の都市がたどった都市の進化の過程を、日本では京都が一足早くたどり始めたと思う。芸術都市・京都は、日本人が経験した観光の長い歴史とともに発展してきた。その歴史が今では東アジアの文化の一角を占める芸術都市として、東アジア各国から注目を集めている。ホストとゲストの交流があってこそ、都市の文化は発展する。

このような総合的な観光政策をもつ自治体は日本にはまだ少ないと思う。観光政策は文化財、文化政策とも、まちづくりを担う都市計画行政とも縁遠い。近そうに見える商業政策や伝統産業振興、農政ともほとんど連携しない。観光庁が熱心に旗をふっても、古くからの名所を日本遺産に登録して補助金でポスターを刷る程度、全国から、また世界から訪れたくなるまちづくりをしない。町並み保存で観光客が増えるのは知っているが、自分の町並みを改善しようとは思わない。ましてや、文化や芸術系のイベントや施設を必要だとも考えていない。それは、観光文化がホストとゲストの交流から生まれることを知らず、それゆえに観光が文化財を守り、都市の文化を発展させる力をもつとは考えもしないからだろう。

それでもここ数年インバウンドが増えたから観光客数が増えた町もあった。近くに空港があればホテルは埋まった。それで増加した売上だけを観光の経済効果とみていた。だからホテルを大きくし収容定員を増やせばもっと儲かると考えた。景観計画で建築規制をかけてほしくないと思ったのだろう。歴史・文化や景観の価値など顧みることもなく、巨大なホテルが一つ聳え立てばいいと思ったのだろう。そんな時代もあった。そんな田舎町にも観光客が来た時代があった。近年のインバウンドの増加でそんな町でも客が増えたのだろう。でもインバウンド・バブルはもう崩壊した。地元住民も観光公害には懲りたという。町を上げて本格的な観光政策に取り組んだほうがいい。市場規模は縮小するだろうが、自分の町をよりよくする持続可能な観光のあり方を考えたほうがいい。

これからのまちづくりには、歴史・文化と景観の価値を高めることが必須事項。文化と景観の魅力がなければ、移り住む人はおらず、住民の流出が進む。人口が減り、製造業が撤退した後を支えるサービス産業を支える人材が集まってこない。もはやコンビナートや原発を誘致する時代ではない。文化と景観の魅力を磨いて、適度に観光客が訪れるまちが求められている。

第7章

アウトバウンドとインバウンドが生んだ四つのシフト

国際水準の歴史観光都市への転換

京都観光四つのシフト

すでに述べたように、20世紀の終盤、入洛客の構成が女性化と成熟化（中高年齢化）した。それに合わせた都市構造に変え、観光関連ビジネスを変化させてきた。この変化が功を奏して、インバウンドの期待に応える観光地として京都は人気を高めたと言える。

観光客総数が増加したのは２００１年以降、比較的最近のことである。そのため観光交通対策として、公共交通を改善し、歩行者空間を広げ、混雑を緩和してきた。また、２００７年の新景観政策で町家の町並みが保全され、飲食業と宿泊業が増えやすい人気の高い歴史的都市環境が整えられた。これをコロナショックからの回復期にも大切にしたい四つの転換（シフト）として紹介したい。

都心シフト

まず、山麓の名所旧跡から都心に人の流れが変わった「都心シフト」である。最大の観光地、清水寺を中心とする東山と渡月橋で有名な嵯峨嵐山、この二大観光地に集中していた観光客が、有名デパート、老舗や名店の多い四条通や河原町通、烏丸通、つまり歴史的都心部にも集まるようになった。

町家再生店舗はこのシフトを捉えたから増加したと言える。さらに、新景観政策の建築ガイドラインが効果を表した。折からの人口の都心回帰の受皿として増加したマンションと、その後増加したホテルに、新基準で瓦を葺いた傾斜屋根と軒庇を義務付けたのである。そのため、京町家の向こう三軒両隣の町並みがきれいに揃った。町家再生店舗の内容もますます多様化し、伝統工芸を活かし、現代的で多様な京都の生活文化の魅力を発するクラフト系店舗が増加した。加えて、世界の有名企業、ブランドが都心の京町家を選び、進出してきた。

高価格・高品質化

次は、「シニア・シフト」と言って、中高年の顧客、それも女性が7割近い客層のシフトに応じて、高価格・高品質志向の商品・サービスを増加させた。その結果、客単価は上がり続け、現在のラグジュアリー市場にまで発展した。2019年に「アマン京都」[注1]が進出し、風致地区、歴史的風土特別保存地区に溶け込むような木造低層の京都らしい高級ホテルが注目を集めている。大衆化の時代がすぎ、選ばれた顧客だけがゆったりとすごす宿泊、飲食施設は他にも増えている。京都では、顧客は贅沢がしたいわけではない。華美ではない豊かな時間、成熟を求める傾向にある。「秘すれば花なり」のホンモノ志向なのである。とはいえ、ラグジュアリーというより、ちょっと高めの価格帯が人気である。

デジタル・シフト

三つめは、全国全世界に共通した「デジタル・シフト」である。ネット客への対応は予約だけではない。さまざまな情報発信、とくに観光客自身が発信するＳＮＳ、通販の影響も大きい。この便利さはグローバルな繋がりと同義である。ただ、安く旅する人を利するだけではない。選ばれた情報を的確に入手する人のためのものでもある。アナログ時代、１９８０年代の情報誌では見付けられない個性的な店に外国人がたどり着く。混雑緩和にも役立っている。宮内庁は京都御所、仙洞御所、桂離宮、修学院離宮のオンラインによる参観申込を受け付けている。美術館や社寺の一部でも欧米並みの拝観予約システムが広がりつつある。紅葉シーズンに混雑する嵐山では団体バス駐車場予約もある。最近はスマホ決済が主流になり、越境ＥＣで京都の物産が個人輸出されている。こうした〝オムニチャネル化〟は今後ますます進む。幸い遅れていた日本のデジタル・シフトがコロナショックと菅内閣のデジタル庁創設でかなり進んだ。

アジア・シフト

そして、四つ目は「アジア・シフト」である。今や京都は東アジア、東南アジアの人々の憧れを集めている。観光行動を通じて、彼らと直接繋がる文化拠点となった。だから、和食店をはじめ生活関連分野の京都企業がアジア諸国の主要都市に次々と出店していた。アジア各国に進出した京料理の店で和食に親しんだ客が、インバウンドとなって京都市内の本店でホンモノを味わっていた。だから地元でも、値段の高いホンモノを求めるようになった。こうして、アジア対応のビジネスモデルが伸びていた。１９８０年代以降、日本国内のイタリアンレストランが本格化したように、東アジアの日本料理店がめきめきと本格化、高級化している。ファストな、あるいはニセモノ日本食店ばかりではない。

こうして、アジア客の眼に京都はますます憧れの地として映っていた。ホンモノの歴史美術もあれば、サブカルチャーの代表・国際マンガミュージアムがあり、アニメーション産業がある。ファッションやグルメの都市でもある。世界のブランドが町家にショールームを開き、ラインやテムザック[注2]が研究拠点を置く。20年前の京都では夢でしかなかった「文化を売る」ビジネスが具体化した。市内の中小事業者が多様なアジア人の嗜好を知ったことで、新しいジャパングッズが次々と生みだされた。かつて日本に欧米の産物が入ってきたように、訪日するアジアの人々が日本の産物を持ち帰るとき、日本の文化がアジアに拡大する。醤油や鮨が普及したように日本酒が、そして和菓子や漬物、京野菜が特産品として輸出され、市場が拡大している。食品・食材は風土を越えて世界化する。すでに、欧米の食品ビジネスは世界に広がっている。

アジア・シフトは、デジタル・シフトの成果でもある。ＬＣＣもホテルもネット予約ができるようになり、価格が下がったことで新たな市場が生まれた。人手不足の日本にとっても好都合だった。また、今後はアジア諸国でも高齢化が進む。間もなくシニア・シフトが始まるだろう。すでに大規模に都市化したアジアで進む都心シフトが大きな文化的意味を発揮するときこそ、ジャパンクールの中心として京都が輝くことは容易に想像できる。英国人が始め、米国人が拡大し、日本人がたどった観光成熟化の道を、京都を拠点にアジアの人々が早足で歩き始めていた。その変化は、京都以上にアジアの歴史都市で見ることができる。

国際観光の復活は、まず近隣諸国同士から始まると思う。また京都の産品が輸出され、あるいは海外に出店していけば、外国からの観光客を過剰に増やさなくても一定の効果が期待できる。「都心シフト」に支えられた「高価格・高品質化」と「デジタル・シフト」「アジア・シフト」はコロナショックからの回復とその後の持続的な観光に繋がる道だ。

「都心シフト」は、装い・味わう・暮らしの贅沢をセットメニューで

町家再生店舗が当たり前に

町家再生店舗は初期のものですでに30年以上、その総数が数千となり、今では珍しくもないという段階を通り越して、京都の都心でファストフード、フランチャイズ以外で、多少なりとも個性を表現したければ、町家でなければ客は来ないという状況になった。平成の30年間を挟んで、昭和の都心商業サービス業と令和のそれはすっかり様変わりした。

京町家の再生による小さなビジネス誕生の経緯は、『創造都市のための観光振興』[注3]ですでに述

べたので、ここでは繰り返さない。本書の第5章で述べたように、総資本（投資額）に対する経常利益率を上げるためには、客数を増やし回転率を上げる「薄利多売」でいくか、単価を上げて利益率を上げる「厚利少売」でいくかという選択になる。ファストフードやフランチャイズが利益率を極限まで削り、高い回転率を選んでいるのに対抗できなければ個店は生き残れない。だから、歴史都市の都心部でのビジネスは、文化性を加味した厚利少売のブランドショップを目指すのである。文化性といっても町家はサブカルチャーだった。折からの生活文化の再評価で衣食住の文化が中心である。現代風にお洒落に仕立てた町家で、本格的な料亭料理とは違うおばんざいを気楽に食べ、普段着の着物で和の風情に浸るという生活文化の新しいスタイルが売れ筋となった。

イタリア文化と町家文化の親和性

イタリアでは１９７０年代には歴史的都心部の保存が進み、歴史的建造物を活かした店舗が人気を集めていた。京都では、１９８０年代末の町家再生店舗がその先駆けだった。バブル期にイタリアなど欧米各地で買い物を楽しんだ女性たちは、１９９０年当時はまだ30歳代から40歳だった。その後十分に成熟した京都や東京の女性たちが、町家再生店舗の顧客となった。彼女らが京都の生活文化のテイストを変えたと言っても過言ではないと思う。だから、町家再生店舗にはイタリアの香りが漂う。このホストとゲスト双方にイタリアの香りがなければ、ただの民家レストラン、民芸店になってしまう。歴史都市京都としての風格がない。

このような文化性が高く個性的な店が増えたことが、多くの観光客を山麓の名所旧跡から都心に呼び戻した。清水産寧坂伝建地区や嵯峨鳥居本伝建地区にも1970年代末から町家や町並みを活かした店舗が増え始めた。しかし、山麓では民家風、民芸風がまず流行った。今でも、町家レストランを見ると都心ではイタリアンやフレンチ、山麓では日本料理の比率が高い。

高級志向と景観改善の親和性

この傾向は景観の改善に大きな効果があった。ファストフードやフランチャイズ店は建築費を惜しむ。没個性的で汎用が効く安い材料で短い工期、その結果ファストな町並みができる。逆に、文化性を加味した厚利少売型では費用をかけて建築に凝り、同時に周囲の町並み景観と調和するデザインを選ぶ傾向がある。魅力的な通り景観の中に美しく溶け込んだ店構えだからこそ、京都の歴史と文化をその一品に込めた、付加価値の高い〝文化商品〟が出来あがる。歴史都市の景観と町並みの美しさ、そこに店の魅力が加わるからこそ厚利が得られるのである。

このタイプの最たるものは老舗の料亭と旅館である。京都でも数を減らしつつあるが、数百年の時をへて蓄積された建物と庭園が彩りとなって、磨き上げられた調理技術と選び抜かれた上質の食材から創造された〝芸術〟を鮮やかに見せている。町家レストランはその方向を向きつつもはるかに大衆的で安直である。しかし、それでもファストフードとはまったく違う。

こうした店が増えたことと、京都市の景観政策が進んだこととは決して無関係ではない。景観政策が受け入れられるのは、費用をかけても美しい店とその周囲の町並み景観をよくしたいという事業者が増えたからである。彼らの町家や町並みへの民間投資を台なしにするような下手な建築行為は規制しなければみんなが損をする。そのためのデザインガイドラインなのである。美しくもない町では付加価値の高い商品が売れないことがよく理解されている。そして、そんなせっかくの美しい町を壊してまで安物を多売して回転率を上げる安易な商売に走る輩が多いこともよく知られている。だから歴史都市ではルールが必要になった。田舎とは違う。京都では、そんな輩がいては経済が成長しない。

文化的付加価値とは「装い、味わい」によるちょっとした「暮らしの贅沢」だった。まず、和装も洋装も含むファッション系の店舗が増えた。小物やクラフトも多い。自らを装い、部屋を装い、テーブルを装いたい。京都の伝統文化からインスピレーションを得て、自分の暮らしを美しく変えたいという成熟した女性の要求が商品の文化性を受け入れ、付加価値を評価したのだと思う。

伝統産業から生活文化産業へ

根気よく続けられた和装振興

京都だから観光政策を通じて和装にも力を入れた。2001年に始まった「京都きものパスポート」は、京都市内に着物姿の観光客を増やし、和装文化を盛り上げることが目的だった。これは、京都府・市と和装関係団体、経済団体が連携した取り組み[注4]で、社寺・美術館・店舗、ホテルとタクシーなど交通機関で割引がある。加えて、着物の着付けと着崩れレスキュー、自分で直せるお立ち寄り所が用意され、染や織、数珠作りなどの伝統産業関連の体験プログラムなど、さまざまな特典がある。自分の着物を持ってきた人にはクリーニングや染み抜きなどのサービスもある。２００１年当初の実施期間は２カ月間、特典協力施設・店舗も約２００軒、その後２００８年に現在と同じ通年の事業となり、施設・店舗数は４００以上になった。２０１８年の時点でパスポートは毎年12万部発行されている。

　この事業を企画した１９９０年代後半は、バブル崩壊以前からの長年の和装不況が続いていた。普通の観光客に着物は買ってもらえない。でも、宅急便であらかじめ着物を送ってもらい、店で着付ければ帯揚げや半襟、長襦袢などの小物を買ってもらえる。簞笥に眠っていた着物の手入れをし、染色補正の技で色を抑えれば年齢にふさわしい訪問着になるだろうというビジネスモデルだった。和装で回ってもらえれば、料亭だけでなく、普通の飲食店も和装の客に慣れていて、いろいろサポートしてくれる。大切な着物をオーバーホールするついでに京都観光という企画だった。その結果、リピーターが増えた。そして、寺町通や四条通の呉服店、和装小物の名店がテレビや雑誌で次々と紹介された。染のまち本能では、伝統産業の日に丹後縮緬の白生地を買ってもらい、悉皆屋[注5]の案内で引染、型染、手描き、京縫などさまざまな京友禅の職人さんに依頼し、最後に仕立ててもらう。本格的な誂えができる仕組みを企画してみた。京着物を柱とする大人の女性を対象とするビジネスモデルはしっかりと普及したのである。日本人の中高年女性の観光客には今もご利用いただく「シニア・シフト」を代表する企画になった。

だからと言って、京都の和装産業に大量の注文が入ったわけではない。でも、市内で着物を売る店は増え、和装小物、関連グッズの店は増えた。紳士用着物の専門店も多く、レンタルも盛況となった。そして新たにアンティーク着物店が増えた。また、和装関連では高級西陣織がホテルの内装材に使われ、数百万円する能装束がよく売れるなど、現代社会のニーズに沿った展開が進んでいる。

アジア系女性と着物

その一方、アジア系の女性が着物を着て観光する姿が目立ってきた。ただ、アジア系女性客はまだ若い。しばらく前には日本人にも舞妓さんのコスプレで写真撮影する若い女性がいた。最初はそんな業態かと思っていたら、安い化繊の着物を大量に用意し、安価に簡単に着付けるサービスを提供する業者が激増した。さすがに京都市民の顰蹙を買った。初めて京都を訪れる観光客に着物のよしあしは分からない。どこからか安く仕入れたのだろうが、今は振袖が多い。少数だが、アジア系の中年女性も楽しんでいる。もちろん、観光地での気楽な遊びである。とはいえ、そこに商機を求めた中国系事業者への批判が集まった。シニアな日本人女性を対象とした京都きものパスポートは、まだ若い外国人女性に浸透したとは言いがたい。それなら、若い外国人に対応した仕組みを整えればいい。京都には似合った着物、着方を教えられる目利きは多い。そのうちアジア系女性も年齢を重ねていく。

1970年代当時、フランスやイタリアで数々のブランドを買い求めた日本人を思うと、この着物ブームを絶好の機会と捉え、染織産業の顧客として育てていく戦略に思いいたる。染織分野の和のテイストは十分好まれ、すでに美術性の高い風呂敷や手ぬぐいが売れ、京小物やアンティーク着物が人気を集めている。日本人に高額商品を売り慣れた和装小売店には迷惑な話かもしれないが、この新たな需要をどう取り込むかで業界の再生の可能性が決まるように思われる。

この着物観光は今や全国各地に広がっている。[注6] 京都ほどではないとは言うものの、外国人観光客が着物を着て歴史的町並みを散策する姿が普通になっていた。それぞれの地域の伝統産業に何らかの好影響があるといいが、現実はかなり厳しいだろう。

和食への取り組みと和食ブーム

もう一つ、和食文化については、もはや説明は要らないだろう。京都の料理業界は「日本料理アカデミー」を設立し、和食文化の世界的評価を高める文化戦略を着々と進めてきた。後述するように、これは美食術の国、フランスの有名シェフたちから学んだことだろう。ポール・ボキューズは調理人であるだけでなく、世界的芸術家としても評価される。和食にも深く広い文化的蓄積がある。その蓄積を糧として優れた料理界の芸術家が登場している。日本の衣食住、生活文化への海外からの関心の高まりを京都の文化力で受け止める。食の文化交流は大規模な観光交流があってこそ可能になる。交流があるからこそ、食文化は国際化する。

前著『町家再生の論理』で述べたように、京町家再生はレストランから始まった。1990年代の町家レストランは、雰囲気がいいが美味しくないと言われていた。そこで、京都商工会議所の観光部会が町家再生店舗の経営者に呼び掛けて「京町家はんなり会」を立ち上げた。商工会議所で勉強会を続け、そこに市内の一流の料理人を招き、京料理講座を開いた。町家店舗マップも毎年作成し、観光客に大量に配布した。町家レストランは和食店だけではない。ただ、折から進行中の和食文化のルネッサンスの波の一端に、京町家再生店舗も乗ることができた。

世界の他の地域同様、日本の食文化も独自の風土だけでなく、諸外国、とくに中国と朝鮮半島からの影響をたびたび受け発展をしてきた。また、多様な自然環境に恵まれた日本列島の東西南北の中心に位置する京都には、列島各地の食文化が集まっている。[注7]

京都市内には、有職料理、精進料理、懐石料理、会席（料亭）料理、それぞれを専門とする料理店が揃っている。加えて、戦後その名前が普及したおばんざいは京都の一般家庭の日常のおかずである。とはいえ、京都独自の食文化として認識されている。

これら多様な料理様式、調理技術を材料面から支える蔬菜園芸は料理界とＪＡ、京都府農政の取り組みの成果である。近年、京野菜ブランドとして確立している。加工食品には京漬物、京豆腐、京ゆば、また豆製品があり、日本酒、茶、味噌醤油などの発酵食品にも全国的に知られた生産者、老舗などが揃い、商品のブランド力が高い。歴史都市の生活文化、衣食住はそれぞれに深い歴史的蓄積があり、文化的多様性に富む。その一端は京町家にも見えるが、食文化はより深く魅力的に、人々の創造性を刺激している。本格的な数寄屋建築と庭園、贄を尽くした食器と設えの高級料亭が頂点に君臨していれば、築百数十年の町家を簡単に直しただけのイタリアンやフレンチ、エスニックの店も、京野菜を使っているという付加価値で、夜更けまでインバウンド客を集めている。これら両極の間に、都心や山麓の料亭、カウンター割烹、小料理屋、高級から庶民的までの各国別、あるいは多国籍料理店、バーや居酒屋も賑わい、街角のたこ焼屋もお好み焼き屋もインバウンドで混んでいた。美味しさが観光の大きなインセンティブであることは言うまでもないが、これを小さなビジネスに活かすためには、ビジネス装置としての美しい町並みが必要なのである。アジアの若者は、その魅力をよく理解している。実際、中国や台湾、東南アジアのマレーシア、タイなどにも、歴史的町並み保存地区に魅力的なレストランが増えている。日本人がヨーロッパの歴史都市で学んだことが、短時間でアジア諸国にも普及している。

こうして、着物、和食、そして町家という衣食住それぞれの分野で、伝統に甘んじるのではなく、革新を繰り返すことで京都の生活文化が磨き上げられ、観光文化を盛り上げてきた。2017年には「文化芸術基本法」が改正され、食文化を含む生活文化[注8]が振興の対象となった。京都の取り組みは、この法改正に先んじて生活文化を独自の観光資源として発信した先行例と言える。

しかし、インバウンド効果があまりに急激だったために、格安のレンタル着物、なんちゃって和食、路地裏の安い町家の簡易宿所に外国人が群れをなしていることだけが眼についてしまった。表面的なこの傾向を見て、多くの京都市民は関連の観光事業者が本質を見失っていると批判した。そのとおりなのだが、仕掛けた人たちが、責任を持って是正すべきことでもある。すぐ横にホンモノがあるのだからニセモノは遠からず駆逐されるだろう。リピートするアジアの人々がやがてホンモノの京都を堪能する日が来る。

地域性を目立たせたもう一つの要因

町家をアーティスト・イン・レジデンスに活用

また、町家が住宅から飲食店などのサービス業に転じる過程で、歴史的建造物の性格の違いが顕在化した。下京の町家と上京、中京の町家は違う。祇園のある東山の町家も違い、上京でも織物産業の集積地西陣には特徴のある町家が多い（**写真7・1**）。

1980年代末に西陣の妙蓮寺の塔頭《たっちゅう》円常院の住職、佐野充照氏等が始めた「西陣町家倶楽部」は、西陣の織屋建てと呼ばれる町家や長屋を安い家賃で若いアーティストに紹介した。そこに住んで創作活動してもらう、アーティスト・イン・レジデンスである。西陣の織子さんは高齢化し、空き家が増えていた。その活動拠点は大黒町の織成館の前、西陣織工業組合理事長を長年務めた渡邉隆夫氏の渡文の所有する千切屋の織工場の跡だった。今はそこにロボットメーカーのテムザック社の中央研究所が置かれている。伝統産業の産地に先端企業が立地した。

アーティスト・イン・レジデンスは2012年には東山アーティスツ・プレイスメント・サービスとして本格的な取り組みになった。京都市若手芸術家の居住・制作・発表の場づくり事

写真7·1　西陣町家の特長を活かした「らくたび町家紫野別邸」

業として、文化庁の文化芸術創造拠点形成事業の支援、朝日新聞文化財団等の助成を受けている。一方、西陣の町家や長屋には若いアーティスト、小さな企業家が百人近く住み着いている。その斡旋をした不動産会社フラットエージェンシーが「西陣R倶楽部」を組織し、このネットワークでさまざまな地域イベントを続けている。彼らの店を探して中国や台湾の客が訪れていた。

そんな事例の一つ、西陣の町家に入居した「京都瑞鳳堂」は銀瓶製造・小売を手がける名店である。銀瓶とは湯を沸かす純銀製の瓶のことである。金工アート作品という呼び方もできるが、人間国宝の関谷四郎の技と美学を伝えるという。それはともかく、ここに台湾を中心とする東アジアの客が集まっていた。日本人よりも多い。地元の人はあまり知らない。開業して3年になる。アジア・シフトとは、このような新たな価値の創造と受容が次々と起こることなのだろう。東アジアの観光客が来なければ、あえて西陣でなくてよかった。東京や大阪の都心でなく、西陣の町並みの中に東アジアの観光客を引きこんで、自社製品のよさをアピールしようという意図がある。

町家活用企業が京都の個性を極める

それぞれの町家の活用が進んでくる中で、地域ごとの町並みや建築の本来の特徴が際立ってきた。そこに、店の大小、さまざまな規模、多様な雰囲気などが加わって個性的な界隈が現れてきた。従来の商店街の普通の建物では出せなかった地域色である。もちろん、ファストフードやフランチャイズ店は、むしろこんな個性を消そうと統一されたデザインを選択する。この違い、店や建物の個性が都心に戻ってきた観光客には大きな魅力になる。リピートする常連客に、京都の街角はいつも新しい発見を提供している。まち歩きの楽しさが日々増しているのである。

こうした町家活用企業の活動が集まることで、各地区の将来が分かりやすく示されている。そこに、新たに起業しようという若者が集まってくる。東山、西陣だけでなく、今では下京区や南区などの拠点に多様な芸術活動が起こり、起業する若者がいる。こうして京都にも創造階級が集まっている。この流れは、まず彫刻や陶芸の作家が始め、染織、写真、インスタレーション作家に広がった。その一方で、美術系大学の多い京都にはマンガやアニメを志す若者も多い。アトリエは織物の西陣、清水焼の東山に、ギャラリーは下京や上京など都心寄りにと、地域の文化的特色に即した創造的産業として定着しつつある。ヨーロッパの歴史都市で過去半世紀、そして京都でこの四半世紀に起こった変化を見ると、次の四半世紀に京都で起こるだろう観光文化の発展が想像できる。それが、次の半世紀に日本中に広がっていくことも期待される。

観光政策の目的は、歴史的都心部の歴史的建造物を通じて、全国から、世界から観光客を集め、その都市固有の伝統文化、産業文化などを現代風に活用することにある。そのために創造階級の知恵とセンスを活かし、その成果で創造都市を生みだすことである。観光とは、名所旧跡を回ることだけでもなければ、買い物や飲食を楽しむことだけでもない。新しい発見を楽しみ、新しい価値を知る。新しさは次々と創造される。だから、たびたび訪れる歴史都市に創造階級が集まっていれば、常に新しさを楽しむことができる。だから文化的創造性がもっとも重要な要素になる。

アジア・シフト 爆買から体験型へ

爆買から体験型へ

インバウンド客の増加は、戦後75年の京都観光の歴史の中で初めての経験だった。市民の反応もそれぞれ、おおむね否定的な意見が多いが、肯定的な見方もある。その意見も日々変化していた。それもそのはず、外国人観光客とその行動が急速に変化していた。

とくに、中国人が爆買を卒業し、体験型観光を楽しむようになったと言われる。娯楽・サービスにかける費用が増加しているという。中でも、食費が増加していた。京都では高級料亭が予約でいっぱいになった。1回の食事で1人5～10万円かけることも珍しくない。爆買いからコト消費と呼ばれる贅沢な体験への転換が進んでいたのである。京都でしか味わえない、あるいは体験できない「コト」に喜んで高額を支払っていた。日本での限られた時間を買い物に使わなくても、日本製品はインターネットで買える。越境ECも盛んになり、すでに毎日のように買っていた。高級料亭ばかりか、歌舞伎や能楽を鑑賞し、茶道を体験、陶芸や染織を学びたいといった。

だから京都では東アジアからの観光客、とくに中国人の関心は高級日本料理に集中しているように見えた。ただ、今後はそれが和食全般に広がり、食文化から衣文化へ、住文化へ、生活文化全般に広がり、サブカルチャーを含む多様な発見が続くのだろう。

京都はコトが体験できる憧れの地

多くの観光客にとって、京都は憧れの地であるらしい。歴史文化だけではなく、マンガ、ファッション、そしてグルメが楽しめる。またその魅力は日々磨かれ、その質も高まっていた。多様な発見が続くのは、新しい魅力を生む創造的な活動が広がっていたからである。前述したように、山麓の社寺から都心へ、今は西陣や下京、東山などの都心周辺の、それぞれに異なった特徴を持つさまざまな町家が集まったいろいろな地区に、それ以上に多様な創造性を持った新しい人々の活動が集まっている。

また、個性的なコンテンツを持った企業、起業家が、アジア人の嗜好に対応するためインバウンドを活かす発想が広がっている。アジア各都市に日本料理店、緑茶店、和菓子店などジャパングッズ店が進出しているのだから、本場京都でアジアの人々にホンモノを体験してもらい、進出したお店の商品の価値を高めたい。そのための体験、古都でしか体験できないコトを提供するビジネスが広がっていた。

かつては英国人、アメリカ人、そして日本人、今では中国人が、イタリア文化に魅了されたように、東アジアの人々が日本の生活文化に魅了されようとしている。前述したように、２０００

年頃に始まったシニア・シフトは日本人観光客の高齢化、加えて女性化に対応した観光地京都の変化だった。これが第1段階だとすれば、アジア・シフトは第2段階として、京都の文化産業をより高度なものに導いていくだろう。

かつて、日本人が欧米を観光することで、日本での暮らしに洋風を受け入れたように、やがて、日本を観光する欧米人、アジアの人々の暮らしが少しずつ和風化していくことになるかもしれない。その意味では、暮らすように旅するというコンセプトには期待できる。われわれ日本人が民泊を通じて外国人旅行者を上手に受け入れ、発展させていく工夫を凝らしてもいい。安普請の賃貸マンションを民泊と称して安く貸し出すことでなく、和の文化を伝える貴重な機会になる。

コロナ後の京都に求められること

イタリアの歴史都市と観光客

すでに述べたように、イタリアの歴史都市は憧れを持った観光客を受け入れることでその文化を発展させてきた。コロナショック前、京都でも1年間の観光消費額が市民全体の消費額の52％にも達し、飲食・宿泊業を中心に新しいビジネスが生まれていた。イタリアで段階的に進んできた観光交流の発展過程で、ホストとゲストのさまざまな組み合わせが、新しい観光ビジネスを生み出してきたように、京都でも、これからのさまざまな段階でホストとゲストが出会い、京都の文化と町並み、そして観光ビジネスを発展させるだろう。この発展を助長するように、ハードとソフト両面から観光まちづくりがすでに進んでいた。

新型コロナウイルスの影響が収まれば、アジア各国の観光客が京都に戻ってくる。これまでは大勢の日本人観光客がヨーロッパに憧れ、旅を通じて学んだことの影響が京都や日本の都市を変えてきた。同様に、アジアの人々も京都に憧れ、京都での体験を通じて、それぞれの国々を変えていくだろう。歴史都市の古くも常に新しく、そして美しい町並みの魅力はヨーロッパから学んだ重要な文化体験だろう。そして、今後、アジアの人々の京都での文化的体験が、より大きな文化的影響として、多くの個性的なアジアの都市に広がっていくだろう。ホストとゲストの文化交流は、文化人やアーティストの交流だけではない。一般の観光客、つまり食事や買い物を通じた消費者としての市民の交流の部分が大きいことは、これまで述べたとおりである。

だから、イタリアの人々と日本の人々との交流の段階と、日本と東アジア、または東南アジアの人々とのもう一つの交流の段階では伝わるものが違うだろう。受ける影響も違うだろう。

京都の観光客、イタリアとの違い

日本がイタリアから学び、真似たのは、歴史都市環境を守り、現代的により美しく磨くことだった。古都の町並みを壊して洋風化することではない。明治時代のように、日本の都市をイタリア風やフランス風にネオ・ルネッサンス建築で飾ることではない。そこにあった和風の素材を現代人が好む日本的なセンスで再生したことである。そうすることで、歴史都市を美しくすることができ、さらにその都市に長年蓄積された生活文化の美しさを引き出すことができることを知ったのである。別の言い方をすれば、近現代建築の町並みを整え、先進国のふりをすることではなく、一時は失われていたが、もともとそこにあった伝統的町並みを再生した。それは、市民の日常生活の傍に京都の文化芸術を置くことで、物質的でなく精神的に豊かになれることを知ったからである。

京町家再生はその典型的な事例である。町家やその町並みは古いから保存したわけではない。文化財にしたかったわけでもない。新築のビルよりも新しい価値があったから再生したのである。実際、高級な町家ホテルが人気を博したのは、世界各国のどんなモダンなホテルよりも美しい京都らしい室内空間があり、そこでなければ得られないデラックスな時がすごせたからである。

日本料理は、さらにその上をいく。フランスやイタリアの食文化、調理技術を熟知した一流の料理人が、世界最高水準の素材と技を駆使して、さらに国際的なレベルにある美意識を持って芸術作品としての美味しい体験、美しい体験を提供している。決して、精進料理や懐石料理などの伝統料理を提供しているわけではない。伝統料理を継承、再生する一方で、より創造的な芸術活動を展開しているのである。

その創造的活動の結果、日本料理界の芸術性の高さはフレンチに匹敵する水準に達した。そして、和食文化への世界の評価を高めた。

日本の建築界には、丹下健三に代表される世界的スターがいる。ファッション界にも、三宅一生や高田賢三に代表される世界的デザイナーがいる。美術、映画、音楽、数々の分野で日本のアーティストが世界的に活躍しているように、京都のスター料理人が世界に進出している。異論が出ることを覚悟してあえて言うが、彼ら天才たちは、イタリアやフランス文化に代表される世界レベルの美意識を深く理解し、受け入れたことで、日本の伝統文化の持つ価値を再生し、創造的に発展させた。そして、その価値、魅力を世界の人々に伝えることに成功したのだと思う。アーティストには言葉は要らない。その作品は世界の人々に理解される。

アジア・シフトの中で求められる包容力

さて、次の段階、アジア・シフトの進む今の京都で、アジアの人々にこの成功をどう理解してもらうかである。アジアの人々との交流では伝わるものも受け入れられるものも、私たち日本人の経験とは違う。そこで思い出したいのは、同様の体験をイタリア人もしたことである。

1980年当時、普通のイタリア人はカソリックでもない日本人がなぜ聖画を見に来るのかと訝しんだ。蝶々夫人、場合によってはトゥーランドットも除くとして、日本人がなぜイタリア・オペラを見るだけでなく、学び演じたがるのか。イタリアを身にまとい、食べ、家具調度まで買うのか不思議だと言った。でも、その魅力はイタリア人にしか分からないものではなく、世界の人々に理解されることにすぐ気づいた。決して、イタリア人にしか分からないとは言わなかった。いや、むしろ日本人にこそ理解されるとまで言ったイタリア人デザイナーもいた。

だから今、日本人にしか分からない、京都人だけが知っているという了見でいいはずがない。アジアの人々の鑑賞眼を知り、彼らにしか分からないものまで取り込んで、京都の魅力をより広く受け入れられるものに高めることができないだろうか。美術や音楽、そしてファッションや食文化の理解者として、日本人はイタリアで歓迎された。そして、日本人の志向にあった商品を開発、提供してもらった。こうした、異文化をも受容することで、自文化をますます発展させる包容力が求められるのではないだろうか。

包容力を阻害する観光公害の抑制

この包容力をより多くの京都市民に期待するなら、まず観光公害の制御が必要である。管理が悪い民泊、管理人不在の簡易宿所が増え、東山区などの路地に泊まる外国人観光客が知らないうちに迷惑行為をする場合があった。この場合、市民は経営者や管理者ではなく、宿泊客に悪印象を持ってしまう。日本人は、まだ民泊にも外国人観光客にも慣れていないのだから、よほど丁寧に管理しないと、外国人嫌いが蔓延してしまう。「インバウンドは観光公害」と言われ、市内の観光関連事業者の機会損失を招いていた。自社の利益だけを追求し、外部不経済を垂れ流す一部の不動産業者は取り締まらなければならない。ローマのスリほどの悪影響ではないだろうが、管理人不在の簡易宿舎はそれに近い迷惑施設になっていた。

次に、市民が外国人観光客に好印象を持つような融和策、工夫が要る。急増したインバウンドへの世論の評価は京都では賛否両論、『京都新聞』の投書欄「窓・読者の声」に時折寄せられる市民の体験談には、日々理解度を深める京都好きの観光客の姿、室内禁煙のため深夜の路地で喫煙する大柄の女性に驚いた話などがあり、市民、住民レベルでのホストとゲストの接触の様子がよく分かる。バス停や地下鉄の駅で、店先やレストランのテーブル越しで、外国人観光客と市民との会話が増えてきたとも感じる。今では、京都人は外国人観光客に慣れているという声も多くなった。文化的包容力は、まず市民のレベルで発揮される。

学生の街であることの利点を活かす

幸い、学生の街京都には13万人ほどの大学生がいる。英語や中国語はもとより、フランス語、スペイン語、イタリア語、韓国語を学んでいる。そして、留学生も多い。英語とスペイン語に堪能な中国人留学生がJR京都駅の自動切符売り場でガイドしている。もはや万能通訳と言える。その隣で京都市観光協会が運営する観光案内所も多言語対応に長けている。しかし、文化的包容力は多言語を通じて発揮されるものだけではなさそうだ。実際、かつて一般的なイタリア人は外国語が苦手だった。イタリア人のように陽気である必要はない。田舎者を見定める京都人は的確に鋭く反応する。それをいけずとも言う人もいるが、役には立つ。

さて、これまでの日本の近代150年間は欧米化の時代だった。明治の欧風化、戦後の米国化、そして高度経済成長期からバブル期を通じて、日本人の海外旅行を通じた消費生活の欧米化と段階的に進行してきた。それが、世界が日本の文化を受け入れる時代に変わると思うのは妄想だろうか。観光は異文化接触の重要なプロセスである。そこで接触した人々の異なる文化は相互に受容されながら、その先で能動的に文化変容を起こす。それはグローバル化と言われる均一化を押し進めるだけではないだろう。それぞれの固有の文化を変容させ、個性を深めることでもある。確かに京都でも町並みを現代化させ、暮らしの大部分でグローバル化の影響を受け入れてきた。その反面、京都の文化を継承する努力を続けてきた。この点に、観光の効果があり、まちづくりの方向が定められたのではないだろうか。インバウンドの力で京都はグローバル化し、その個性的な魅力を磨き、ローカルな文化を世界に発信できるようになった。ここにインバウンドを活かした観光戦略がある。この点で、イタリアと京都の観光文化には相通じるものがあると言えよう。

インバウンドを文化変容のきっかけに

インバウンドの増加で、京都の都心部で外国の町と見違うばかりの混雑が続いていた。自分で動かなくても世界旅行ができる状況になった。その一方、人手不足が深刻化し、外国人従業員が外国人観光客を受け入れることも一般的になった。その意味で、京都は日本の未来を分かりやすい形で示していたと思う。

人口減少期を迎え、不足する労働力を補うために外国人人材の受け入れが始まっている。大都市では、とくに夜間の飲食店やコンビニは留学生を中心とする外国人従業員抜きでは成り立たない。また、地方の生産現場では、悪名高い〝技能実習制度〟[注9]による時代錯誤な搾取が許されている。日本人だけの日本人優先の閉鎖的な社会はいつまでも続きはしない。

国内各地、それも身近な地域社会に外国人が増えれば、先住民のわれわれ日本人も変わることを余儀なくされる。すでに外国人労働者が当たり前の欧米先進国では近年移民排斥などの不寛容な動きもある。その意味で、日本社会の今後の反応も予断を許さない。だからこそ、インバウンドの増加を日本社会が徐々に国際化する第1段階として捉え、受容と変容のプロセスを段階的に進める機会とすべきだろう。

観光とは日々変化する多様な人々の文化的行為、精神の活動である。その変化を詳しく、丁寧に捉える視点が必要になる。都市に暮らすということは常に他人から見られることでもある。その都市で、それも外国人観光客が多い都市で、自分と他人両方からどう見られるかを意識することが文化変容のきっかけになるだろう。これは、まちづくりにとって無視できない点である。

第8章

コロナ後に向けた地方都市の観光再生

量を制御し質を高め地域を豊かにする八つの戦略

観光公害とコロナショックから何を学ぶべきか

小さいが潰れにくいあり方

２０２０年春、新型コロナウイルス感染症の拡大を避けるため、世界中で国境が閉ざされ、観光客が激減した。５月下旬から徐々に規制解除が始まったもののなかなか回復しない。３密を避けて夏休みをすごしたとはいうが、国内では再び増加に転じた感染者数を見ながら慎重にＧｏＴｏトラベルを始めている。この感染症が観光客の移動で拡大したことを知ったからである。旅行先からウイルスを持ち帰るかもしれない。多くの事業者は、観光のリスクを学んだ。世界中で観光客が一瞬で消えた現実を見て、観光経済の危うさを思い知った。

コロナショック以前の数年間、危機的状況をインバウンド増加に救われた地方の老舗旅館や観光施設は多い。日本各地の見るもの食べるものすべてがたいへんな人気、どんなものでも飛ぶように売れた。長年忘れていた好景気が戻った感があった。盛況は多くの業種に及び、地価が上がり建設ラッシュに沸いた。

だから２０２５年の大阪万博に向けて関西では大阪を中心に観光振興に拍車がかかっている。さらに小さな地方の町でも、大阪や京都のようにこのチャンスにインバウンドには是非来てほしい。今回経験したようなリスクが避けられるならば、観光を地方再生に活かしたいと思う。実際、地方経済を再生するには観光以外に考えられることがないともいう（表8・1）。

しかし、インバウンドの急増の結果、各地で混雑が起こり、配慮の足りない事業者が周辺住民の反発を買って観光公害とまで言われたことを忘れてはならない。またパンデミック、戦争、テロによる急減にも耐えられる観光を再構築しなければならない。リスクは完全には避けられないとしても、その影響を最小化する方法はある。その際大切なことは、どの地域にも、受け入れられる観光客数には限度があるということだ。

２０１９年までは地方を訪れる外国人観光客は増えていた。リピート率が高い台湾人観光客が地方にまで関心を持ち始めた。彼らも、最初は数日だけの初めての日本旅行、成田空港から団体バスで関西空港まで３日間で走り抜けた。東名と名神高速道路沿いのゴールデン・ルートだけだった。こうした団体旅行が１９８０年代に始まり、90年代には増加した。その後ステップアップ

表8·1　観光消費に占める訪日外国人観光客の比率（都道府県別）

上位15都道府県名	外国人消費比率	日本人消費比率
大阪府	46.2	53.8
東京都	44.8	55.2
京都府	29.2	70.8
福岡県	23.7	76.3
愛知県	22.0	78.0
北海道	21.5	78.5
沖縄県	18.9	81.1
奈良県	16.8	83.2
千葉県	14.3	85.7
埼玉県	11.8	88.2
神奈川県	11.8	88.2
岐阜県	10.9	89.1
大分県	9.9	90.1
香川県	9.7	90.3
広島県	9.6	90.4

（出典：観光庁『観光白書』、観光庁「旅行・観光消費動向調査」の中から「訪日外国人消費動向調査」により作成）

した観光客は新幹線を利用し、ＪＲパスも使って、好きな京都や金沢を再訪しつつ、すでに日本各地に足を伸ばしていた。中国人団体客がまだ来ない、日本人観光客だけの混んでいない小都市を、レンタカーで回っていた。だから、道の駅でも台湾人を中心にインバウンド消費が目に見えて伸び、イートインを設置した道の駅が増えていた。

道の駅は大部分が地元資本である。農家や漁家が摂れた食材を売りに来る。日本料理が大好きな台湾や一部の韓国人客が、むしろ値段の高いものを選ぶように買ってくれていた。レンタカーで関西空港まで2時間、その後2時間半ほどで台北やソウルに着いてしまう。今晩のお惣菜を買って帰る近さである。道の駅にはさほどの投資は要らない。インバウンド経済効果が身の丈サイズで手に入っていた。

こうした小さいが地元に根差した観光は、数年インバウンド客が戻らなくても倒れることは少ないだろう。まず国内観光客が戻ってきて、いつかインバウンドの個人客も戻ってくるに違いない。

コロナ以前からあった観光客制御の議論

イタリアにも小さな地方都市がとくに多い。小さな農村や漁村も多い。林業は盛んではないが、トリュフで有名な山村がある。その大部分は観光客が見向きもしない過疎地である。その中で、僅かだが膨大な観光客が押し寄せる街がある。聖フランシスコの町アッシジ、中世の塔の町サン・ジミニアーノである。アッシジは中世から巡礼が訪れる町である。聖地ローマ巡礼の行き帰りによる地でもある。住民一人当たりの巡礼者と観光客の総数はヴェネツィアよりも多いほどである。だから、アッシジ市民は昔から、1年に1日でいいから町の門を閉ざした静けさが欲しいといっていた。今回の本格的ロックダウンで、ついに静けさが戻ったという。ヴェネツィアでも運河の底が見えるほどに水が澄んでいた。

すでに述べたように、イタリア各地で観光客を制限する議論が進んでいる。その町で宿泊も飲食もせず、友人宅や駅のベンチですごす客がいた。さすがにテントは張らないもののシュラフにくるまって公園で寝て観光していた。気候のいいイタリアは、そんなバックパッカーのメッカにもなった。その歴史も長い。だからAirbnbを歓迎したわけでない。若者の貧乏旅行がブームになって半世紀以上、世界の人口が増加し、次々と豊かになり寿命を延ばした人々がイタリアに押し寄せていた。1990年代にはサンマルコ広場が野宿者であふれた。それを押しとどめて文化遺産を守った経験から、受け入れる観光客の限度を議論してきた。

日本でも、近年のインバウンドの急増を経験し、新型コロナウイルスと観光の関係に気づき、観光客を制御する議論が始まっている。

求められるリスペクトと負担、量の規制

観光客と受入事業者には応分の負担を求める

まず、社会的公正の議論から入ろう。その観光地はだれのものかという点を再確認する必要がある。文化遺産、自然遺産、有形無形の文化、それらは社会全体に開かれた万人のものなのだろうか。誰もが等しくアクセスし、無料で享受できるべきなのだろうか。

市民革命で王宮が国民に解放され美術館として開かれた時、自由・平等・博愛を旗頭に、誰もが自由に、平等に、文化芸術に触れられる喜びにあふれた市民の時代があった。王侯貴族に代わり、その後は国家が一元的に美術館や文化財を管理する時代に変わった。国家やアカデミズムがその権威を笠に着て文化を牛耳った時代もあった。戦後はその反動が市民運動となり、文化行政、文化財行政の民主化、民営化、そして地方分権化が進み、地元自治体と地元企業が出資して市民ボランティアが管理する文化財保護の形が広がってきた。日本では主に町並み保存運動が普及したが、欧米諸国ではより大きく、幅広く展開している。

中でもイギリスは早かった。ナショナル・トラスト、シビック・トラスト、グランドワーク・

トラスト等が発展し、世界に広がった。日本やイギリスほどに文化省予算が多くないイタリアでも文化財行政の民営化と地方分権が進んだ。大小の地元企業がスポンサーになって歴史的建造物や美術館を支えている。ウフィッツィ美術館でもフィレンツェ市と姉妹都市の京都の複数のロータリー・クラブが所蔵美術品の修復のスポンサーに名を連ねている。

つまり、観光客が享受する文化遺産はその国の政府、自治体だけでなく、民間企業、市民有志が協力し、資金と労力をかけて守られているということだ。鑑賞する人はその協力の輪に加わるために、十二分な負担はもちろんのこと、十分な敬意を払うことが求められる。ただ乗りすることは適切ではない。まして、その文化遺産に関して何らかの経済活動をし、その利益を得れば、それ以上の貢献をしなければ、公共物を私有化、あるいは盗んだと非難される。商売に利用すれば、一般の市民の少なくとも十倍程度の負担は当然だと思われる。これが民主化、民営化の考え方である。国や地方政府にならば聞いてもらえるわがままは通じない。市民が市民に甘えるような態度は許されない。

求められるカストーディアンとリスペクト

京都や奈良では、古くからある門前の商店街がその社寺への奉仕を大切にし、さまざまなお手伝いをしている。その関係は見えないから、大仏商法などといって門前の商店の客に対する態度を尊大だと誤解する人がいる。社寺の権威を笠に着ていると誤解するのである。笠に着ているのではない。自分たちが毎日奉仕している社寺に応分の敬意を払うことを求めているだけ、無礼な態度、無理解な姿勢を直してほしいのである。

これを文化観光の世界ではカストーディアン（門番）という。2017年のUNWTOのオーバーツーリズム対策、持続可能な観光キャンペーンでは、ヴェネツィア・リスペクト、フィレンツェ・リスペクトと呼んだ。祇園の花見小路には京都リスペクトのポスターが貼られた。

京都の祇園祭は、このリスペクトの分かりやすい例である。ユネスコの無形文化遺産に登録され、国の無形民俗文化財として、また重要文化財指定を受けた山鉾、その懸装品などに公的補助を受けている。しかし、それは美術館の収蔵品として見るものではなく、山鉾巡行と鉾立から当日までの宵山行事の道具立てである。それは、山鉾町の住民をはじめ各保存会会員の皆さんの弛まぬ努力で継承されている伝統の神事である。見るためには応分の負担と尊敬が要る。粽《ちまき》売りだけで資金が賄えるはずもない。尊敬はまず、八坂の神様に、神職の方々に、そして氏子の皆さん、神事の主催者に払う。その次に応分のご奉仕をお納めする。

山鉾町の町並み景観は、京都市の景観政策の下、地権者、事業者、住民等の協力できれいに整えられている。その美しい町並みを愛でる観光客は多い。そこに老舗やお洒落な店が集まって、世界有数の歴史文化都市になった。

その立地を活かして、ホテルを建てたい場合、単に市の景観ガイドラインに沿った建物だからといって受け容れられるはずはない。厳しい高さ規制、容積率、色彩や形態規制に驚いてはならない。ガイドラインでようやく、町並み景観が保たれ、立地の良さが守られている。京都都心のその立地ゆえにホテルを建てた事業者が、そのガイドラインを守らなければ、優れた立地を損なう自殺行為になる。まわりを巻き込むから自爆テロになる。だから、ガイドライン遵守は当たり前、その上で新参者は、中世以来の祇園祭の歴史に敬意を払い、保存会に千年分の貢献として数億円程度を寄付金として負担する。ガイドラインが厳しいから建築費がかかる、室数が限られるから採算が取りにくいという理解のない事業者には来てほしくないと思うのは当然だろう。空港の横にホテルを建てるのとは違う。身近で文化財に接したことのない人には、この歴史文化都市の常識がない。だから余所者、文化を破壊する者として嫌われる。

ホテルと来客数の上限規制

景観ガイドライン同様に、祇園祭を保存継承するために許される町内に立つホテルの数と規模、来客数の上限が決められなければならない。もちろん観客が来てくれるから宵山も巡行を担う氏子の皆さんが盛り上がる。保存会の囃子方も世話役も誇りをもって祭事を挙行できる。過疎地の神社と違い、後継者が育ち、ユネスコの無形文化遺産になった。しかし、神事である以上、礼節は大切にされなければならない。どのようなホテルを受け容れるか、保存会を中心に地元の住民に考えてもらえばいい。ビジネス客の多い空港や駅に隣接するホテルと違い、京都のような歴史文化を誇る都市で主に観光客が泊まるホテルは機能性や便益性を重視してはいけない。1月間の祇園祭の期間だけでなく、町並みなど一年を通じての文化的価値が観光資源である。観光客と観光事業者に応分の負担を求めるべきだろう。

同様の議論が合掌集落の白川郷でもいえる。合掌造の住民が住んで初めて価値が生まれる。宿泊施設として所有者住民が活用している。その横に部外者がホテルを建てていいはずがない。どうしても建てたいなら、景観を損なわないだけでなく、住民の何倍もの負担が求められるだろう。

文化遺産、自然遺産の価値への理解が遅れた日本のような社会では、これまでその価値を安売りしてきた傾向がある。外国人を含む遠方からの来訪者を地元住民の好意でもてなすのはまだない。中には礼儀を知らない、文化的価値が理解できない来訪者もいるだろう。もちろん、その態度を我慢する必要はない。まして、その来訪者から料金を取る宿泊施設や飲食・物販店は十二分の貢献を果たさない限り、その営業を認めてはならないだろう。事業者には、盗んだものを売ってはいけない、ただで手に入れたものを売ってもいけない、という常識から考えてほしい。

だから出店規制が必要だと思うが、実は簡単な議論ではない。自分で選んだ職業を営む自由は、経済的自由権の一つとして広く認められている。だから、東京資本が大きな顔をして出店する。それがしばらく前に京都で起こっていたオーバーツーリズムの主な原因だった。身近に文化財と接したことのない事業者は、文化財や景観保護は行政の仕事だと思っている。行政が保護するものは、国民みんなのものだと思っている。

京都では、外部資本のホテルが過剰に進出して市民生活を脅かした。当時は宿泊施設の総量規制を求める声が上がり、周辺住民との協議を構想段階で求める仕組みを京都市が構築しつつある。また、一般客室内部のバリアフリー基準を設けるなど、新しいルール作りを始めた[注1]。その後のコロナショックで、ホテルと民泊の多くが閉鎖、撤退を始めている。だからこの取り組みの具体化はこれからだが、京都らしく近隣住民、町内会、商店会への説明を行い、その状況を市に報告するとした点が画期的だった。京都では、地域住民が第一の観光資源なのである。

量を制御する二つの戦略

いつになるかは分からないが、コロナショックが終息したときには抑えられていた旅行熱が吹き出すときが来る。そのとき、目先の利益に捕らわれると観光と市民の間に亀裂がはいってしまう。それを避けるために、文化遺産を守り文化創造に繋ぐための八つの戦略を示す。

正確な観光統計による把握と観光客の制御 ―第1の戦略―

住民との協議を必要とするのは、観光客数の限度を数字で示すのが難しいからである。

地域が受け入れられる観光客数は、その地元住民数との関係で多寡を計るのが世界的にも多い。

例えば、人口26万人のヴェネツィア市の年間観光客数は約3千万人、その内歴史的都心部である本島に宿泊する客数が350万人である。人口38・2万人のフィレンツェ市の年間観光客数は3千500万人、市内全域の宿泊者数は約700万人、ヴェネツィアの倍である。ヴェネツィア本島内の宿泊施設はベッド数で3万5千床、人口147万人の京都市よりやや少ない。ヴェネツィアの問題は、同市には本島部分とメストレと呼ばれる陸地部分があり、本島内夜間人口が5万人と少ない点にある。そこに8割が外国人で7割が初心者という観光客が泊まる。これを比べれば、毎晩のように圧倒的多数の異邦人に本島を占領されていることが分かる、というように比較される。

この場合、住民は夜間人口と昼間人口に分けて数える。また、京都市都心部ではマンション住民と京町家住民との違いも考慮されるべきだろう。町並み景観に占める京町家の役割は大きい。建物もそうだが、お庭にも重要な役割がある。一方、観光客では宿泊客と日帰り客の違いも大きい。もちろん、観光客数は季節によって変動し、限度数も変わる。

そのため、観光客数の適正数を示す基準作りは簡単にできない。住民の数についても、市全体、地区ごと、町丁目や島単位と範囲を分けて調べ、夜間と昼間人口を区別し、世帯数・年齢・性別構成、タイプ別の住宅戸数などを調べる。また観光客も変動はするものの国籍別、例えばフィレンツェの700万人の年間宿泊者数のうち、約200万人がイタリア人という資料がいる。日本人は10万人程度だともいう。その性別、年齢別の資料がいる。こうして比較していく。

すでに述べたように、2000年代の京都では観光客総数に占める日本人の中高年女性の割合が高かった。この10余年に34％も増えたが、誰もオーバーツーリズムと気づきもしなかった。京都市民に溶け込んだからである。このように、観光客の適正化は人数の多寡ではない。質も考慮しなければならない。そして、再三述べたように、観光客の質は年々変化している。だから、限度を数で示すことにはあまり意味がない。質の改善に努め、地元住民の意見を聞き、観光客の質の改善をモニターしてもらう。同時に、受け入れ側住民の理解と協力を得つつ、ホストとゲスト両者の和解を図る作業が適性化戦略なのである。これを**「第1の戦略」**として提案する。

この意味から、京都市の観光統計には重要な意味がある。来訪者の女性化、シニア化が進む様子が毎年計測されている。すでに台湾人が、今では中国人の女性化が著しい。シニア化は少し遅れている。

そして、住民と協議し、その合意形成を図る際に、あと5年待てばこれだけシニア化が進むから、5年前と比べて今までに改善された分が期待できる。だから、3年後に開業するホテルの客も2年たてば、町内の和食店の顧客になると予想できると、数字を使って説明できる。実際、われわれはそういう使い方をしている。

住民の協議を前提とすれば、適正なゲストの質を調整することが必須となる。受け入れる宿泊事業者、送り出す旅行代理店が協力し、繁忙期はシニア優先が当然としても、閑散期でも初心者ばかりにならないように、多様なインセンティブを用意してホストとゲストの最善の関係を維持するマネジメントが求められる。

注意しなければならない点は、地域住民の方に陋習が残っている場合である。福井県高浜町の元助役が関西電力原子力発電所の地元対策として不正に多額の金銭授受を長年にわたって続けていた事件が明らかになった。つい最近のことである。未成熟な社会では不正が横行する。住民合意を前提とすることは、既得権を許すことではない。不正な補償をすることでもない。皆で公益に奉仕するための協議を尽くすことである。私利私欲が入ると、悪意の調整役が忍び寄ってくる。その結果、公益が損なわれ、皆が損をする。

人口減少に即して施設は縮小しつつ再生する――第2の戦略――

統計に基づいた予測と観光客数の適性化を進めれば、バブル期の負の遺産、赤字公営施設の解消が多少なりとも期待できる。あるいは、過度な期待を戒め、いたずらな拡充投資を避けることができる。実際、１９８７年リゾート法関連施設が２０１０年代のインバウンド増加で、数は少ないが、再生した事例がある。バブル期の将来予測は根拠薄弱だった。それを是正し、新たな投資なしで新しいリゾートに再生、活用できる。

根拠薄弱な予測でなく、身の丈にあった謙虚な予測がいい。そもそも、２０５０年までに受入地域の多くで人口が30～40％も減少する。だから、仮に観光客数を現状で維持しても、10年後には過剰になる。過剰というのは、地域の住民の力に比して観光客数が多すぎると、地域の文化的価値を維持するのが困難になるという意味である。同時に、その公的施設を運営する人材の確保もより難しくなる。だから、施設の収容定員を半分にし、雇用を半分以下に減らせるように、施設を減築することも考えたい。

インバウンドの増加で、過剰に整備された県営など公設地方空港が再生した例もある。ＬＣＣやチャーター（臨時）便専用化を進めたためである。コロナショック下ではほとんどが閉鎖状態にあるが、施設を縮小し減築を図れば、道の駅のように再生できるだろう。同様に港湾設備の再生、高速道路の利活用が考えられる。クルーズ船などを受け容れる町には今後はアウトレットが必要になるかもしれない。日本国内にもすでに相当数のアウトレットが営業し、外国人観光客を集めている。

とはいえ、大部分の地方自治体では、まだ成長期の常識が残り、縮小し均衡する知恵がない。フルセットで整備し、大規模観光地を真似たがっている。それは、ヨーロッパなどの小規模観光地の成功を知らないからだろう。地元の将来人口を考えれば、縮小の必要性に気づくだろう。

縮小に向かうなら稼働率を上げなくていい。負担が減るから働きやすくなる。それで採算が取れるような経営にすればいい。また、稼働率が下がっても年間を通じて平準化できるほうがいい。

雇用できる人数、確保できる人材は限られている。都会でも労働力が枯渇する時代が来る。限られた地元の人材を合理的に活用するために入込客を平準化する。観光客数の制限と安定化が「**第2の戦略**」である。

地元を優先し厚利少売で世界と結びつく三つの戦略

地元の人が働く職場を優先する ―第3の戦略―

イタリアでは、ローマ、ヴェネツィアやフィレンツェのホテルは別として、年間平均40％の稼働率で利益が出るようにホテルが経営されるという。薄利多売のホテルチェーンと違い、競争の激しい都心の需要を奪いに出る必要はない。小都市、田舎町のホテルは、適正な稼働率で適正な値段、安定雇用を確保し、そこそこの利益を出せばいい。観光客の急増に合わせてホテルを経営しないのである。地元で働く人のためにホテルを経営している。地元優先が「**第3の戦略**」、当然の考え方である。

そもそも地元住民の職場としての施設経営を優先しなければ、観光は公害になる。また、地元の事業者優先でなければ、大国の軍事力を後ろ盾に進出した世界的大企業に搾取されるだけの植民地になってしまう。外資は観光文化を育てない。食いつぶしたら次の町に移り、同様に地域資源を浪費していく。同様に、国策を後ろ盾に大企業が進出すれば、労働力だけを提供する企業城下町になってしまう。大企業は東京本社を向き、アリバイ作りの地域貢献で経済的にだけ多少協力する。しかし、地元住民の関心を薄め、地域文化を抹消する。世界市場で勝つための戦力として地元の人材を酷使する。

だから、地域を離れず、四季折々に美しい日本の地域資源を守り、その美しさを暮らしの中で愛でる地元住民を大切にしなければ、観光の振興はできない。彼らがいてこそ、観光客をもてなすことができる。その安定雇用ができて初めて、観光客の適正化が達成される。地元企業が住民とともに地域を守っている。イタリアではそう信じられている。

小ささを活かすなら厚利少売 ―第4の戦略―

小さな町で小規模な施設、宿泊施設も飲食店も小さく作れば、顧客の内外比を適切に保つことができる。店は地元の客に高く評価される品質とサービスを維持し、訪問客は他地域と比較したよさを愛でてくれる。内外ともに顧客が少ないから、営業規模も決して大きくはしない。市場の規模に合わせて、町と店の小ささを活かせば、地方都市が有利になる。小さな町では、とくに高い利益を上げる必要はない。利益を抑えて薄利多売に走る必要はないのだから、品質のよさで厚利少売を探ることになる。そのため、小ロットの名品を揃え、町の個性、歴史文化を活かした物語をつくり情報発信でブランド化することができる。これを「**第4の戦略**」とする。

この論理が、ポスト・フォーディズム時代の第三のイタリアの成功である。１９８０年代に経済成長を謳歌したボローニャやフィレンツェ、コモなどの中北部イタリアの職人産業、職人企業の特徴は多品種少量生産だった。その結果、メイドインイタリーが世界的評価を得て、高い需要に応えるため、職人企業の多くが江蘇省を中心に中国に生産拠点を設けた。中国の大市場でもイタリア風メイドインチャイナがよく売れた。それも大量に売れ、直ぐ地元中国の中小企業が追随した。それをイタリア企業は国内に持ち帰り、中国製でもイタリアンブランドとして売った。中国企業ができないことである。そのため、今度は中国の資本がイタリアに進出し、買収したイタリア企業が生産、メイドインイタリーとして流通させるようになった。

もちろん、資本だけでなく、人件費を抑えるために従業員も中国から連れてきた。その結果として、ミラノの中国人人口が増え、さらに長江（揚子江）上流の大都市武漢、湖南省の省都からコロナウイルスが持ち込まれる遠因にもなった。その市場規模を考えると、中国とイタリアの関係が簡単に解消できるはずもないが、規模拡大は中国人、小ロットを活かすのはイタリア企業という仕分けが進むだろう。イタリアン・ファションは今でも盛んではあるが、イタリアでは、食品産業や農産物、農産加工品の国際競争力が高い。これも小ロット中心でブランド化したものが多い。これらは安い労働力を求めて中国に進出することはない。

小ロットで品質を維持するためには、小さな町、小さな生産地のほうが有利になる。事業所の規模は小さく、昔から自社所有の土地に多少古いが自社ビルを持っている。だから自己資本比率が高い安定経営ができる。社員は地元採用で通勤も短時間、住宅費など福利厚生も安心だ。子育てしやすい環境で、多様な勤務形態を受け容れる。だから質の高い職人を安定して雇用し、無理に生産量を上げず、品質を向上させていく。

観光とネット通販で世界と結びつく――第5の戦略――

商品に人気がでると、工場を拡大し全国に市場を広げよう、さらに世界を目指そうと言ってきた商社が日本でも多かった。金融機関も融資先が欲しいから資金を出してきた。今ではそんな必要はない。国内市場はもう拡大しない。メイド・イン・ジャパンの名の下、世界中で飛ぶように売れた自動車やＩＴにも往時の栄光はない。世界にはニッチな市場と中国、インドの大市場がある。小さな町は大国でなく、世界のニッチをねらう。それならネット通販で十分だ。コストをかけずに適正な量を販売できる。実際、生産量を拡大した折には、流通コストだ、宣伝費だといって、利益の大半を商社にもっていかれた。従業員に過度の負担をかけ、身の丈に合わないまで借入額を増やし、地元には公害をまき散らし、結局周りの人々と家族、自分自身を疲弊させただけに終わったと反省する地元生産者は多い。

そんな時代が、観光の力で終わりつつある。東京の商社を通じて世界に出ていく時代は終わった。インバウンドを通じて、世界の市場が地元にやってくる。ニッチな市場はとても小さい。でもトヨタでもパナソニックでもない地元事業者が利益を上げるには、ちょうどいいサイズになる。地元の文化を活かして、その品質を向上していくための適正な生産量、職人の数、関連の事業所数を守り、安定化を図るのである。イタリアの地方都市の企業は、このような形で観光を利用し、小さいが世界市場に進出した。食品分野やファッション分野の成功がよく知られる。

同様の事例は国内でも多い。通販で、ネットで全国各地の小ロットの銘品が自宅に届くようになった。食品、名産品が多い。農産物も出回る。そして、地方の老舗の数々が同様の経営手法でしっかりと生き残っている。アグリツーリズモよりも早く、地方の伝統産業が個別にイタリア化している。そういえば、京都の西陣織の織元も１９８０年代には中国に進出していた。それを出機化といった。織元は残るが織り手が京都から減少した。今は、京都に残った企業が世界的ブランドに成長し始めた。

観光とネット通販によるファンとの持続的な関係づくり、これが「**第5の戦略**」である。

生活文化を創造し惹きつける三つの戦略

お洒落に暮らす地元住民の生活文化で惹きつける ―第6の戦略―

また、この京都に残る考え方が「**第6の戦略**」でもある。地元住民とともに、地域の自然を愛で生活文化の魅力を訴求する。美しい自然景観と歴史を感じる町並みを舞台に、住民をモデルに見立て、地域固有の生活文化をショーウィンドに仕立てる考え方である。仕立てるといっても似非ではいけない。住民本来の伝統文化を高く評価し、継承発展しやすいように支援するのである。

日本には数多くの城下町がある。商都、港町、門前町なども数多い。そこには独特の祝祭行事が民俗文化財とし伝承され、旧家の女性たち、素養豊かな紳士たちが、茶道、華道、伝統芸能、邦楽を守っている。また、一部の家庭には食文化の伝統も受け継がれている。和菓子店、造酒屋、醤油や味噌の醸造もある。割烹、料亭があり、若者はイタリアンやフレンチ、オーガニックやスローフードのレストランを始めているだろう。そんな地方都市で元気にお洒落に暮らす女性たちをファッション・モデルに見立て、町全体をショーウィンドのようにする。観光客は暮らすように旅するといって、地元でゆったりとした時間を送ることになる。伝統の祭りやイベントがあれば、地元住民も輝き始める。

きれいなモデルがいなければファッションは売れない。魅力的な暮らしを営む人がいなければ生活文化は輝かない。観光客にお洒落に暮らす地元住民をモデルとして見てもらいたい。観光客は、住民の散歩道を歩き、地元民が集うカフェで地域の食材、ローカルフードを知り、味わいを通じてその土地の風土と文化の深みを知る。見るだけでは感じられない地域の魅力を体験してもらう。それを英語や中国とで発信できる人材は、地域でももう珍しくなくなった。

町のヘビー・ユーザーをつくる ―第7の戦略―

その需要は全国のファンが支えている。イタリア観光を経験した日本人の多くは、イタリアの地方都市の小さな生産者も支えている。その前には、スイスやフランス、イギリスの地方の生産者も支えた。ヨーロッパ人のほとんどは知らないが、イギリスの地元と日本のファンだけが知っている銘品もある。このファンをヘビー・ユーザーとして世界と日本の地方都市を結び付ける役割を果たしてもらう戦略がいる。これを「**第7の戦略**」と考えたい。

ヘビー・ユーザーは、観光に訪れることで生まれる。地元のブランド品を彩る店構え、歴史的町並み、魅力ある都心に暮らす人々がいる町で、その町の物語を聴き、感動することでファンになる。だから、観光客のために、その体験型観光を演出する取り組みを考えるといい。そこには、その町で暮らす人々のライフスタイルが関わってくる。町の個性が決まれば、それを勧めるべき客層、対象となる観光客を限定する。個々の客層、ターゲット・グループは小さくていいが、複数の対象（ターゲットグループ／顧客層）を選別しておくといい。これが、ヘビー・ユーザーづくり対策である。

観光客としてみると、ヘビー・ユーザーとは、まずリピーターを意味する。その地域の価値を評価し、繰り返し訪れる。繰り返しながら、観光客の厳しい視線で地域を磨く批評をする。その厳しい眼を活用する仕組み、ホストとゲストが交流しつつ、よりよい環境を作り、観光客の適正化を支援する外部のリピーターによる応援団とする。この顧客（リピーター）参加型の適正化活動を第7の戦略と考える（図8・1）。

先に、ホテルや受け入れ可能な観光客の限度を住民に決めてもらうとした。同じ観光客でも初心者とリピーターは根本的に違う。京都で入込客数が増えた2000年代は日本人中高年女性のリピーターが市民に溶け込んだから目立たなかったが、2010年代後半のインバウンドの増加は、まったく溶け込みようもない初心者があまりに多かった。動物園でライオンの写真を撮るように、あるいは初めてディズニーランドでミッキーマウスを写すように、舞妓さんに群がってスマホを向けた。リピーターはもちろ

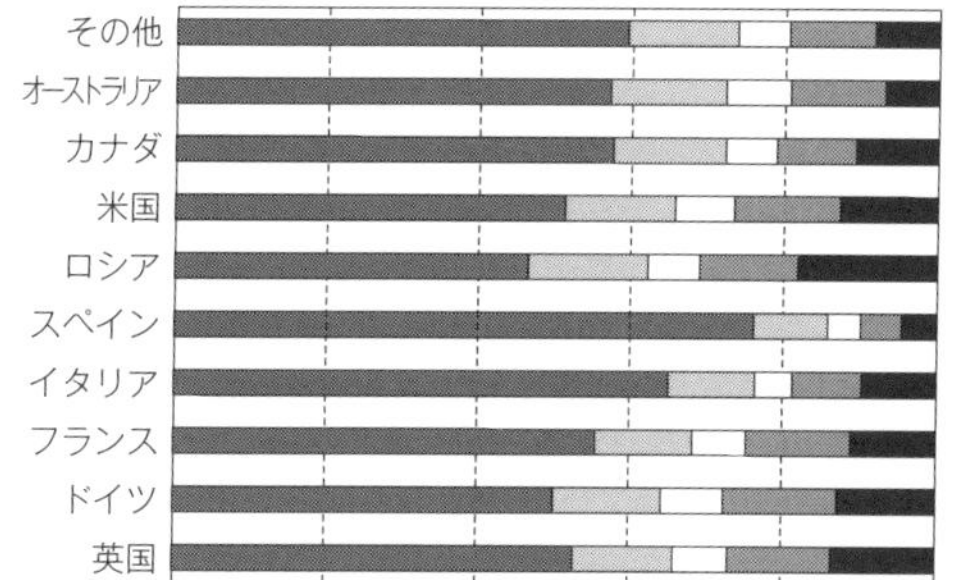

図8·1　訪日外国人出発地別訪問回数（2018年）

（出典：観光庁『観光白書』2019年、観光庁「訪日外国人動向調査」により作成）

んそんなことはしない。だからリピーター比率を上げる必要がある。初心者は一人だけではそんな勇気の要ることはしない。おとなしくしている。

だから、下手に観光プロモーションをして初心者を増やさないほうがいい。公害といわれる。観光客の制御もできないのにプロモーションしてはいけない。量的制御、質的制御それぞれの方法で上手にバランスを取るから、責任をもって誘致できる。適正化のためのプロモーションが要る。

観光と交流から新しい生活文化を生みだす ―第8の戦略―

そして、リピーター獲得につながる点でもあるが、常に新しい生活文化を生みだす力を育てることが「**第8の戦略**」である。いつ来ても町が刷新しているからまた来たくなるといわせる力である。リピーターが喜び再訪したくなる力でもある。小さな町でもこの力がないと、リピーターを獲得できない。

古都京都は1990年代から急速に美しくなった。京町家を再生した新しい店が増えた。1994年に世界文化遺産に登録された17の社寺だけでなく、数多くの文化遺産が保護され、何も変わらないように見える。しかし、その周辺では店の大きな看板が撤去され、デザインと色彩が抑制され、縮小されたお洒落なものに変わった。店構えも和風で美しい。風致地区や歴史的風土特別保全地区の山々はきれいに手入れされ、四季折々の装いをまとう。街を歩く人の和装姿が増えた。和食ブームが広がり、老舗だけでなく、若い優秀な料理人の店が増えた。こうして、いつまでも変わらない文化遺産とそれを取りまく街の姿がより美しく刷新していく様子を見るために人々がたびたび訪れる。

すでに述べたように、イタリアの歴史都市も長年にわたり刷新し続けた。空港が巨大化し、そして使いやすくなり、その町の中心までの公共交通が早く安く、そして便利になった。インターネットで予約したホテルなどお得な値段で国際水準のサービスが揃っている。街中が歩きやすくなった。自動車交通が規制され、モール（歩行者専用道路）が広がった。違法駐車も駆逐された。こうして広がった道沿いには小さくお洒落な店が増え、さまざまなデザイングッズを揃えている。ショーウィンドも看板も刷新され、魅力的な店員が上手に英語で対応してくれる。イタリア人かと思っていたが、聞けば東欧からの留学生だという。地元の若者以上に町の歴史に詳しい。

新しい芸術文化を生みだす力は、どの時代も他所から来た人が持ってきた。ルネッサンスのフィレンツェを支えたレオナルドはフィレンツェから20キロほどの小さなヴィンチ村から、ミケランジェロは60キロも南のアレッツォ市の、さらに20キロも離れた寒村から、ラファエッロはそもそもトスカーナでもない遠くウルビーノから来た。こうした余所者を集めたことがフィレンツェの成功だといわれる。彼らがなかなか刷新できなかった、頑固《がんこ》なフィレンツェ人を変えてくれたのだという。

この極東の島国日本にまで、世界各地から多様な国籍の外国人が集まってくれば、その力を魅力づくりに活かすことができる。観光を通じて文化が交流、異なった文化が融合し、創造性が発揮される。そこから多様な未来の観光が生まれ、日本の文化的多様性が発揮される。

日本は、150年前までは260以上の諸侯が治める大小の領国（藩）に分かれ、多様な文化と伝統を発達させてきた。160年前のリソルジメント（国土統一）までのイタリア同様に、今もその土地ごとの多様性を秘めている。明治維新で急速な近代化を果たすために統一国家を立て、国民を統合し、東京に集中して成長してきた。今では人口は減少に転じ、経済成長を急ぐ必要もない。地域の豊かさを損なうことなく、ありのままの地域を守ればいい。そこに多様なインバウンド客が訪れる時代になった。

地元の人々が見せたいところと、他所から来た人、インバウンドが見たいところは違うのが当たり前、外の人に地元住民の古い意識を変えてもらい、世界が評価する地域固有の価値を見い出すことができる。あるいは、地元の人が近くの小さな国際空港から世界に出向き、地域を見直すきっかけを得ることもあるだろう。こうした交流から新しい文化が生み出される。もう芸術文化の時代でもない。観光がこれだけ幅広い層の人々に広がった現代では、より多くが受け入れる身近な生活文化を生み出す力が求められるだろう。

世界の地方都市で進む国際化・個性化

アジアでも進む歴史都市の保存と再生

20世紀後半から21世紀にかけて世界でもっとも成長著しいアジアにも、東京、香港、シンガポールなどのグローバル・シティがある。観光交流が進み、上海、北京、ソウル、大阪、バンコク、ジャカルタ、マニラなどもグローバル・シティに成長している。この他にも数多くの小さな都市があり、それぞれが多様な個性を競い合っている。

観光客は、もちろんこれらグローバル・シティにも向かうが、それ以外の小さな町を訪れている。マレーシアの首都クアラルンプールは１７６万人ほどの森の町、ペナン島のジョージタウンは70万人、マラッカ海峡の港町ムラカは45万人、インドネシアのジョグジャカルタは39万人ほどの小さな、そしてどれも世界遺産に係る歴史文化都市である。人口はもっと多いが、中国には蘇州、杭州、厦門、澳門《マカオ》、麗江など数多くの歴史都市がある。麗江古城と蘇州古典庭園は１９９７年、厦門のコロンス島（鼓浪嶼）は２０１７年に世界遺産に登録された。アジアＬＣＣの代表格エアアジアが就航して、多くの東南アジアと中国の観光客をこれらの都市に運んできた。

日本の各地の歴史都市に少し遅れ、１９９０年代から保存が進められ、ムラカとペナンは２０

08年同様に世界遺産に登録された。その町並みを活かしたお洒落な店が多いのは、LCCで増加した観光客向けの美術工芸品、飲食店、ブティックホテルと呼ばれるショップハウスなど、その都市固有の町家風民家を再生したホテルが増えたからである。それを経営する人、設計・デザインする人、料理する人は他所から移り住んだ人が多い。観光客と同じように東南アジア諸国を行き来している。

日本では彦根城の世界遺産登録を目指す過程で、姫路城以外の国宝4城、松本、犬山、松江の各城をシリアルで登録できないかという意見があった。登録はまだだが、景観法による景観計画、歴史まちづくり法による歴史的風致維持向上計画を策定し、町並み景観が整ってきた。彦根市もご城下にキャッスルロード、四番町スクエア、河原町芹町の重要伝統的建造物群保存地区などが整備され、インバウンドが増えていた。フランス人が経営する洒落たベーカリー・レストランが城前にある。

こうして、アジアと日本の地方都市の文化観光の価値が急速に高まってきた。日本の小さな町を訪れる東アジアの観光客が増えていたように、東南アジアや中国の地方の歴史都市を観光する日本人が増えていた。町並み保存は、市民中心の草の根レベルの交流によって進み、歴史的環境を文化・芸術の創造に活用し、観光の質を高めるものだという認識が広がってきた。「アジア西太平洋都市保存ネットワーク」の活動はすでに30年、一般社団法人奈良まちづくりセンター、ペナン・ヘリテージ・トラスト、中国の華僑大学（厦門）などが支える国際交流活動として、魅力的な歴史都市のまちづくりを成功させた。

欧米でもアジアでも進む観光客と市民生活の融合

再三述べたように、世界の歴史都市に暮らす人々の特徴の一つは、観光客と容易に交流、融合する点にある。そこに京都もだいぶ近づいてきていた。地元の街角、地下鉄の車両、ふと気づくと周りが外国人ばかりで、自分が海外旅行をしている気分になる。レストランで食事をする折も両隣がインバウンドという情景が日常化していた。

この感覚は、20～30年前まではパリやロンドン、ニューヨークだけのものだった、当時のグローバル・シティは限られていた。この状況が２０１０年代に世界中に広がった。中国や東南アジアの中小の歴史都市がグローバル化した。この状況が戻るのに4～5年はかからないだろう。１９９０年代以降の急成長で豊かになった中国人、その中国の成長とともに拡大し続けた東南アジア大中華圏の華僑の人々の海外旅行熱は高い。もともと先祖の出身地との往来があった人々で、本国と出先の国々とを融合した文化を身につけた人たちである。観光地ではホストともゲストともつかない国際的な立場で観光を楽しんでいる。国境を超えた市民レベルの交流が容易に止まるはずはない。

ベルリンの壁が崩壊して30年、ヨーロッパの統合は東に進んだ。ブリグジットは起こったが、コロナウイルスの感染を止められたわけではない。一時的に国境は閉鎖されたが、壁は低くなったまま、多様な国籍の市民が融合したヨーロッパができつつある。日本列島の西南では華僑の人々が中心になり、国境を超えた交流が進んでいる。東アジア観光市場では、台湾と中国の深い関係はよく知られている。

このような世界の状況を理解することから、日本の地方都市の観光振興を始めるべきだろう。中国、韓国、台湾、香港の人々、東南アジア諸国の人々と交流することから観光客の制御、誘導、融合が始まる。地方で観光関連産業に係る人々は、日本からも近い国々を観光して歩き、出発地国の文化を知り、人々の暮らしぶりを見て、日本との違い、日本の魅力に気づいてほしい。そこから自分の町、日本の地方都市の個性を知ることになる。インバウンドを迎えるには、自らがアウトバウンドとなり、交流の表舞台に立つことである。そこから、東アジアの人たちの眼差しを地方都市で受け止める作業が始まるだろう。そうであってこそ、これからも増えるであろうアジアからの観光客が見いだした魅力を活かした店づくり、まちづくりができる。

おわりに

ウィズ・コロナ、アフター・コロナ時代の観光は、これまでのようにはいかない。密を避けるだけでなく観光地そのものを避け、従来型の観光に飽きる人も増えるだろう。イタリア人はバカンスに飽き始め、高齢化した日本人もコロナ禍で観光に慎重になった。イタリアでも日本でも家族の形が変わり働き方と暮らし方が変わってきた。イタリア人も家族揃ってバカンスに出かける時代ではない。

このコロナ禍でさらに孤独が広がった。だから連帯が叫ばれ、勇敢な行動が人々を勇気づけた。こうした変化を受け、観光も変わる。自分たち家族だけが楽しめばいいという意識ではない。自分の家族や仲間だけが楽しむだけでなく、異文化理解を深め、この世界を少しでもいい方向に変えようという持続可能な観光を求めている。

新型コロナウイルスは世界中に広がった。だから、それぞれの国ごとの違いが明確になった。イタリアも日本もそれぞれの国情にあった対応を進めた。その良し悪しを論ずるのでなく、その違いを認め合い、学び合う機会になった。世界には多様な文化があるからこそ、楽しめるし、尊敬もできる。異文化と出合うことで自分が豊かになり、自分の周りを少しだけよくすることもできる。このような観光の理想の姿をコロナ後のインバウンドに求めたい。

日本で楽しく過ごしてもらおう。そして、リスペクトされるホストであろう。ルールをつくり、上手に受け入れられる観光まちづくりを進めよう。世界の人々とともに、彼らとわれわれの文化を発展させようという機運が高まることを期待したい。

観光は楽しい。しかしさまざまな問題を引き起こし、リスクも多い。その長い歴史の中で、さまざまな出会いが文化を交流させ、互いの文化を発展させてきた。20世紀後半にもっとも観光交流の盛んだった西欧諸国では平和が実現された。そこに東欧諸国が加わって30年、現在のEUに統合された。今は急速な統合への反発も激しいが、東欧諸国の人々はすっかり西欧に溶け込んだ。

この経験が、今東アジアで、やがて東南アジア、南アジアで起こるだろう。観光が盛んになったから歴史的町並みは美しくなった。京都で起こったことは、形と規模を変え、蘇州をはじめ北京、上海、南京など多数の中国都市で起こった。シンガポールはさらに四半世紀以上早かった。ペナンやマラッカも続いた。歴史文化都市での観光は、異文化理解を助ける。そこに衣食住、生活文化の体験が重なれば、文化の融合が起こる。世界遺産はそのアイコンの役割でもある。この融合こそが観光まちづくりの核心にあることを申し添えて本書を終える。

最後に、度重なる延期と中断にも屈せず、最後まで丁寧なご対応をいただいた前田裕資社長はじめ学芸出版社の皆さんに謝意を表したい。

注釈

《序章》

1 拙著『にぎわいを呼ぶイタリアのまちづくり～歴史的景観の再生と商業政策』学芸出版社、２０００年。

2 **トレニタリア：**イタリア国鉄は１９８５年に公社化され、１９９２年に株式会社化し、２００１年持株会社になった。２０００年からは〝トレニタリア〟社が列車を運行している。ドイツ国鉄は１９９４年に民営化されたが、フランス国鉄の民営化はさらに遅く、まだ反対勢力が根強い。

3 **トレニタリアの特急：**代表的なものが「ユーロスター」を赤と銀、「フレッチャ・ロッサ」（Freccia rossa）と「フレッチャ・アルジエント」（Freccia argento）の二つに分け、国際都市間を結ぶ。「ユーロスター・シティ」を現在は白い矢「フレッチャ・ビアンカ」（Freccia bianca）と呼ぶ。ミラノ・ボローニャ間をはじめ、国内主要都市を結ぶ。この間。高速新線を開設し、ネット予約、電子決済が普及したことで空路以上に便利になった。20世紀のイタリア国鉄時代を知る者にはまさに隔世の感がある。

4 **イタリアの反EU政党：**２０１８年3月4日の総選挙の結果、極右と言われる「ＬＥＧＡ（同盟）」と極左と位置付けられることもある「五つ星運動」が勢力を伸ばした。その結果、中道左派の「民主党」、中道右派のシルビオ・ベルルスコーニの「フォルツァ・イタリア（頑張れイタリア）」を挟んで、極左と極右が反ＥＵという点で一致し、フィレンツェ大学教授で法学者のジュゼッペ・コンテ首相率いる連立政権が生まれた。

5 拙著『なぜイタリアの村は美しく元気なのか～市民のスロー志向に応えた農村の選択』学芸出版社、２０１４年。

6 **フランソワ・ショエの〝文化遺産の寓話〟：**Françoise Choay, L'Allégorie du patrimoine（原題）では、ヨーロッパの歴史都市が観光客によって〝ディズニーランド化〟したと一刀両断にされた。それを、〝大衆化（文化の民主化）〟〝サービス産業化〟〝文化産業の誕生〟〝女性化〟〝歴史文化の創造的活用〟〝文化の接触と融合〟等と好意的に捉えることもできると私は思う。だから本書では、この普遍的な人類史上の大変化を〝受容することで、別の国や地域にも伝播し、そこでみんなが喜んで能動的になる〟という、ローマの休日から町家再生まで続く一連の文化運動、保存運動、そして文化観光として述べる。

《1章》

1 **エアアジア：**AirAsia Berhad は１９９３年創立のマレーシアの格安航空会社。政府系の重工業複合企業のＤＲＢハイコム傘下で１９９６年から営業を開始した。その後、経営破綻に追い込まれたが、２００１年に Tune Air 社（同じく１９９３年創業）が買い取った。クアラルンプール空港を本拠地に、シンガポールに隣接するマレーシア南端のジョホールバル空港を第2の拠点とし、タイとインドネシアを中心に空路網を拡大した。２０１９年現在、エアバス３２０を中心に93機を保有し、アジア中心に96都市を結んでいる。東南アジア、南アジア、中国に八つのグループ企業を持ち、そのキャッチコピー「Now Everyone Can Fly」を短期間に実現した。

2 **観光ビザの緩和：**中国人客増加の直接的な要因は、２０１５年1月19日の中国人個人観光客のビザ発給要件緩和である。一定の経済力、年収25万元（約４７０万円）以上で、住宅か自動車を所有という条件が、年収20万元以上に、また過去3年以内に日本への渡航歴がある人とその家族には、年収10万元（約１９０万円）以上にまで緩和された。またすでに２０１３年にはタイ人、マレーシア人観光客の観光ビザを免除し、２０１４年にはインドネシア人観光客の内、バイオメトリック・パスポート所持者の観光ビザが免除された。この政策的緩和は2004年に始まり、韓国・中国人修学旅行生の短期滞在ビザを免除、台湾人修学旅行生に短期滞在ビザ手数料を免除した。また、香港からの観光客は短期滞在ビザが免除され、2005年「愛・地球博」期間中に韓国・台湾人観光客に短期滞在ビザも免除した。このほか、東北大震災被災3県や沖縄県の振興策として観光用数次（マルチ）ビザを緩和、団体客でなく個人客向きの要件緩和等、緩和は段階的に広がった。

3 **ICAO**：国際民間航空機関（International Civil Aviation Organization）は、1944年に採択された国際民間航空条約（通称シカゴ条約）に基づき設置された国連専門機関。パスポートの偽造防止・利用者の利便性向上のため、ICパスポート導入を検討し、2005年に国際規格を策定した。テロリズム対策の強化などもあり、各国はICパスポートの導入を進めている。さらに、バイオメトリック・パスポートの仕様をガイドラインで示している。

4 **インバウンド増加の要因**：さまざまな要因があるが、一般的に、①LCCによる航空運賃の下落、②円安、③日本への関心の高まり、④ビザの緩和、⑤官民挙げての訪日促進活動、そして⑥高い満足度によるリピーターの増加だと言われる。

5 **アメリカの旅行雑誌『トラベル・アンド・レジャー』**（Travel + Leisure』：1971年創刊のアメリカを代表する旅行雑誌。発行元のアメリカン・エクスプレス（American Express Company）は、1850年運送業者として創業、1882年に世界初の郵便為替業務を開始、1891年に英国のトーマス・クック社に続いて世界で2番目にトラベラーズ・チェックを発行、1958年からクレジットカードの営業を始めた。通称は「アメックス（Amex）」。アメリカのほか、日本やイタリア、イギリス、メキシコ、カナダ、オーストラリアの富裕層7千800万人を対象にステータスの高いアメックス・カードを発行、顧客の観光旅行を支援している。より贅沢に旅行したい会員向けに、美しい写真を添えた質の高い記事で優雅な旅に誘う。世界中の高級リゾート、豪華ホテル、著名レストランを紹介、ファッションとイベント情報にも詳しい。都市ホテル、リゾート等のランキングを得意とする。京都は、読者投票による訪れてみたい都市の世界ランキングで、2012年9位、2013年5位、2014年と2015年1位、2016年6位、2017年4位、2018年5位、2019年8位と実に成績がいい。7年連続でランクインできた都市は、京都とフィレンツェだけで、この10年を見るかぎり京都は世界1位の成績と言える。

6 **長屋のセカンドハウス化**：京町家の人気の高まりで、手頃な値段で手に入る裏長屋の小振りな1戸を購入し、改修して別荘として使う市外居住者が増加した。関東方面の人が多い。市内の不動産会社が熱心に斡旋した。居住者は毎週のように京都を訪れ、和装し、歌舞伎や能狂言、茶会や美術展を楽しむ。夜はもちろん和食を楽しんでいる。

7 **京都の地下鉄**：京都市交通局は市営地下鉄2路線とバス120路線を経営している。地下鉄烏丸線は1981年、東西線は1997年に開業、2008年に現在の路線網になった。路線距離は31・2キロで、初乗り運賃220円は全国公営地下鉄の最高額になる。それでも、2008年度決算が全国で唯一の経営健全化団体に指定された。同年度の経常赤字は144億円。資金不足比率は133・5％。1989年着工の東西線建設がバブル期に重なり、当初見積の2倍以上の5千500億円に膨張したことが主な原因である。2009年度の経営健全化計画では、2018年度までに年間平均で1日当たり乗客数を08年度比5万人増の37万5

千人に引き上げる目標を掲げた。この一見不可能そうな目標が観光客の増加で一気に達成できた。２０１６年度地下鉄経常赤字は4億3千万円となり当初に比べ30億円も減らした。利用客増だけでなく、駅ナカビジネスによるテナント料収入も大きい。

8 **民泊**：住宅を活用した宿泊施設を指す。国内では、まず２０１３年の「国家戦略特別区域法」により「旅館業法」特例で「特区民泊」が生まれた。その後、２０１７年に「住宅宿泊事業法」が成立、翌２０１８年6月全国的に施行された。旅館業法の「簡易宿所」と区別され、より簡便な施設として規制緩和で進んだ。住宅宿泊事業法に沿って自治体ごとに運用基準を定めた。京都市条例では営業日数を3カ月以下に抑え、営業できる範囲を狭くするなど、市民生活を守るために厳しく制限した。

9 **京都市民泊条例**：第7章参照。２０１７年住宅宿泊事業法施行にともなう京都市と京都府の条例では、営業日数、営業できる範囲、駆け付け要件など全国的に厳しい規制をかけた。

10 **簡易宿所**：旅館業法に定められた4種類の旅館業の一つで、ほかにはホテル、旅館、下宿があり。「宿泊する場所を多数人で共用する構造及び設備を主とする施設を設け、宿泊料を受けて、人を宿泊させる営業で、下宿営業以外のもの」（同法第2条3項）と定義される。同法施行令では構造設備基準として、5部屋以上の客室が旅館とされるため、簡易宿所は4部屋までとなり、別に2段ベッド等の階層式寝台のある施設も簡易宿所とされ、カプセルホテルが含まれる。このほか延床面積、衛生、環境、安全、構造等の規程がある。

11 **民泊は最強ビジネス**：児玉舟『最強の京都「町家」投資』幻冬舎、２０１８年、八尾浩之『誰も知らない京都不動産投資の魅力』幻冬舎、２０１７年等によると、インバウンドはさらに増加するといい、希少価値の高い町家はぜひ買うべきだといった。しかし、今回のコロナショックで状況は一変した。京町家ホテルが普及し始めた20年前とは違い、後追い事業者にはとくに顧客の安全安心への十分な配慮がないものが多く、回復する前に規制を強めなければならないだろう。今後は町家投資の旨味は少なくなる。

12 **京都の住居表記**：日本では珍しく、京都の都心ではほぼすべての通りに名前がある。ただ番号がない。住居表示だけでたどりつきにくい日本の都市を理解しないAirbnbで予約し、市内のタクシーを困らせた利用者が多かった。結果、住民の安眠を妨げ、ごみ出し、喫煙、騒音など次々と苦情が広がった。Airbnb社には京都担当を名乗る社員がいたが、東京勤務で京都を知らず事情説明もできなかった。京都市民の多くは海外旅行経験が豊富だが、まだ民泊経験はない。高齢化した日本で高齢化した日本人観光客に慣れた都心の高齢者には若い東アジア系観光客は異邦人そのものだった。新興国には豊かにはなったが行儀を知らない若者がまだ多い。日本人も昔そう思われた。

13 **ごみ減量推進会議**：祇園祭では山鉾巡行前に宵山行事がある。都心の街路で車両通行規制し山鉾を展示する。その周りに夜店が数多く出て、日本一の規模だと言われる。そのため膨大な廃棄物が出る。半世紀以上に渡る主催者と市民ボランティアの努力で、ごみの散乱は減ったものの、可燃ごみの量が増え続け、環境面からの取り組みが始まった。２０１４年、「一般社団法人祇園祭ごみゼロ大作戦」（祇園祭ごみゼロ大作戦実行委員会）が、夜店や屋台の協力で、日本初、そして世界初の試みとして、約21万食分の使い捨て食器をリユース食器に切り替える活動をした。約2千名のボランティアが可燃ごみを半分以下の34トンに減らした。

14 ハンス・ロスリング他著、上杉周作訳『ＦＡＣＴＦＵＬＮＥＳＳ（ファクトフルネス）十の思い込みを乗り越え、データを基に世界を正しく見る習慣、貧困、教育、環境、エネルギー、人口問題

～賢い人ほど世界の真実を知らない』日経ＢＰ社、２０１９年。

《2章》

1 拙著『にぎわいを呼ぶイタリアのまちづくり～歴史都市景観の保全と商業政策』学芸出版社、２０００年。

2 Eric Zuelow "History of Modern Tourism", Palgrave Macmillan, Red Globe Press, 1st ed. 2015, London UK.

3 **歴史都市の周遊**：１９５３年封切のハリウッド映画『ローマの休日』（ウィリアム・ワイラー監督、グレゴリー・ペック、オードリー・ヘップバーン主演）を通じて、イタリアのファッションと観光が世界に発信された。戦後のローマを楽しむ王女とそれを取材する新聞記者の淡いロマンス物語で、ヘップバーンの美しさが大きな話題となった。舞台となったローマ市内の名所が観光地になり、増加した西欧人やアメリカ人、さらには日本人が大挙して周遊する歴史都市に成長した。ほかのイタリアの歴史都市、パリやロンドン等にも周遊先は広がった。この結果、歴史都市観光の文化的意味が転換した。まず、王侯貴族よりも普通の若い女性のほうが歴史都市を楽しめるように変わった点である。次に、歴史や美術品でなくファッションと食事（買う・食べる、歩く）が観光の中心になった点である。この転換を享受した若い女性には、まずアメリカ人、次に日本人が多かった。今、そこに中国の若い女性が含まれるだろうことは単なる歴史的必然と言える。

4 **ジャンボジェット機**：アメリカ・ボーイング社が開発・製造した大型ジェット旅客機〝ボーイング７４７型〟を指す。３５０～４５０人規模の大量輸送で海外旅行を大衆化した。１９６９年に初飛行、１９７０年に当時世界最大のパンアメリカン航空のニューヨーク～ロンドン線に就航、ＪＡＬ、ルフトハンザ、エールフランス等に納入された。当初、ジャンボの多すぎる客席が埋まらず、団体割引で運賃を下げる必要があった。

5 **グランド・ツアー**（Grand Tour）：17～18世紀に英国貴族の子弟が教養形成のために出かけたヨーロッパ旅行。17世紀に戦争が減り、宿や馬車による交通が発達し、安全な旅行が可能になった。当時の英国から見て文化的に先進国とされたフランスとイタリアを主な目的地に、数カ月から数年をかけた長期の旅だった。家庭教師として、アダム・スミスやトマス・ホッブス等、当時の著名な学者が同行した。法律や政治、文化・芸術・考古学等を現地で学び、絵画や彫刻を買い、フランスでは洗練された社交界での礼儀作法、上品なマナーを学んだともいう。英国貴族に必須である古典教育を基礎に、教養として古代ローマやルネッサンス美術を学ぶため、イタリアが人気だった。その影響もあり、英国では新古典主義がその後人気を集めた。しかし、ツアーはフランス革命で一旦下火になった。19世紀ヨーロッパが再び安定すると、女性貴族や裕福な市民階級の旅行の形として普及し、フランスやイタリアの主要都市にはグランド・ホテルと名づけられた本格的ホテルが登場した。一方、若者が多かったこともあり、スイス等のアルプス登山が始まった。

6 **フィレンツェの英国人**：グランド・ツアーの時代、芸術の都としてフィレンツェの価値を高めたのは英国人で、19世紀を通じて裕福な英国人のコミュニティができていた。19世紀後半にその数は最大となった。フランスとドイツは英国以上にトスカーナ公国とは密接な関係があったが、民間人の数では英国が圧倒していた。その中には詩人で作家のウォルター・サベージ・ランダー（１７７５～１８６４年）、ロバート・ブラウニング（１８１２～１８８９年）とエリザベス・バレット（１８０６～１８６１年）夫妻等が含まれ、文学や美術を語り合うサロンを開いていた。当時は、メディチ家をはじめフィレンツェ貴族のコレクションが次々と英国人の手に渡り、19世紀中頃のヴィクトリア朝に活発になったラファエロ前派に強い影響を与えた。また、フィレンツェ周辺の別荘群、フィエーゾレのメディチ家別荘等も英国人が次々と購入した。本城靖久『グランド・ツアー—良き時代の良き旅』中公新書、1983年。本城靖久『グランド・ツアー—英国貴族の放蕩修学旅行』中公文庫、1994年。岡田温司『グランド・ツアー—18世紀イタリアへの旅』岩波新書、2010年、参照。

7 **ローマ・ヒルトン・ホテル：**現在は、Roma Cavalieri Waldolf Astoria Hotel と呼ばれ、Waldolf Hotel & Resort 社が経営する。今もローマ北西丘陵から市街地を見下ろすトリオンファーレ通りに聳え立っている。大量生産（フォーディズム）式ホテルとして知られる。

8 AA. VV. "Roma sbagliata le conseguenze sul centro storico"（間違ったローマ、歴史的都心部の不始末）Bulzoni, 1976, Roma.

9 **ベル・エポック：**19世紀末から1914年の第1次世界大戦勃発までの、パリがもっとも繁栄したと言われる華やかな時代とその文化をベル・エポック（Belle Époque）と呼ぶ。産業革命が進み、百貨店に象徴される大都市で市民の消費生活が栄えた時代である。もちろん、フランスだけでなくヨーロッパ全体が華やいだ時代でもある。第1次大戦後の1920年代をベル・エポックと対比して狂乱の時代（レ・ザネ・フォル／Les Années Folles）と呼び、アメリカの戦間期はとくにジャズ・エイジと呼ぶ。1970年代には、さすがにベル・エポックを知るイタリア人は珍しかったが、大戦間かそれ以前に建てられ、当時の様式美を誇るホテルが残され、第2次世界大戦の戦禍から美しく蘇っていた。戦後になって、アメリカ式の最新ホテルならまだ許せるだろうが、ポット出で場所柄をわきまえない日本人は、華麗な時代を懐かしむ高齢者にはさぞ田舎臭く見えたのだろう。

10 **汎ヨーロッパ・ピクニック：**1989年8月19日にハンガリーのショプロンで開かれた政治集会を指す。当時の西独へ亡命を求めた千人ほどの東独市民が参加し、オーストリア国境を越えて亡命した。ベルリンの壁崩壊に繋がった重要な歴史的イベントである。1980年代後半、ポーランドやハンガリーで民主化が模索され、当時のソビエト連邦でもミハイル・ゴルバチョフがペレストロイカを進めていた。しかし、東独だけは民主化と市場経済導入は、国家の存在理由を失うこともあり、改革に否定的だった。そのため、東独市民はオーストリア国境の鉄条網を撤去したハンガリーを目指し、そこから西独を目指した。東独市民は同じ社会主義国であるハンガリーには合法的に行かれた。ハンガリーとオーストリア国境を東独市民は法的には越えられなかったが、ハンガリーの民主化勢力がオットー・フォン・ハプスブルクを中心に国境地帯、ショプロンで焚火をしつつ食物を交換する汎ヨーロッパ・ピクニックを始めた。国境ではオーストリア政府だけでなく、西独側が手配したバスが待っており、その日のうちに600人以上の東独市民が西独に亡命した。市民が自ら鉄のカーテンに穴を開けた外国旅行になった。

11 Bolletino "ITALIA NOSTA", Venezia, tanti guai (num. 463), L'associzione Nazionale Italia Nostra, Roma, 2011 は、国民教会イタリア・ノストラの機関紙、観光公害問題をよく取り扱う。

12 **東欧諸国のEU加盟：**2004年5月にチェコ、スロバキア、ポーランド、ハンガリー、スロベニア、エストニア、ラトヴィア、リトアニア、マルタ、キプロスの10カ国が加盟し、2007年1月にはさらにブルガリアとルーマニアが加盟した。

《3章》

1 **トマス・クック：**英国最古で最大の旅行代理店。19世紀後半に鉄道や蒸気船が発達し、旅行がさらに容易になると、トマス・クック（1808～1892年）が興したトマス・クック社は団体旅行、予約システムやクーポン、バウチャー、トラベラーズ・チェック、鉄道時刻表、ガイドブック等の仕組みを整えた。また、同社企画でケーブルカーが整備されたヴェスヴィオ火山とナポリ観光が観光商品化された。2019年に倒産。

2 ピアーズ ブレンドン著、石井昭夫訳『トマス・クック物語―近代ツーリズムの創始者』中央公論社、1995年および本城靖久『トーマス・クックの旅―近代ツーリズムの誕生』講談社現代新書、1996年、参照。

3 **農協系の旅行社**：株式会社「農協観光」は大手旅行代理店、「NTour」と称し、JAグループに属する。農協組合員向けの旅行代理店事業を行うため、1967年農林省・運輸省両省所管の社団法人「全国農協観光協会」を設立し、国内旅行、海外旅行、外人旅行に関する取扱業務資格を取得した。現在は、株式会社読売旅行と受託委託契約を締結、連携している。

4 **パッケージ・ツアー（パック・ツアー）**：この原型は古い。日本では伊勢講や富士講、御嶽講等の参拝講が知られるが、ヨーロッパでもエルサレムへの巡礼旅行が組織化された旅行として発達したとされる。地中海貿易で水運が発達し、港湾都市の宿屋が整備されたため、その予約と契約を代行する事業が生まれたという。18世紀のグランド・ツアーの時代ではローマからナポリ湾とヴェスヴィオ火山に出かける英国人客のために宿と食事、ガイド料金をパッケージで売る事業があった。それが19世紀に鉄道の発達で登場したトマス・クック社が大規模な観光ビジネスとして発展させた。

一方日本では、英国の影響もあったと考えらえるが、大正期に鉄道院（後の日本国有鉄道・国鉄、現在のJR各社）が売り出した「割引遊覧切符」が最初とされる。鹿島と香取の両神宮の参拝を目的とした鉄道の旅だった。その後大正末期には、「遊覧券」となり、鉄道、バス、船舶、食事、宿泊がクーポン券としてセットになった。この企画・販売と発券業務は日本交通公社（現在のJTB）に委託された。大正末期から昭和初期には日本でも観光人気が高まった。事前の手配でかなり自由に遊覧旅行できる仕組みが整い、北海道や九州等の遠隔地旅行が売られた。また、太平洋戦争直前の1939（昭和14）年には「観光券」と呼ばれるようになった。戦後1955年になって「周遊割引乗車券」（周遊券）が復活した。その後、さまざまな企画乗車券が発売され、今日にいたっている。中でも、1959（昭和34）年に新婚旅行向けに「ことぶき周遊券」が発売され、箱根と熱海が人気を集めた。新婚旅行は急速に普及し、ほかの旅行会社が鉄道や船の切符と宿をまとめた「セット旅行」を商品化した。早くも、1964年の海外旅行の自由化直後にハワイが新婚旅行先として人気を集めた。こうして個人でも団体割引を使って安価に観光していたことが、日本人旅行熱を煽り、一気に海外旅行を大衆化した。

5 鈴木勝「『衰退期』上の海外ツアー商品の一考察～商品ライフ・サイクル論の事例研究」大阪明浄大学紀要第3号（2003年3月）59～66頁、大阪明浄大学。

6 **ネット予約**：1996年に日立造船の子会社、日立造船コンピュータの小野田純がインターネットによる新ビジネスとしてホテル予約サイト「ホテルの窓口」を立ち上げた。その後「旅の窓口」として予約できる対象を広げていった。インターネットの普及とともに利用者が急増し、受け入れ宿泊施設も増え、数年でネット予約の最大手に成長した。しばらくは独走状態が続いたが、2001年創業の「楽天トラベル」が2004年に323億円で買収、予約サービスを一体化した。ちなみに、「旅の窓口」では宿泊施設が手数料として6%を負担する。楽天トラベルはこれを7〜9%に引き上げた。従来の旅行代理店では10〜20%以上の手数料が一般的だった。キャンセルが多いインターネット予約に問題がないわけではないが、圧倒的な便利さゆえに、瞬く間に旅行代理店の窓口業務を陳腐化、縮小させた。この旅の窓口の大成功は、競合他社の乱立、ネット予約ビジネスの拡大、ホテルや航空会社をはじめ、観光関連のさまざまな業界がウェブサイトを利用して顧客を直接獲得する仕組みを普及させた。

7 Warwick Frost, Jennifer Laing, Gary Best "Gastronomy, Tourism and the Media (Aspects of Tourism)", Channel View Publications, 2016, UK.

8 A・カパッティ、M・モンタナーリ、他著、柴野均訳『食のイタリア文化史』岩波書店、２０１１年、マッシモ・モンタナーリ著、山辺規子他訳『ヨーロッパの食文化』（叢書ヨーロッパ）平凡社、１９９９年。

9 **ユーレイルパス**：ヨーロッパ以外からの旅行者にユーレイル（Eurail Group G. I. E.）加盟のEU諸国の鉄道や船舶等の利用を促進するための割引乗車券。決められた日数・等級・地域を何度でも旅行できる。本来は追加料金不要が特色だったが、近年ではIC（インターシティ）をはじめ、TGV（仏）やトレニタリア（伊）の優等列車、ユーロナイト等の個室寝台、クシェット（簡易寝台）など予約が必要な列車には追加料金が要る。最初はアメリカ人が、やがて１９８０年代には日本の若者の利用が増加、今や世界中の旅行者が利用している。これを参考に日本の国鉄（当時）は外国人旅行者向けジャパン・レール・パスを開発し、現在もJRグループ各社が発行している。東海道・山陽・九州新幹線では「のぞみ」と「みずほ」に乗れないこととし、ビジネス客と観光目的のJRバス利用者を分散させている。

10 **シャネル**（Chanel）：ココ・シャネル（Coco Chanel／１８８３〜１９７１年）が１９１０年に始めた世界的ファッションブランドの会社。主に婦人用の服飾、化粧品と香水、宝飾品・時計等を販売する。20世紀初頭の女性の社会進出の初期、伝統に囚われないモダンな自立した女性像を示し、人気を博した。１９１６年にオートクチュール・コレクションを発表、１９２１年香水№５を発売、１９３０年代にはアメリカにも進出した。第２次世界大戦中シャネルはナチス協力者とされたが、戦後パリのファッション界に復帰し、再興を果たす。１９７８年からはプレタポルテ（高級既製服）を開始。１９８２年から２０１９年までにカール・ラガーフェルドがトップ・デザイナーを務め今日の世界的地位を獲得した。１９９４年に銀座、１９９６年に心斎橋に出店しており、訪日外国人観光客に人気が高い。

11 **ジバンシィ**（GIVENCHY）：ユベール・ド・ジバンシィ（Hubert de Givenchy／１９２７〜２０１８年）が１９５２年に始めた。現在は、フランスLVMH系列のファッションブランド。服飾、装飾品、化粧品・香水等を販売。顧客にオードリー・ヘップバーンやケネディ家がいる。アパレルでの日本進出は表参道に２０１４年であるが、コスメ・香水はかなり早くから展開している。

12 **フェッラガーモ**：イタリアのファッションブランド。靴職人のフェッラガーモが始め、服飾、装飾品等幅広く展開している。サルヴァトーレ・フェッラガーモ（Salvatore Ferragamo／１８９８〜１９６０年）は、イタリア南部カンパニア州出身、15歳でボストンに渡り、カリフォルニア州サンタバーバラで映画衣装の靴を製作した。ハリウッド俳優の間で人気を集め、１９２７年フィレンツェで開業した。オードリー・ヘップバーンをはじめ、イングリッド・バーグマン、マリリン・モンロー、ソフィア・ローレンなどの世界的映画俳優を顧客に持った。フィレンツェでは、中心部の中世起源の文化遺産「旧スピーニ・フェローニ宮殿」に本社と自身の博物館を置く。

13 **ドルチェ&ガッバーナ**（Dolce & Gabbana）：今日のイタリアを代表する高級ファッションブランド、ドメニコ・ドルチェ（１９５８年シチリア生）とステファノ・ガッバーナ（１９６２年ミラノ生）が１９８５年にミラノで開店。２００５年の収益は5億9千７００万ユーロに達した。二人はミラノの同じファッションデザインのオフィスで出会った。

14 拙著『なぜイタリアの村は美しく元気なのか～市民のスロー志向に応えた農村の選択』学芸出版社、２０１２年。イタリアの農家民宿〝アグリツーリズモ〟に日本人客も多いことを述べたが、スローフードに関心を持つ日本人観光客も多い。

15 **イータリー**（Eataly）：２００７年トリノで開店したイタリアの厳選されたスローな食材を揃え、食材の魅力を活かしたカジュアルなレストランを併設した食専門店。調理器具やテーブル・ウェア等も揃えている。手頃な値段でスローフードをみんなに提供しようというコンセプトから品選びまでスローフード協会が協力している。２０１２年にローマ店、ミラノ店等イタリア国内に、続いて米国など世界各地に進出した。２００８年には東京・代官山に出店、その後２０１４年に閉店した後も東京駅構内の商業施設グランスタ丸の内に直営店を開業、人気を集めている。

16 Emilio Becheri, “Il Turismo della Città di Firenze”, Mercury Srl. Tourism Consultant, 2004.

17 **ニューヨーク州立ファッション工科大学**（ＦＩＴ）：１９４４年設立のアート、デザイン、テクノロジーの分野の学科を擁するニューヨーク州立の大学（44専攻、短大・大学・大学院）で、マンハッタンにある。2017年現在、7千500人以上の学生を擁する。ファッションを中心に、ヴィジュアルプレゼンテーション&エキシビション、トイデザイン、コスメティック、フレグランスなど幅広い領域のほか、マネジメント、マーケティング等の学科を擁する。著名なデザイナーを多く輩出しただけでなく、ファッション以外の分野に多彩な人材を送り出している。

18 **ポリモーダ**：フィレンツェ市とプラート市、トスカーナ州のほか、両市の商工会議所が共同出資で開設した。本文で述べたように、ニューヨーク州立ファッション工科大学のフィレンツェ分校を目指す世界的なファッション専門学校として、フィレンツェの歴史的都心部を見下ろすアルノ河南岸の丘陵に建つ16世紀中葉に建てられたヴィッラ・ストロッツィに開設された。イタリアの法制度上の大学としてではなく、私立ではあるが国立美術学校や音楽学校のような、大学・大学院レベルの芸術専門校として発展してきた。その創設に際して、フィレンツェの侯爵家出身でファッションブランドを創設したエミリオ・プッチ（Emilio Pucci／１９１４～１９９２年）が中心となった。プッチは、ミラノやフィレンツェの大学で政治学を学び、アメリカの大学に留学、またスキー選手としても活躍、第2次世界大戦中は空軍のパイロット、10年間は国会議員を務める等、華々しい経歴を誇った。最初はスキーウエアをデザインし、アメリカで成功し、リゾートウエア等でプッチ柄と呼ばれるプリント生地が人気を集めた。マリリン・モンロー、エリザベス・テーラー、ジャクリーヌ・ケネディ等、アメリカのセレブに愛用された。現在は、ＬＶＭＨ社の傘下で本社はフィレンツェにある。プッチの当時の狙いどおり、ニューヨークの国際性とフィレンツェの古典文化が融合した、優れた才能を育み、デザインからマネジメント、マーケティングを含む幅広いカリキュラムで知られ、とくに関連企業と組む実践的な研修で知られる。現在はフェッラガーモ社が支援している。２０１８年現在、78カ国から集まった約２千３００人の学生が学んでいる。

19 **蓮池槇郎**：1938年東京生まれ。1962年東京芸術大学卒業後、デザイナーとして㈱セイコーに入社。1963年イタリアで、インダストリアル・デザインの活動を始める。1964年東京オリンピックの時計やタイマーのデザインを手がけた。1968年に独立し、ミラノに「MAKIO HASUIKE DESGIN」事務所を開設。1982年にバッグ、アクセサリーのブランド「MH WAY」開設、ヨーロッパを中心に、ハイテク機械から家電、家具、インテリア、アクセサリー、建築、展示デザインまで実に幅広く活躍する。初期のMH WAYの書類ケースMH Way PIUMAは、その革新的なデザインで世界を魅了し、世界でもっとも模倣された作品だと言われる。半透明のプラスティックで組み立てられた簡単な箱型のケースの美しさは感動的だった。その後、蓮池氏はミラノ・トリエンナーレやコンパッソ・ロード等の数々の賞を受けている。また作品が、ニューヨークのMOMA（ニューヨーク近代美術館）のパーマネント・コレクションに収められている。

20 Ed. by Joshua Zeunert, Tim Waterman"Routledge Handbook of Landscape and Food'18", Routledge, 2018, UK.

21 **村田純一**：2001年〜2007年の京都商工会議所会頭、村田機械会長（当時は社長）、村田機械株式会社は、1935年に西陣のジャガード織機メーカーとして開設され、戦後は繊維機械から工作機械、物流機器に拡大した。1970年代からはファックス、結び目なく意図を繋ぐ自動ワインダー、1990年代には携帯電話、近年はM2Mソリューション等の製品を誇る。

《4章》

1 **ジョン・ラスキン**（1819〜1900年）：オックスフォード大学クライストチャーチ校卒業、その後同大学教授。美術批評家として、古典主義全盛期に英国画壇を代表したロマン主義のターナー(Joseph Mallord William Turner／1775〜1851年）から、19世紀後半にラファエロ前派が登場する時代を代表する著作を残した。『近代画家論』（1843年）のほかに、中世ゴシック美術を評価した『建築の七灯』（1849年）、『ヴェネツィアの石』（1851年）また、『芸術経済論』（1857年）がその後の文化経済学に影響を与えた。『胡麻と百合』（1865年）に、神の創造物である自然をありのままに保護すべきという主張があり、当時、山岳観光の勃興期にあったのアルプスで、シャフハウゼンの滝に鉄道橋をかけ、ルツエルン岩壁のウィリアム・テルの礼拝堂の横のトンネルを掘り、ジュネーブ湖岸に道を通したことを例に、過度な観光開発を非難した。

2 Ed. By Lee Jolliffe "Coffee Culture, Destinations and Tourism (Tourism and Cultural Change, Vol. 24)"Channel View Publications, UK, 2010.

3 **モール化**：自動車交通の制御、歩道など街路空間の整備により商店街等の街路を人が歩いて楽しめる空間に生まれ変わらせること。モール（Mall）は遊歩道のことだったが、主に米国で大規模なショッピングセンターのことを指すようになり、一方、歩行者を優先した商店街も指すようになった。

4 **ビエンナーレ**：第1回ヴェネツィア市国際芸術展覧会（Il primo Esposizione Internazionale d'Arte della Città di Venezia）が後にビエンナーレと呼ばれるようになった。

5 **トリエンナーレ**（Triennale di Milano）：ミラノ市内で開催される以前、1923年にはモンツァで装飾美術のビエンナーレとして始まり、1930年からトリエンナーレとされた。1933年はミラノに会場を移した年である。

6 **ヴァポレット**（vaporetto）**と観光賦課金**：ヴェネツィア市営水

上バスで、一般の公営交通のバスや地下鉄に代わる市民の足として発達した。安くて便利で観光客も長年楽しんでいた。しかし、近年の過剰な観光客増加で、市民の生活手段としての役割を重視するため、主客分離策として、乗降客数の多い停船所では渡船口を別にし、料金を上げた。1回(75分間まで乗換可能)片道で料金7・5ユーロ(910円程度)。往復すると14ユーロになる。一方、24時間チケットは20ユーロ、48時間30ユーロ、72時間40ユーロ、1週間60ユーロ（7千円程度）と長期滞在者には安くしている。住民票がある市民は定期券があり、回数券も安い。住民票があれば回数券を1枚単位で買えるらしい。やや変則的な二重料金制である。ローマ市バスが1・5ユーロだから1回7・5ユーロは5倍になる。

7 Salvatore Settis "Se Venezia muore" Giulio Einaudi Editore 2014, Milano. その後英訳は、Salvatore Settis, translated by André Naffis-Sahely "If Venezia Dies", New Vessel Press, UK, 2016 として出版された。著者のサルヴァトーレ・セッティス（1941年生まれ）は、ピサのスクオーラ・ノルマーレ・スーペリオーレ学長を務めた世界的なルネッサンス美術史、考古学者。1990年代にはロサンゼルス・ゲッティ・センター所長を務め、フランス、ドイツの学会でも活躍、1999年から2010年まではピサのスクオラノーマルスペリオーレのディレクターを務めた。『イタリア株式会社─文化遺産への暴行』("Italia S.p.A. l'assalto al patrimonio culturale", Einaudi, Torino, 2002)、『共有の文化財としての景観』（"Il paesaggio come bene comune", La Scuola di Pitagora, 2013）などの著作がある、美術史出身で博物館管理などに詳しく、文化財保護や観光に関する発言がいつも注目を集める。

8 **ヴェネツィアの野外コンサート：**万博をめぐって賛否両論が対立していたとき、ヴェネツィア市は中心部で「ピンク・フロイド」のコンサート（1989年7月15日）を許可した。1日で約30万人が訪れ、街は物理的にも心理的にも極限状態を迎えた。中世のフン族襲来に匹敵する破壊行為だと新聞報道された。しかし、当時のフン族はたった5千人、今のクルーズ船1隻の客数だったという。拙著『にぎわいを呼ぶイタリアのまちづくり～歴史都市景観の保全と商業政策』学芸出版社、2000年にも記載した。

9 **世界のクルーズ人口：**1990年から2000年の間に2倍、2005年から2015年の間に69%（1千374万人～2千320万人）も増加、2019年には約3千万人に達した。2019年現在、世界中でクルーズ船は約3千200万床の収容能力があり、その34%がカリブ海に、次いで28%がヨーロッパと地中海に就航している。地中海には主な寄港地が20あり、イタリアは八つ（ローマ近郊のチヴィタヴェッキア、ヴェネツィア、ナポリ、ジェノヴァ、アマルフィに近いサヴォーナ、ピサとフィレンツェに近いリヴォルノ、シチリア島のパレルモ、プーリア地方バリ）、年間240万人の乗客が訪れるバルセロナに次いで、チヴィタヴェッキアが第2位、3位がヴェネツィアと続く。アジアでも中国の経済成長で、2005年から2015年の間に174%（76万人→208万人）増加した。そのため、日本への寄港回数、人数も増加の一途をたどり、2016年にクルーズ船で訪日した外国人観光客は200万人に達した。同様の増加が、20～30年前にイタリアを中心とする地中海諸国で進んでいた。その影響をもっとも強く受けたのがヴェネツィアだと言われる。
なお、今回のコロナショックの影響が大きい分野だと言われている。乗客乗員3千700人が船内隔離された横浜港のダイヤモンド・プリンセス、本文で東アジアに進出したと述べたイタリア系コスタ・クルーズ社所有のコスタ・アトランティカの長崎繋留の事件は、イタリアでも連日報道された。コスタ・クルーズ社のあるジェノヴァをはじめ、多くの港町で深刻な経済危機が起きつつある。

10 **クルーズ船の価格**：ラグジュアリークラス（400〜1千USドル／泊）、プレミアムクラス（150〜400USドル／泊）、カジュアルクラス（100〜350USドル／泊）程度だとされる。日本ではあまり報道されなかったが、コスタ・クルーズ社のコスタ・コンコルディア（乗客定員4千200人）」が2012年5月にローマ近郊チヴィタヴェッキア港沖のジリオ島で座礁事故を起こし、32名が亡くなった。

11 **進化する観光政策・施策**：地方分権のイタリアでは、州政府、県、市町村（コムーネ）ごとにさまざまな観光政策、具体的な施策が打ち出されている。税制は中央集権的ではあるが、さまざまな賦課金で観光効果を歳入に活かそうとし、公共交通経営のためだけでなく、適切な利用誘導のためのスマートな料金体系を模索している。美術館・博物館は国立が多いが、その運営管理は分権化された州の文化財監督局が担い、かなり前から予約制を導入、料金も季節変動はもとより、曜日、時間帯等、必要に応じて柔軟に運営している。また、近年の観光政策ではモニタリングが盛んになった。とくにICTを活用した観光客の制御（コントロール）が中心になり、プロモーションからコントロールへの流れが顕著になった。

12 **歴史的都心部**：ヨーロッパでは戦前の1930年代から文化遺産保護が進み、歴史的都市環境、いわゆる景観保護を求める世論が高まっていた。イタリアでも戦後の急激な経済成長の結果、戦災を上回るほどに歴史的建造物が失われた。それを食い止める最初の立法が、古い制度と新しく定めようという都市計画制度を結ぶ「橋渡し法」と呼ばれる1967年の特別措置法である。旧城壁の内側をA地区、歴史的都心部（Centro Storico）に定め、その中の建築の現状変更を厳しく制限した。ローマの歴史的都心部では、ちょうどその頃にホテル重要が高まっていたため、歴史的景観が観光によって破壊されるとする意見があった。

13 **建築類型と都市組織**：イタリアでは、都市の成り立ちを都市組織（敷地形状）と建築類型から読み解く都市類型学が発達した。まず都市組織とは、敷地を指し、その並び方、集まり方の特徴を類型化する。間口が狭く奥行きが深い短冊状の敷地が並ぶ商業地、整形の敷地が整然と並ぶ住宅地等がある。次に、その敷地には決まった建物類型の建物が建っている。細長い敷地にはスキエラ型住宅（日本でいう町家、リニアハウスとも言う）が、整形敷地には中庭型建築、日本では武家や公家住宅が建つ。

14 拙著『にぎわいを呼ぶイタリアのまちづくり〜歴史的都市環境の保全と商業政策』学芸出版社、2000年。

15 前書

16 **ヴェスパ**（Vespa）：スズメバチと呼ばれるイタリア・ピアッジオ社製のスクーター。軍用飛行機製造の同社が、戦後1946年に民需転換で小型スクーターを発売した。航空機技術を応用した世界的にも優れたスクーターで力強い2気筒エンジンを積んだ安価な大衆車として瞬く間に普及した。『ローマの休日』では125ccに主人公二人が乗って走り回る姿が人気を呼び、その後イタリアの主要な輸出品となった。その後、インドと東南アジアでは現在までライセンス生産されている名車である。

17 **エノガストロノミー**：イタリア語のエノガストロノミア（eno-gastronomia）という最近の概念で、ワイン学（enologia）と美食学（gastronomia）を合わせた美酒美食に関する学問、学識をいう。とくに、その土地柄に即してその美味しさを深く味わう知見をいう。地産地消が進み、地域の食への関心が高まったことから、美酒美食を通じて土地柄の多様性を深く、また総合的に感じることができるという。この四半世紀にEUの政策で原産地表示等、産地とその品質を保証する制度が整ったことにより、観光と結び付き、経済効果が注目されている。

18 **ヨーロッパ文化首都事業**：1983年にギリシアの文化大臣メリナ・メルクーリの提唱で「欧州文化都市（European City of Culture）」として始まったEUの文化事業。1985年のアテネから順番にヨーロッパを代表する文化都市を指定し、1年間集中的にさまざまな文化イベントを開催する。優れた企画のコンサートや美術展がよく開催され、新聞テレビ等のマスコミも熱心に報道し、文化芸術を活用した文化観光の効果が顕著になり、観光客の経済効果が大きくなった。そのため、衰退した工業都市の再生を目的として政策的に知名度の低い地方都市がよく指定されるようになった。EU拡大で2000年以降は複数の都市が指定されている。また1999年から「欧州文化首都（European Capital of Culture）」に改称された。

19 Greg Richards "Cultural Tourism in Europe", CAB International, 1997. その後、同氏によるEU文化観光研究グループは、現在まで文化観光レポートを発行している。

20 クサビエ・グレフ著、垣内恵美子監訳『フランスの文化政策～芸術作品の創造と文化的実践』水曜社、2007年。

21 Saufi Andilolo, Othman Lew "Balancing Development and Sustainability in Tourism Destinations - Proceedings of the Tourism Outlook Conference 2015" Springer Singapore, 2016.

22 **ロード・プライシング**：自動車に道路使用料を課することを指す。その結果、通行車両数を制限し、社会的合理性に沿った道路利用を図る。排ガス削減、緊急車両遅延対策、渋滞や混雑の解消などを目的にすることが多い。シンガポール、ロンドン、ミラノ、ストックホルムなどで導入されている。日本では東京都、鎌倉市、京都市などで検討されたことがある。ミラノでは1980年代から環境保護団体が都心の歩行者優先を進めるために住民投票を求め、過半数を得たことがある。その後、2008年にエコパスと呼ばれる課金システムが整った。他のイタリア都市では、課金以外の方法で規制する場合が多い。ミラノでも近年は、他の都市以上に都心のモール化が進んでいる。

23 **交通需要マネジメント**：TDM（Transportation Demand Management）。交通問題を供給を増やすのでなく、需要を抑制することで解決する政策。幹線道路に集中する自動車交通量を空いている道路に分散させる。ロードプライシング、パークアンドライドなど、マイカーを公共交通利用に誘導する。自転車にシフトする。カーシェアリング・相乗り、在宅勤務を促進する、宅配業者間で共同集配を進めるなど、さまざまな手法が実行されている。

《5章》

1 **クリスチャン・ディオール**（Christian Dior／1905～1957年）：1950年代に活躍したフランスのファッションデザイナー、そのブランドの名前。ピエール・バルマン、ジャン・パトゥ、ジャンヌ・ランヴァン、ニナ・リッチ等の時代の代表的デザイナーとともに、パリのオートクチュール界の頂点に長年君臨した。アメリカをはじめ、世界への進出が早く、ファッション産業の成長に貢献した。

2 **ピエール・カルダン**（Pierre Cardin／1922年～）：イタリアのヴェネト州に生まれたフランスのファッションデザイナー、クリスチャン・ディオールの立ち上げに参加した。日本で活躍した最初のオートクチュールのデザイナーで、日本代理店「ピエール・カルダン・ジャパン」（PCJ）を設立、カルダンブランドを日本に定着させた。ライセンス事業を行っている。

《6章》

1 **明治の京都策**：京都策とは、天皇の東行で失われた経済力を産業振興で再生するため、第2代府知事・槇村正直が山本覚馬、明石博高等と進めた近代産業基盤整備事業を指す。欧米の新技術を導入するため、舎密局、ビール醸造所、牧畜場、織殿、染殿等を置き、勧業博覧会を開催した。西陣にジャカード織機を導入したこともよく知られる。1890（明治23）年4月竣工の琵琶湖疏水も重要な成果で、上水は言うまでもなく、水力（水力発電と精米等のための水車）、舟運、灌漑等の面で生活と生産を支える都市基盤となった。その後、明治の「三大事業」として、第二琵琶湖疏水、道路拡築・電気軌道、上水道建設に拡大し、本格的な工業化が進んだ。その後の都市政策も一貫して工業化を促進した。

2 **古都京都の文化財**：ユネスコの世界文化遺産には賀茂別雷神社（上賀茂神社）、賀茂御祖神社（下鴨神社）、教王護国寺（東寺）、清水寺、延暦寺、醍醐寺、仁和寺、平等院、宇治上神社、高山寺、西芳寺（苔寺）、天龍寺、鹿苑寺（金閣寺）、慈照寺（銀閣寺）、龍安寺、西本願寺、二条城が1994年に登録された。ただし『京都市観光調査年報』京都市、2019年によると、入込客数が多い順に、清水・祇園寺周辺が年間2千885万人、嵯峨嵐山1千241万人、二条城851万人、金閣寺（鹿苑寺）きぬかけの路845万人、銀閣（慈照寺）と哲学の道615万人、下鴨神社348万人、上賀茂神社240万人、醍醐寺48万人と大きな開きがある。世界遺産だから必ずしも観光客が多いわけではない。

3 **京都観光総合調査**：京都市が観光客数やその満足度、外国人観光客の動向等を把握するために行っている。

京都市では戦前から観光担当課を置いていたが、1958年から鉄道、バス、自動車等の交通機関ごとの入込客数を独自に調査し、観光政策の基礎資料として刊行、1970年から「京都市観光調査年報」として広く活用されてきた。「京都市観光調査年報」では、観光客は市外在住で、仕事、買物、通勤・通学以外の目的で入洛した人を指し、調査方法としては、まず①交通手段別に調査地点（主要鉄道駅等全15箇ヵ所）を定め、月別入市者を年4回、曜日と時間ごとに把握する。②この手段別総数を基に、面接調査の結果から観光客率を把握し、総数に乗じて観光客数を算出していた。また、観光客の動向については、③面接調査から住所地、利用交通機関、目的、日数、性別、年齢などを聴取し、郵送回答から動機、旅行案内、市内訪問地、観光消費額、感想などの回答を得ていた。

2009年に観光庁「観光入込客統計に関する共通基準（平成21年12月観光庁策定）」が出され、2013年調査からはその手法も用いたが、従来の方法も一部活用し「京都観光総合調査」としている。

「京都観光総合調査」では、観光客を観光目的だけでなく、ビジネス、買物、イベント、観劇、スポーツ、友人・知人訪問等の目的で、入洛した人を指し、市外在住で通勤・通学以外の目的で入洛した人すべてを含む。

2010年までの「京都市観光調査年報」の結果と新基準による「京都観光総合調査」の結果を単純に比較はできない。また、京都市と観光庁が調査方法を協議中だった2011、12両年の入込客数は推計ができていない。なお、宿泊客数については、観光庁共通基準に基づき観光庁から提供される宿泊客数から推計し、外国人宿泊客数および修学旅行生数については、京都市内の宿泊施設へ依頼する宿泊客数に関するアンケートを基に推計している。

また、外国人観光客については、市内主要観光施設など6ヵ所で年4回の調査を通じて面接聴取を行っている。

4 『京都市宿泊施設拡充・誘致方針〜観光立国・日本を牽引する安心安全で地域と調和した宿泊観光を目指して〜』京都市産業観光局観光ＭＩＣＥ推進室、２０１６年10月。

5 **Airbnb（エアビーアンドビー）**：民泊や民宿などの宿泊施設を貸し出す人向けのウェブサイトで、毎日世界１９２カ国の3万3千都市で80万以上の施設を紹介している。２００８年にサンフランシスコで、ロードアイランド州の美術大学、ＲＩＳＤで出会ったブライアン・チェスキーとジョー・ゲビアの2人が始めたという。直後に、ハーバード大学出身のＩＴ技術者のネイサン・ブレチャジックが加わった。ネット上でホスト個人と旅行者の関係を繋ぎ、安くて快適な旅行ができる仕組みとして普及した。その後、世界的に民泊が急拡大したため、さまざまな問題を引き起こしたとして批判された。とくに、バルセロナなどでは、違法民泊を紹介したため罰金刑が課せられるなど、観光公害の原因企業としても知られる。

6 **京都観光の戦後史**：すでに拙著（『創造都市のための観光振興〜小さなビジネスを育てるまちづくり』学芸出版社、２００９年）でその一端を紹介したが、今回は２００８年以降の変化を中心に記載する。

7 **市民の生活空間**：京都市では、現在の第1種低層住居専用地域（用途地域）として下鴨、嵯峨、衣笠、桂、山科、醍醐等の高級住宅地が早くから現在にいたるまでよく守られている。また、それに付随するように、出町、北大路（小山）、北野白梅町等の近隣商業地域が発達している。こうした市民生活の場には、市内の大学に通う学生の下宿も多い。ここがライトノベルやコミックの舞台として、若者向き小説やアニメに登場した。これも歴史文化都市京都のイメージづくりに貢献した。

8 **梅棹忠夫**（１９２０〜２０１０年）：文化人類学者、上京区千本通中立売に生まれ、正親尋常小学校、京都府立第一中学校（京都府立洛北高校）、第三高等学校、京都帝大理学部、同大学院、京都大学人文科学研究所教授、そして初代国立民族学博物館館長を務めた生粋の京都人で、今も影響を受けた多彩な研究者が活躍している。京都に関する提言も多い。「観光公害」は、梅棹忠夫『京都の精神』角川選書、１９８７年に掲載。

9 **マイカー観光拒否宣言**：１９７３年11月当時の船橋求己市長が提言した。京都でも１９６０年代後半からマイカー観光客が急増した。それまで経験したことのない騒音や排気ガスに加えて交通事故が多発した。自然環境破壊が懸念され、社寺等の駐車場整備が文化遺産破壊にも繋がるとして、市長はマイカー利用抑制を訴えた。嵐山や清水という二大観光地へのマイカー流入規制をし、都心部の交差点の信号制御で通行規制を図る等が考えられた。しかし、観光関連業界はこの影響で観光客が減少することを怖れ、効果的な施策はほとんど打たれなかった。業界の反対の理由を聞くと、団体客と違い、新たに増加したマイカー利用者は独立した個人、家族客で消費金額が多いと考えていたからだという。そのため、マイカー客を歓迎する態度が高齢の観光事業者には現在でも根強く残っている。

10 **川端康成**（１８９９〜１９７２年）**の『古都』**：後のノーベル賞作家の川端が、１９６１（昭和36）年10月8日から１９６２（昭和37）年1月23日までの１０７回、『朝日新聞』に連載した。その挿絵は同時58歳だった洋画家の小磯良平が手がけた。連載終了直後に、新潮社から刊行され、現在も新潮文庫に収録。英語、フランス語、ドイツ語、イタリア語、中国語にも翻訳されている。

11 **ディスカバー・ジャパン**：１９６５年米国政府が始めた「ディスカバー・アメリカ」の日本版と言われる。当時盛んなヒッピー運動の中で、米国内を放浪する若者が増え、そのスタイルを大衆化させ、多民族の多様なアメリカへの国民的理解を深めようとしたものだったとも言われる。ディスカバー・ジャパンも、若者が日本をよく知ることで自分（日本人）を再発見するというコンセプトがあった。また、1960年代後半から日本でも若者の旅行が盛んになり、一般商品化された。

12 **『an・an』『non-no』**：『an・an』は平凡出版（現マガジンハウス）が1970年に、『non-no』は集英社が1971年に創刊した若い女性向きの雑誌。カラー写真を多用し、旅行特集を繰り返した。それまで見られなかった風俗として、これらの雑誌を手に一人旅や少人数で旅行する若い女性が増えたため「アンノン族」と呼ばれた。その少し前、1960年代後半に、大型リュックサックを背負って長期の低額旅行に出る大学生などの若者は、「カニ族」と言われた。彼ら国内のバックパッカーが海外にも出かけるのは、その直後1970年代後半である。

13 **そうだ 京都、行こう。**：東海旅客鉄道（JR東海）が平安遷都1200年記念事業の一環として1993年に開始したキャンペーン。テレビCM、ポスター等の映像と優れたコピーで関東と中部地方の熟年層に京都を訴えた。コピーは太田恵美氏が長年手がけ、日本社会の成熟を上手に切り取っている。1993年秋の「新しいものばかり追いかけている人は、いつも不安なんだろうなあ。（平安神宮）」、1993年冬の「戦乱の世の武将たちをほっとさせました。平成の企業戦士たちにも、よく効きます。（東寺）」では、まだバブル期の勢いが感じられる。それが2009年冬の「連れてきてあげたかった。母と娘が互いに思っている。（祇園巽橋）」とかなり成熟した。2018年春には「いい春を貸してくださってありがとうございます。私たちも美しい過去になれるといいけれど。（勧修寺）」、2018年秋には、『1200年たっても、人間はそんなに変わらない』京都に25年通った旅人の声が聞こえた。（酬恩庵／一休寺）」のように、枯れた表現が定着した。新シリーズとして、2016年から「そうだ 京都は、今だ。」が始まった。新企画では文化・芸術が前面に登場、文化財の限定公開等の情報も提供している。文化都市京都の面目躍如である。

14 **京都の自然と町並み景観の保全政策の歴史**：京都市では1930年に風致地区の指定と1967年の古都保存法による歴史的風土特別保存地区の指定により市街地を囲む三山とその麓の広大な地域の自然景観を保護している。また、1972年には全国に先駆けて市街地景観条例を制定し、美観地区、巨大工作物規制区域、特別保全修景地区を指定した。1975年の文化財保護法改正で創設された伝統的建造物群保存地区制度により、1976年に祇園新橋、清水産寧坂の選定を受けた。一方、1950年代には双ケ岡の開発、60年代には京都タワー建設など市民を巻き込んだ景観論争が起こり、そのたびに景観政策と制度が発達した。ただ、1973年には市街地の大半に高度地区を定め、都心部を当時の基準で45mとしたため、都心部はまちづくりの方向が定まりにくかった。そこで、1992年「土地利用及び景観対策についてのまちづくり審議会」答申で「北部保全・都心再生・南部創造」の基本コンセプトを定め、再生を模索した。その後、1994年の世界文化遺産登録、95年市街地景観整備条例などを経て、2007年には新しい景観政策を定め高度地区を見直し、建築デザインガイドラインを定め、眺望景観を保護し、屋外広告物を規制、制限する現在の仕組みに発展させた。

15 拙著『町家再生の論理—創造的まちづくりへの方途』学芸出版社、2009年

16 **京都市京町家の保全及び継承に関する条例（通称京町家条例）**：2016年11月16日制定。歴史都市・京都の歴史、文化および町

並みの象徴である京町家の保全および継承を多様な主体との協働のもとに推進していくことを目指した条例で、京町家の取り壊しの危機を事前に把握し、保全・継承に繋げる京都市の取り組みを制度化した。

17 **山田守**（１８９４〜１９６６年）：２０１８年12月10日ＮＨＫ・ＢＳで特集番組「京都タワーをつくった男〜建築家・山田守／知られざる闘い〜」が放送された。京都放送局管内では、これに先駆けて12月7日に地上波総合でも放送された。今では、多くの市民に愛着を持たれるこのタワーは、１９６４年竣工当時には激しい景観論争を巻き起こした。番組は、その設計者山田の意図を評価する内容だった。

18 **京都仏教会による拝観停止**：この事件の前、１９８５年に京都市が古都保存協力税（古都税）条例を定め、それから10年間、拝観者が窓口で大人50円、小人30円を拝観料に上乗せして支払い、それを徴収した寺社が市に納めることとした。その前の１９５６年に類似の主旨から文化観光施設税を5年間課税した経緯があった。市外からの来訪者に文化財保護や環境整備の費用について応分の負担を求めたものだった。とはいえ、１９５６年当時は5年間に限りとして延長しないという覚書を寺社と交わしていた。そのため、１９８５年の古都税導入に対し、京都仏教界は拝観停止という手段に出た。拝観は宗教行為であり、拝観料支払いは信教の自由への制限だとする論理が根底にある。その主張が１９８８年に受け入れられ、古都税は廃止された。

京都仏教会は、１９９０年代の高さ規制を緩和した京都ホテル建設に反対の立場を表明するために、当時主要な寺の門前に「京都ホテル（ほかに同系列の2ホテルを併記していたが略する）にお泊りのお客様の拝観はご遠慮願います」と大きく張り出した。もちろんその実効力はなかったが、拝観者にその主張を的確に伝えていた。日本仏教史の重要な舞台であり、一説には今でも38もの本山が集まる仏都京都の景観を、観光客を迎える高層ホテルが乱すことに強く抗議した。この潔い京都仏教会の姿勢は、その当時も多くの市民に支持された。その後現在にいたるまで、さらに支持を広げ、今日では世論の基調になっている。

昨今のインバウンド増加への対応として、２０１８年10月からは宿泊税として、２００円、５００円、千円の３段階で課税している。この歴史的経緯を知らないでホテル建設に乗り出すと世論を敵に回すことになる。

19 町家については前掲書『町家再生の論理〜創造的まちづくりへの方途』学芸出版社、２００８年に詳しいが、この後京都市の進める「京都創生策」の効果が大きい。

20 **国家戦略としての京都創生**：京都創生策は3種類の組織が進める。まず、市民・事業者の合意形成のため「京都創生推進フォーラム」という有志の組織をつくり、各界の意見を集約した。次に、「京都創生百人委員会」が、より市民参加色の強い集まりで、住民組織の代表も招いた。そして、市の幹部と専門家による「日本の京都研究会」は、総務、国土交通、外務、経産の各省に文化庁、観光庁を加えた国の課長さんたちを招いた勉強会で、東京で年２回の会議と京都で1回の見学会を２０２０年現在まで続けている。すでに17年目、国の施策と京都市を繋ぐ役割を持った組織として、文化、景観、観光の3分野の政策立案のための調整機能を果たしてきた。最近では財政が注目されている。宿泊税の効果を見ながら観光経済の財政効果を検討している。このほかにも、京都ブランド推進事業、京都ブランドフォーラム、京都創造者大賞など、市民に分かりやすい事業があり、「双京構想」と呼ばれる皇族方を京都にお迎えするお願い、そして具体化した成果として文化庁の京都移転などを進めてきた。また、フォーラムは地方創生「つながり促進プロジェクト」に発展した。その後「みんなごとのまちづくり推進事業」として、百を超える市民団体の多様な取り組みとなっている。

21 **京都を彩る建物や庭園**：この制度は、市民が京都の財産として残したいと思う京都の歴史や文化を象徴する建物や庭園を公募によりリスト化・公表し、市民ぐるみで残そうという機運を高めることを目的に始まった制度である。市内の建物や庭園には、国の文化財保護法および京都府、京都市の文化財保護条例で文化財に指定や登録されていないものが多い。もちろん次々と指定や登録を進めているが、中には京都市文化財保護課がその存在を知らないものもある。そのため、これまでにも所有者がその取り壊しを決めた後で気付いた市民が保存を望むことがあった。市の文化財保護課は保存したいという市民の願いを適えたかった。でも売買契約を結んだ所有者にお願いしても遅いと言われた。だから、あらかじめ京都市と所有者に知らせてもらう制度として役立つことを望んでいる。２０２０年にはその成果で町家が守られた。

《７章》

1 **アマン京都**：欧米諸国、中国等20カ国で31の高級リゾート施設を保有するアマンリゾーツが２０１９年11月に京都市北区鷹峯に開業したホテル。第1種風致地区内の鷹峯山麓、広大な紙屋川庭園跡に26室の低層木造戸建てで、部屋数が少なく広々とした贅沢な構えである。「平和な宿」を意味する「アマン」は中国系インドネシア人エイドリアン・ゼッカ（Adrian Zecha／１９３３年～）が１９８８年タイのプーケットで開業した。国内には「アマン東京」（千代田区大手町タワー内、２０１４年開業、84室）、「アマネム」（三重県志摩市、２０１６年開業、28室）がある。アマン京都は開業した２０１９年11月時点では１室１泊20万円程度で予約を受け付けていた。

2 **テムザック**：日本を代表するロボットメーカー、２０００年設立。本社は宗像市（福岡県）、中央研究所が京都市上京区浄福寺通上立売上ル大黒町、横浜オフィスを同市中区元浜町に置く。

3 拙著『創造都市のための観光振興～小さなビジネスを育てるまちづくり』学芸出版社、２０１８年。

4 **京都きものパスポート**：京都府商工労働観光部染織・工芸課、京都市産業観光局商工部伝統産業課、京都商工会議所、（公財）京都和装産業振興財団、京都織物卸商業組合、西陣織物工業組合、京友禅協同組合連合会、西陣織物産地問屋協同組合、京染卸商業組合が賛同して開始した。京都には和装関係の団体が多い。

5 **悉皆屋**：昔は、江戸や大坂の顧客から着物の染直しや洗いなどお手入れの注文を受け、主に京都の業者に取次ぐ仕事だった。その後、京都では着物のお手入れだけでなく、仕立ての相談にも乗り、白生地を仕入れ、さまざまな工程の職人に依頼して、総合的に着物をプロデュースする仕事を指すようになった。中京区本能地区（三条通・四条通・西洞院通・堀川通に囲まれた元学区）には京染職人の工房が多く、その技を見学しつつ自らの着物の染を依頼するツアーを企画した。

6 **全国の主な着物観光地**：結城市観光協会（結城紬）、足利商工会議所（足利銘仙）、桐生織物協同組合（桐生織）、小江戸川越観光協会、佐倉市観光協会、名古屋市（名古屋城きものイベント）、萩市観光協会、ほかに浅草、金沢、大阪天王寺でも取り組まれ、姫路市では市主催で進められている。

7 **京都の食文化**：京都には平安京の昔から全国の食材が集まった。北の海から昆布が、南の海からは鰹節が届き、京料理の出汁になった。また、御食国《みけつくに》若狭、志摩、淡路から届く食材は今も神饌《しんせん》として神社に供えられている。大陸の影響を受けた大饗《だいきょう》料理は平安時代の食文化を伝え、仏教を通じては各時代、各宗派の精進料理が技術革新をもたらした。鎌倉時代には建仁寺で栄西が「喫茶養生記」を、道元は「典座教訓」を著し、その後も武士の間で本膳料理が発達し、食文化の様式が確立した。公家には有職《ゆうそく》料理の様式が伝わる。さらに、室町後期には千利休が侘茶を確立し、懐石料理が生まれた。一方、庶民の間では15世紀初め東寺南門前に一服茶屋が生まれ、世界的に見ても早い時期に料理屋が生まれ発展した。江戸時代には会席料理と呼ばれる料亭料理が発展し、江戸、大阪と競う食文化都市となった。食文化には、美術、建築、庭園、あるいは文学にも匹敵する歴史の深さがある。

8　**文化芸術基本法（２００1年（平成13年）法律第１４８号）改正：**２０１７年（平成２９年）6月23日の第12条には「国は、生活文化（茶道、華道、書道、食文化その他の生活に係わる文化をいう。）の振興を図るとともに、国民娯楽（囲碁、将棋その他の国民的娯楽をいう。）並びに出版物及びレコード等の普及を図るため、これらに関する活動への支援その他の必要な施策を講ずるものとする」。と定められている。生活文化には従来、茶道、華道、書道があった。その前には謡曲や俳句、川柳等も加えられていた。それがこの改正で食（和食、日本料理）が加わり、その他が消えた。この次は、衣（和装）と住（日本建築）が再評価され、生活文化入りをすると思われる。

9　**技能実習制度と外国人研修制度：**技能実習や研修のための出入国管理法による在留資格（査証の種類）で外国人が報酬を得て、日本で実習・研修を行う制度である。開発途上国等の経済発展を担う「人づくり」に協力することを目的としているが、実際は、最低賃金以下の安い労働者として、劣悪な環境に置かれ、人権上の問題が指摘されている。

《8章》

1　**宿泊施設建設時の新しいルール作り：**京都市では、「市民生活との調和を最重要視した持続可能な観光都市」の実現に向けた基本指針と具体的方策について、２０１９年11月20日に取りまとめ、市民・観光客・事業者・未来　四方よしの持続可能な観光地マネジメントの実践に向けて、4項目50事業を新たに充実・強化した。その一つとして、２０２０年1月6日に、これからも新しくできる宿泊施設の「地域との調和」と、より一層の「質の向上」を図るため「市民・観光客・事業者・未来」四方よしの持続可能な観光地マネジメントの実践に向けた新たな取り組みを行うと発表した。まず、地域との調和のために、宿泊施設立地に際して事前手続きを充実させ、現在よりも早い構想段階から事業者が地域住民と協議を行う仕組みを定めた。「京都市土地利用の調整に係るまちづくりに関する条例」「京都市中高層建築物等の建築等に係る住環境の保全及び形成に関する条例」「京都市旅館業施設建築等指導要綱」「京都市旅館業法の施行及び旅館業の適正な運営を確保するための措置に関する条例」で、それぞれに住民説明が義務付けられており、手続きごとに協議内容を京都市に報告する。また、質の向上への取り組みではバリアフリーのさらなる充実をを求め、ホテルの客室内での車椅子利用対応を義務化しバスルームやトイレで車椅子が利用できる十分な広さを求めた。

宗田好史（むねた・よしふみ）
1956年浜松市生まれ。法政大学工学部建築学科、同大学院を経て、イタリア・ピサ大学・ローマ大学大学院にて都市・地域計画学を専攻、歴史都市再生政策の研究で工学博士（京都大学）。国際連合地域開発センターを経て、1993年より京都府立大学助教授、2012年より同教授、2016年4月〜2020年3月副学長・和食文化研究センター長。京都市景観まちづくりセンター理事、（特）京町家再生研究会理事などを併任。国際記念物遺産会議（ICOMOS）国内委員会理事、東京文化財研究所客員研究員、国立民族学博物館共同研究員などを歴任。
主な著書に『にぎわいを呼ぶイタリアのまちづくり』（2000）『中心市街地の創造力』（2007）『創造都市のための観光振興』（2009）『町家再生の論理』（2009）『なぜイタリアの村は美しく元気なのか』（2012）、いずれも学芸出版社。

インバウンド再生
コロナ後への観光政策をイタリアと京都から考える

2020年11月20日　第1版第1刷発行

著　者　宗田好史
発行者　前田裕資
発行所　株式会社 学芸出版社
〒600-8216　京都市下京区木津屋橋通西洞院東入
電話 075-343-0811
http://www.gakugei-pub.jp/
E-mail info@gakugei-pub.jp
編集担当　前田裕資

装丁・DTP　KOTO DESIGN Inc.　山本剛史・萩野克美
印刷・製本　モリモト印刷

ISBN 978-4-7615-2750-1